„Der Mensch beherrscht die Natur, bevor er gelernt hat, sich selbst zu beherrschen.“

Albert Schweitzer

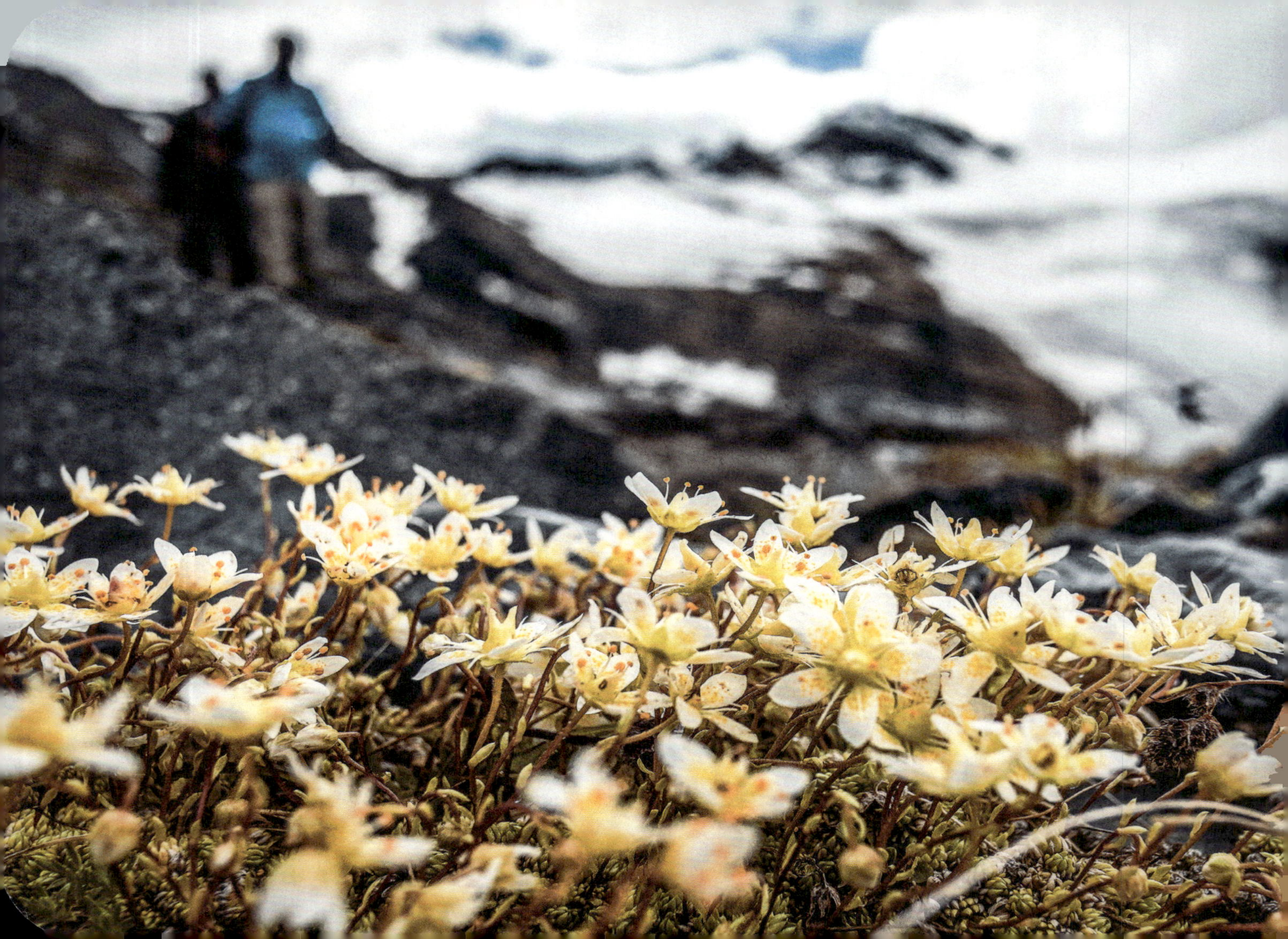

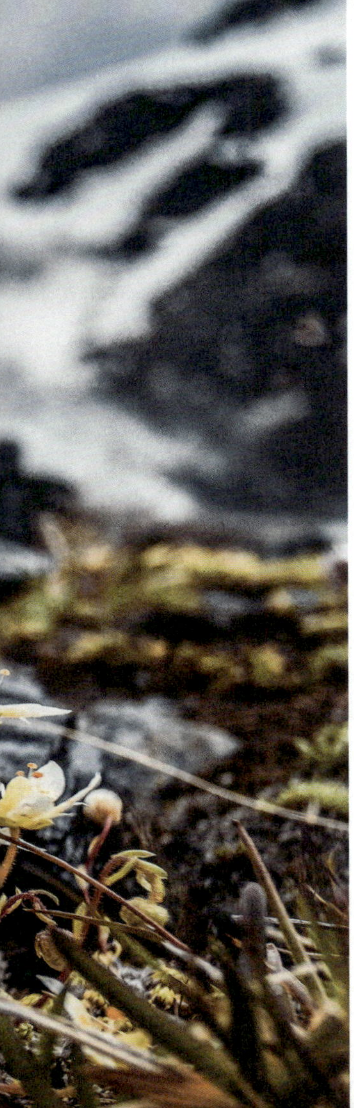

Inhalt

Liebes Alpenvereinsmitglied!

Im Jahr 2000 zählte der Österreichische Alpenverein 271.000 Mitglieder, im Jahr 2010 waren es bereits 400.000 und im Jahr 2022 sind es über 650.000. Diese Zahlen belegen, was vielerorts längst offensichtlich ist: Bergsport wird immer populärer. Das ist erfreulich. Bewegung in der Natur leistet einen wichtigen Beitrag zum psychischen und physischen Wohlbefinden, und gerade wir im Alpenverein wissen um den unbezahlbaren Wert schöner Bergerlebnisse. Es gibt aber auch Schattenseiten: verstopfte Parkplätze, missachtete Wildruhezonen, Müll, wo keiner sein sollte. Dem Alpenverein ist es seit jeher ein Anliegen, für ein respektvolles Miteinander am Berg zu werben. „Es ist Zweck des Vereines, das Bergsteigen, alpine Sportarten und das Wandern zu fördern und zu pflegen (...), die Schönheit und Ursprünglichkeit der Bergwelt zu erhalten (...). Er ist dem alpinen Natur- und Umweltschutz verpflichtet." So lautet der unmissverständliche Satzungsauftrag, der seit dem Jahr 1927 in Kraft ist. Diese Naturschutzarbeit geschieht auf vielen Ebenen – eine davon ist die Ausbildung. Das vorliegende Booklet dient zum einen als Lehrschrift für Kurse der Alpenverein-Akademie und zum anderen zur Information für alle Bergsportbegeisterten, die ihr Wissen in diesem Bereich ausbauen möchten. Tauchen Sie ein in die faszinierende Natur der Alpen! Sie werden noch besser verstehen, warum diese schützenswert ist.

Andreas Ermacora, Präsident

Liebe Bergsportbegeisterte, liebe Kursteilnehmer*innen,

ihr haltet die erste Ausgabe des Booklets „RespektAmBerg: Natur und Umwelt – Wissenswertes für Bergsportbegeisterte" in euren Händen. Einigen wird sofort die Ähnlichkeit zu den beliebten „Sicher-AmBerg"-Booklets auffallen. Während sich letztere der Sicherheit im Bergsport widmen, verfolgt die Initiative „RespektAmBerg" das Ziel, das natur- und sozialverträgliche Miteinander am Berg zu fördern und Basiswissen im Bereich des alpinen Natur- und Umweltschutzes zu vermitteln. Das ist auch Zweck des vorliegenden Booklets. Nach einem einleitenden Kapitel über die Rolle des Naturschutzes im Alpenverein werden rechtliche Grundlagen zur Wegefreiheit erläutert. Doch nicht nur gesetzliche Vorgaben sollten unser Verhalten beeinflussen. Aus Rücksicht auf sensible Wildtiere sind auch freiwillige Einschränkungen sinnvoll. Dieses Thema wird im Kapitel „Lenkungsmaßnahmen" behandelt. Der moralische Zeigefinger wird im Nebel der Bevormundung gerne übersehen. Deshalb beschränkt sich das Booklet auf einige unverzichtbare Verhaltensempfehlungen und setzt stattdessen darauf, mit interessanten Geschichten über die Geologie, den Klimawandel und die Tier- und Pflanzenwelt der Alpen die Neugierde der Leser*innen zu wecken. Nur wer über die Bedürfnisse anderer Bescheid weiß, kann sein Verhalten überdenken. Nur wer Wissen besitzt, kann dieses weitergeben. Wir garantieren: In diesem Booklet gibt es viel Wissenswertes. Viel Spaß beim Lesen!

Liliana Dagostin und Benjamin Stern, Abteilung Raumplanung und Naturschutz

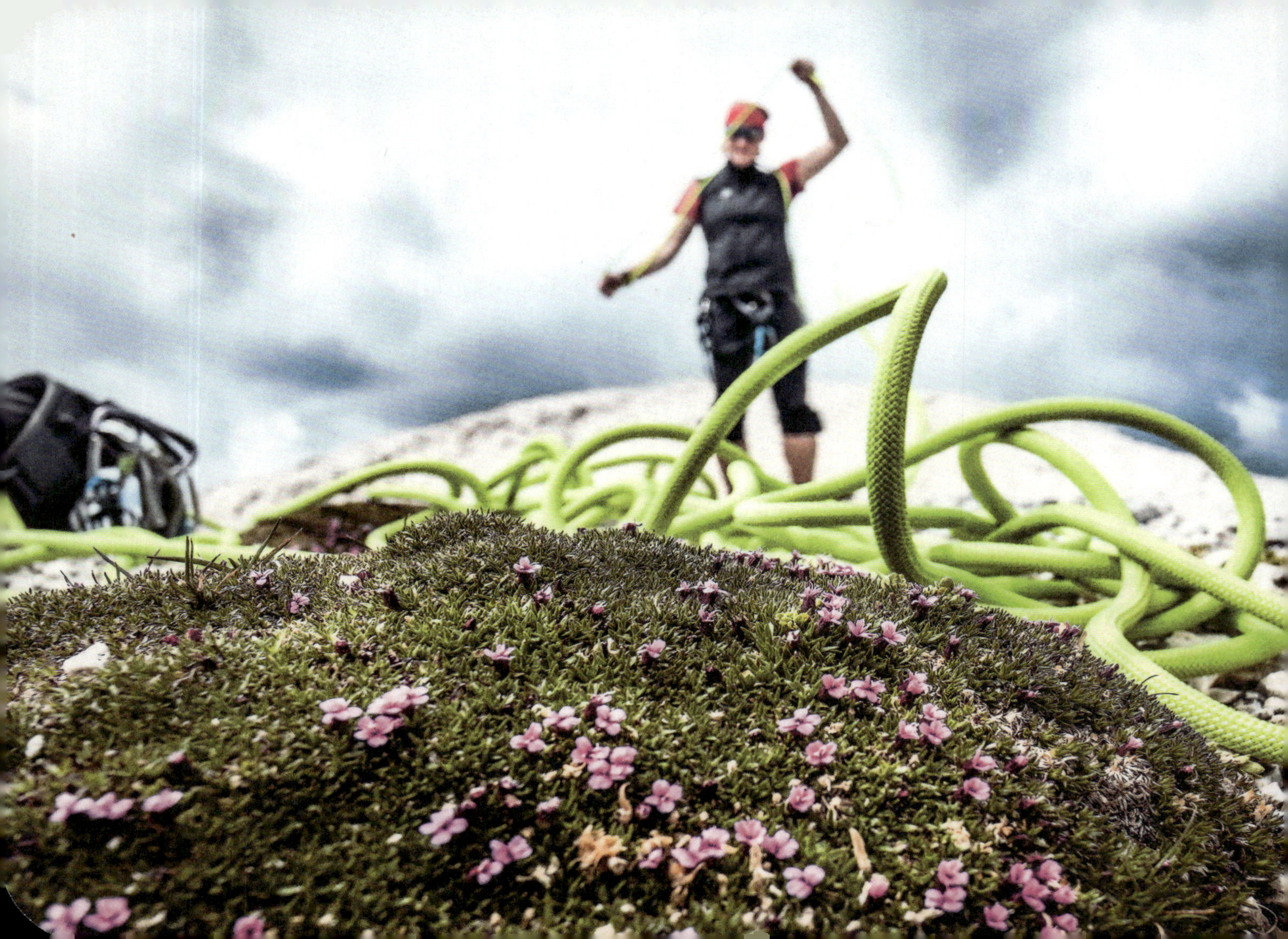

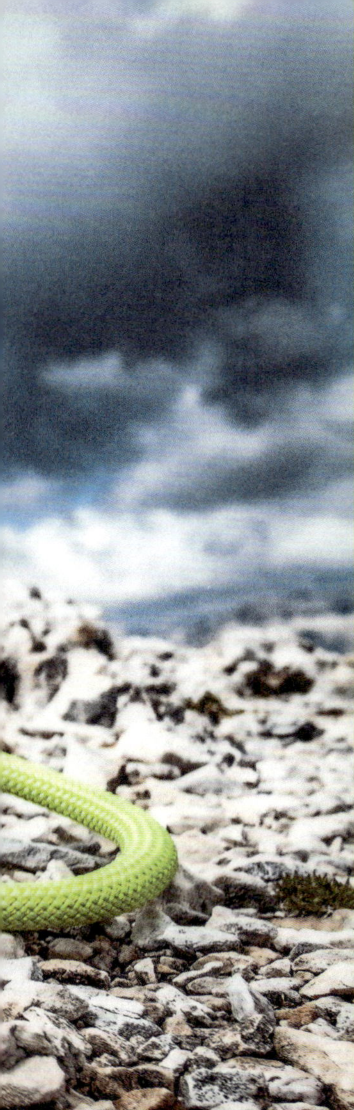

Naturschutz im Alpenverein

Der innere Widerspruch des Alpinismus

„Was ist das Wesen der Alpenwüste? Dass sie wüst ist, unwirtlich, unwegsam [...]. Ihr aber setzt in jedes stille Hochkar eine geheizte, holzgierige Schutzhütte [...], ihr baut Bummelwege quer durch die wilden Trümmerfelder [...]. Ihr fühlt gar nicht, wie schnöd und barbarisch das alles ist, wie es die große wilde Natur klein und armselig zahm macht, wie die Landschaft, der Berg immer mehr zum Anhängsel des Wirtshauses herabgezerrt wird."

Mit diesen Kraftworten brachte der große Alleingänger Eugen Guido Lammer den inneren Widerspruch des Alpinismus polemisch auf den Punkt; die Kritik richtete sich an die alpinen Vereine. Der innere Widerspruch des Alpinismus ist schon darin angelegt, dass die Gründer des Österreichischen Alpenvereins im Jahr 1862 drei gleichrangige Ziele formulierten – ein aufklärerisches, ein romantisches und ein praktisches:

„§ 1. Zweck des Vereines ist: die Kenntnisse von den Alpen mit besonderer Berücksichtigung der österreichischen zu verbreiten und zu erweitern, die Liebe zu ihnen zu fördern und ihre Bereisung zu erleichtern."

Die Alpen waren oberhalb der wirtschaftlich genutzten Wälder, Almen oder Bergbaugebiete vollkommen unberührt und, im damaligen Verständnis, reine Wildnis. Ihr galt die „Liebe", die der Alpenverein fördern wollte, indem er ihre „Bereisung" zu erleichtern versuchte.

Zum einen erlebte das Reisen allgemein große Erleichterungen durch den Ausbau von Straßen und Eisenbahnen, die immer mehr Menschen den Alpen näherbrachten, zum anderen sorgten Bergführer und Wegmarkierungen für den sicheren Zugang zum Hochgebirge. Schon mit den ersten Hütten und neu angelegten Wegen griff der Alpenverein in die Wildnis ein.

In diesem Widerspruch lebte der Alpenverein von Beginn an bis heute. Ein Rückblick auf die Geschichte des Alpenvereins zeigt einige Etappen dieser Gratwanderung.

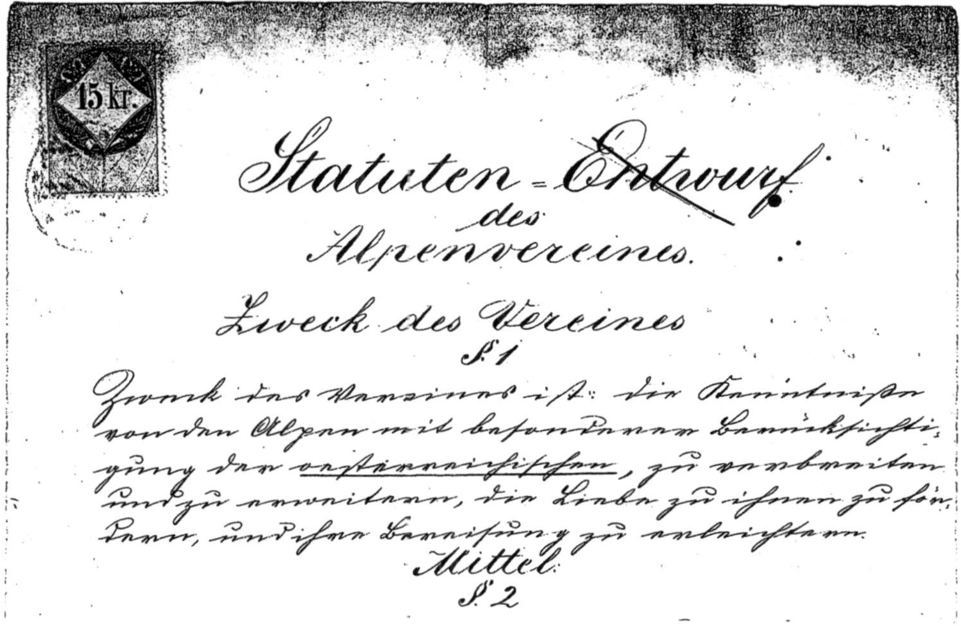

15 kr.

Statuten-Entwurf
des
Alpenvereines.

Zweck des Vereines
§ 1

Zweck des Vereines ist: die Kenntnisse von den Alpen mit besonderer Berücksichtigung der österreichischen, zu verbreiten und zu erweitern, die Liebe zu ihnen zu fördern, und ihre Bereisung zu erleichtern.

Mittel.
§ 2

Gründungsschriftstück des Österreichischen Alpenvereins aus dem Jahr 1862.

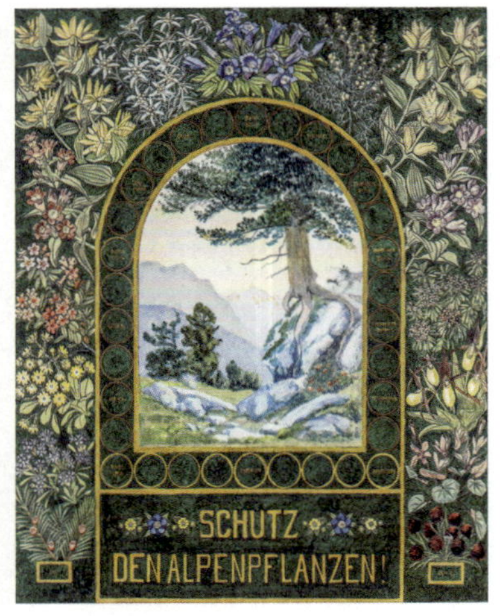

Schon früh setzte sich der Alpenverein für den Schutz bedrohter Tier- und Pflanzenarten ein.

Der „Ausrottung des Edelweiss" begegnen

1874 zählte der Alpenverein rund 4.000 Mitglieder in Österreich und Deutschland. Die Zahl der Hochgebirgs-Tourist*innen wird nicht viel größer gewesen sein. Und doch sah man bereits das Edelweiß, Symbol der Alpen und Vereinszeichen des Alpenvereins, in seinem Bestand gefährdet. Die Hauptversammlung des Alpenvereins fasste in diesem Jahr folgenden Beschluss:

„Um der Ausrottung des Edelweiss zu begegnen, wolle sich bis auf Weiteres jedes Vereinsmitglied des Tragens der Edelweissblüthe enthalten und im Kreise seiner Bekannten dahin wirken, sich ebenfalls des Ankaufs und des Tragens der Edelweissblüthe zu enthalten."

Man kann darin bereits eine erste Reaktion auf den erwähnten Widerspruch sehen: „Der Mensch zerstört, was er liebt." – So formulierte es Hanns Barth, der langjährige Redakteur der Vereinsveröffentlichungen, im Jahr 1924.

In diesen ersten Jahrzehnten waren es einzelne Pflanzen- und Tierarten, auch landschaftliche Kleinode, die man als bedroht ansah und deren Schutz eingefordert wurde. Die Gründung des „Vereins zum Schutz der Alpenpflanzen und -tiere" aus dem Alpenverein heraus im Jahr 1900 traf mit dem wachsenden Heimatschutzgedanken zusammen, dem Vorläufer der Naturschutzbewegung im deutschen Sprachraum.

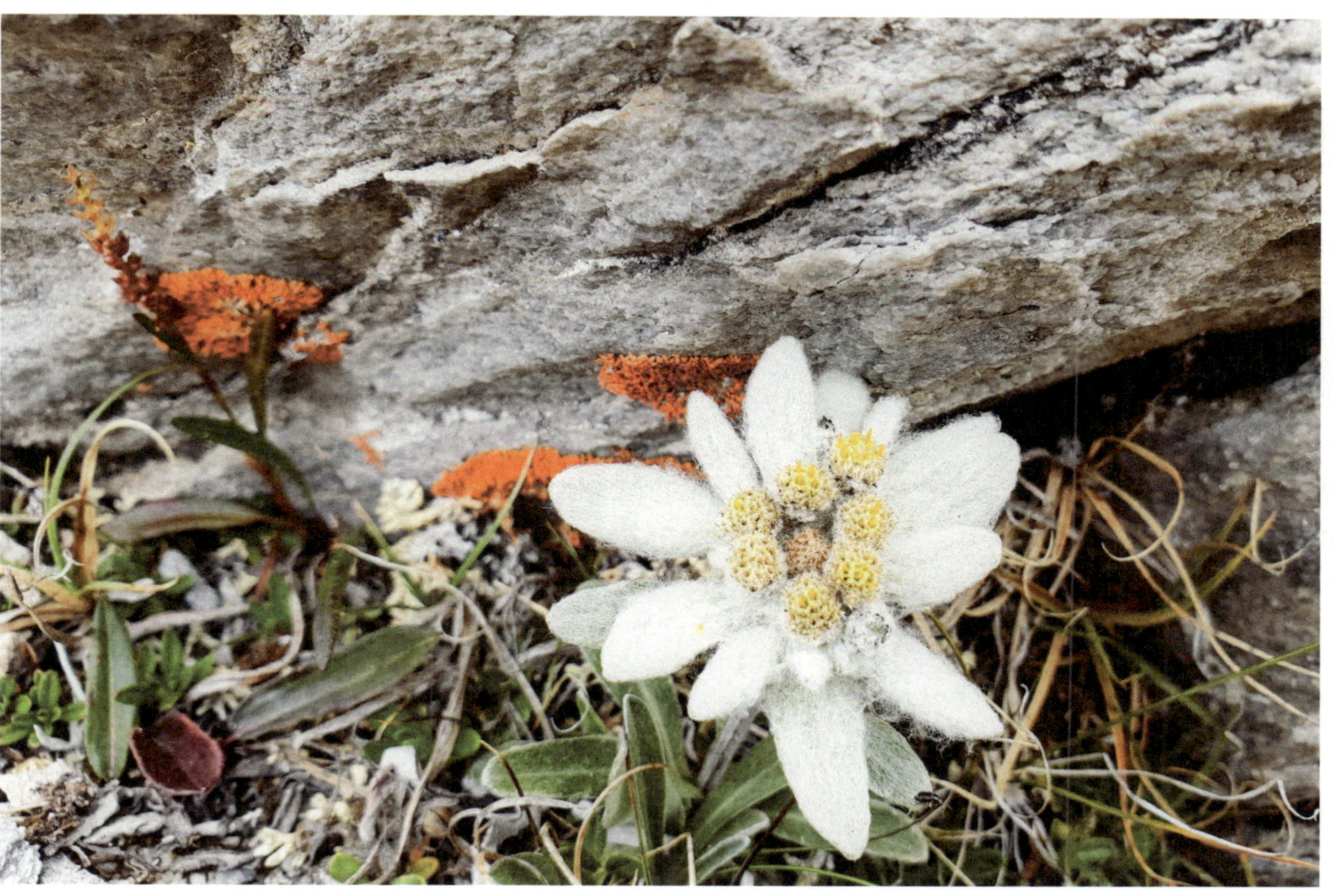

Zurück zur Hütte

Um 1900 hatte der Alpenverein bereits rund 250 Hütten und ungezählte Wege in bislang praktisch unberührten Gebieten angelegt. Ausmaß und Ausstattung der Alpenvereins-Hütten führte in manchen Fällen zu hotelähnlichen Zuständen. Schon in den 1890er Jahren regte sich dagegen Widerstand:

Der gehobene Standard würde dem ursprünglichen Zweck widersprechen. Mit der Diskussion über den Komfort in den Hütten war jene über die Unberührtheit der Natur untrennbar verbunden. Es reifte der Gedanke, noch unerschlossene Gebirgslandschaften in ihrer Ursprünglichkeit zu bewahren.

Nach mehreren vorhergehenden Beschlüssen zum Schutz des alpinen „Ödlandes", der ungenutzten Natur, wurde schließlich in der Hauptversammlung 1923, die in Bad Tölz tagte, ein verbindliches Programm formuliert, das als „Tölzer Richtlinien" den Alpenverein bis heute prägt.

Die Kernpunkte dieser Richtlinien teilen sich in zwei Bereiche: Der Alpenverein sollte einerseits nicht nur auf die Erschließung des bisher unberührten Ödlandes verzichten, sondern auch auf weitere Erleichterungen wie Gipfelwege oder Klettersteige. Der andere Teil regelte die Art der Hüttenbewirtschaftung, in der man eine größtmögliche Einfachheit anstrebte. Bis heute unterscheiden sich aufgrund dieser Beschlüsse die Alpenvereinshütten von der kommerziellen Gastronomie im Gebirge.

Freilich enthielten auch die Tölzer Richtlinien Schlupflöcher, doch im Wesentlichen prägen sie die Naturschutzpolitik des Alpenvereins bis heute.

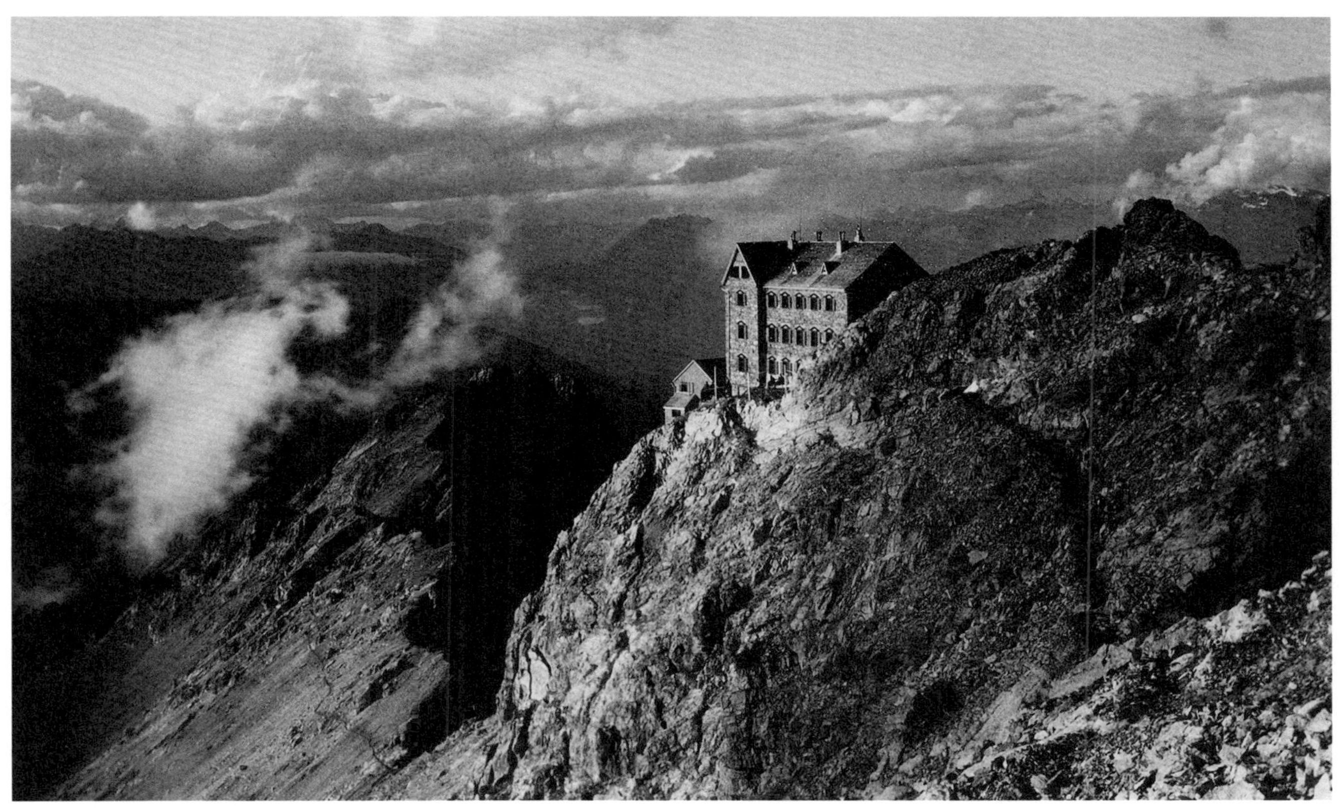

In den Tölzer Richtlinien (1923) legte der Alpenverein fest, keine weiteren Hütten mehr zu bauen.
Im Bild die im Jahr 1875 errichtete Payer Hütte in Südtirol.

Bedrohungen im Hochgebirge

Während bis dahin außer der Tätigkeit der alpinen Vereine kaum Eingriffe im Hochgebirge stattfanden, wurden in den Alpen schon im Ersten Weltkrieg nicht nur Wege, sondern auch unterirdische Stollen angelegt; die Sprengungen von Gipfeln waren entsetzliche Höhepunkte im Gebirgskrieg. In den 1920er Jahren häuften sich Bauprojekte, wie zum Beispiel Seilbahnen oder, in ihren Dimensionen noch gar nicht absehbar, die großen Wasserkraftwerke.

Gegen den Bau jeglicher technischen Anlagen im Hochgebirge trat der Alpenverein vehement auf. Vor allem die kommerzielle, privatwirtschaftliche Nutzung der Alpen rief den Widerstand hervor. Gegen Großprojekte, mit denen in der Zeit der Wirtschaftskrise ein hohes staatliches und volkswirtschaftliches Interesse verbunden war, verhielt er sich bis in die 1970er Jahre vergleichsweise zurückhaltend. Nach dem Zweiten Weltkrieg kamen zahlreiche Skibetriebe dazu, die bis in die Gletscherregionen hinaufgeführt wurden und werden.

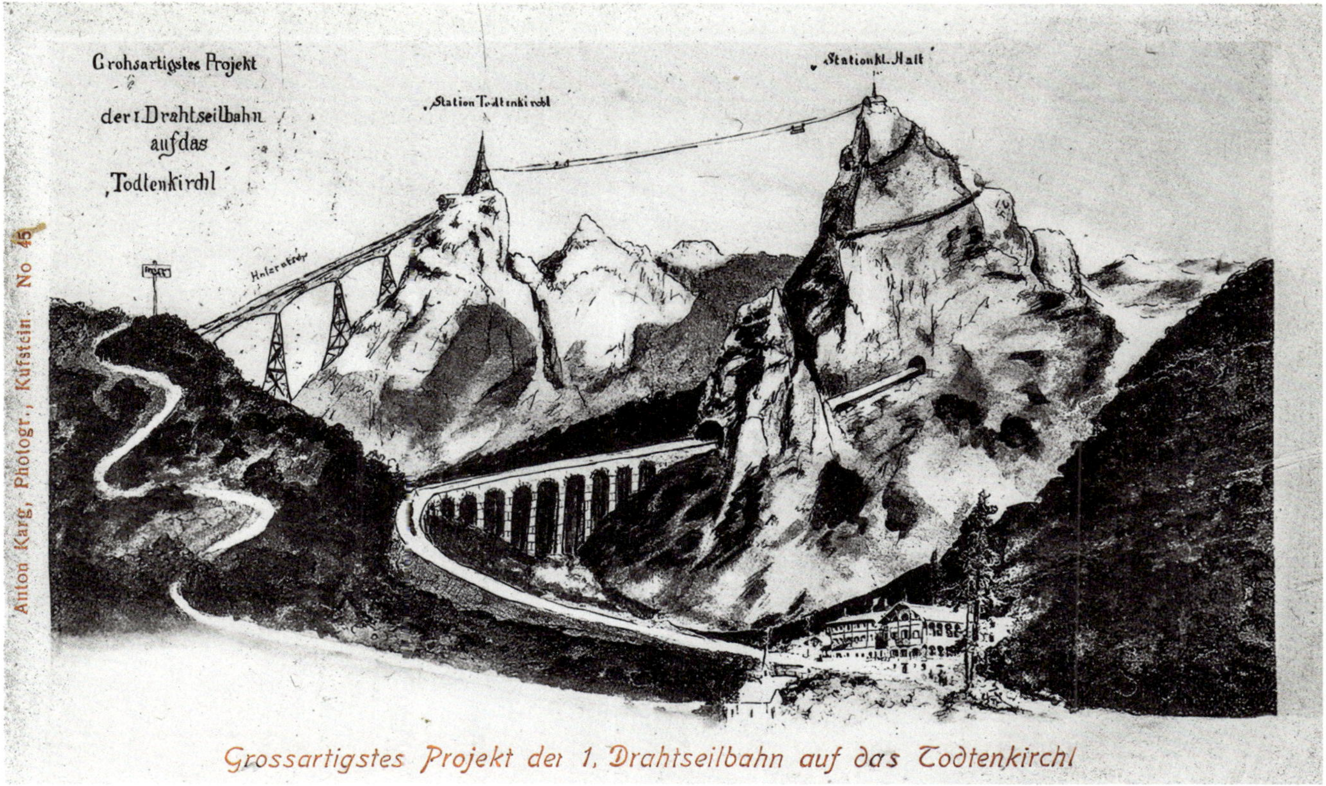

Diese Karikatur einer Seilbahn auf das Totenkirchl (um das Jahr 1900 entstanden) blieb ein Phantasieprodukt. Die Erschließung der Berge durch Seilbahnen hat der Alpenverein schon damals kritisch gesehen.

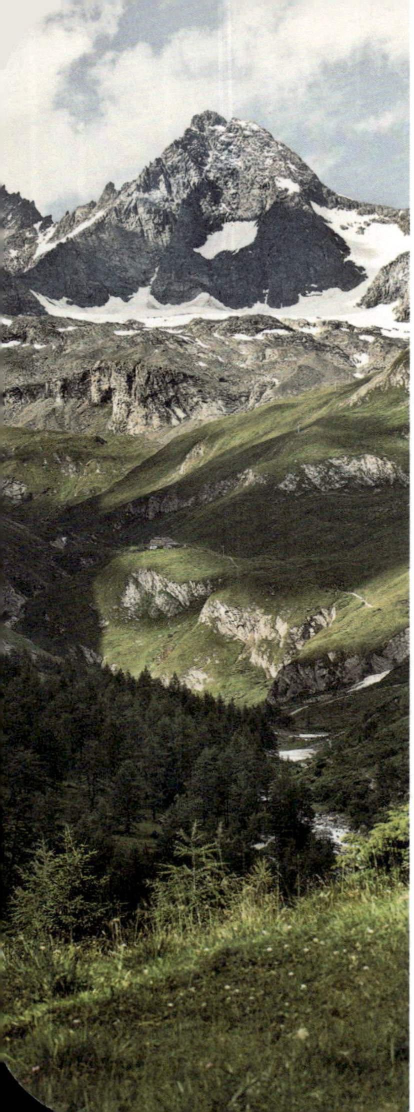

Gamsgrube und Nationalpark

Den größten Erfolg versprach sich der Alpenverein – übereinstimmend mit anderen Vereinen und Institutionen – von der großflächigen Unterschutzstellung alpiner Gebiete.

Exemplarisch dafür steht der Kampf um den Naturschutz im Gebiet der Pasterze und der Gamsgrube am Großglockner. Hier war der Alpenverein 1918 durch eine Schenkung selbst Eigentümer geworden. Um drohende Bauvorhaben abzuwehren, wurde das Gebiet 1935 unter Naturschutz gestellt – trotzdem wurde der Verein für die Errichtung eines Spazierweges für rastende Autofahrer*innen (anstelle einer geplanten Straße) in das Gebiet der Gamsgrube enteignet.

Der Streit um die Rettung der Gamsgrube wurde in enger Zusammenarbeit mit zahlreichen wissenschaftlichen Institutionen geführt, erregte großes öffentliches Aufsehen und festigte damit den Naturschutzgedanken im Alpenverein und in der Öffentlichkeit.

Vom Glocknergebiet ausgehend, führte dieser Einsatz letztlich zur Einrichtung des ersten Nationalparks Österreichs in den Hohen Tauern. Bis dahin sollte es aber noch Jahrzehnte dauern.

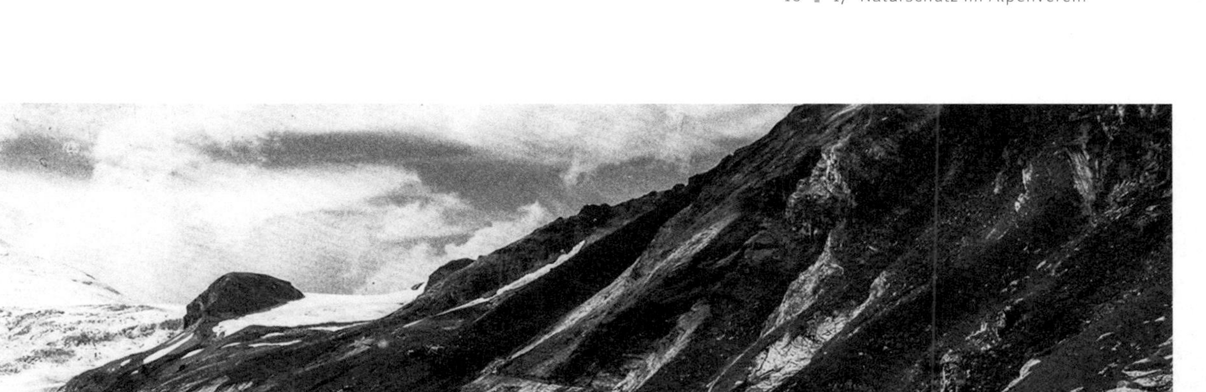

Das Gebiet der Gamsgrube wurde im Jahr 1935 unter Naturschutz gestellt. Für die Errichtung eines Spazierwegs (hauptsächlich für rastende Autofahrer*innen) wurde der Alpenverein enteignet.

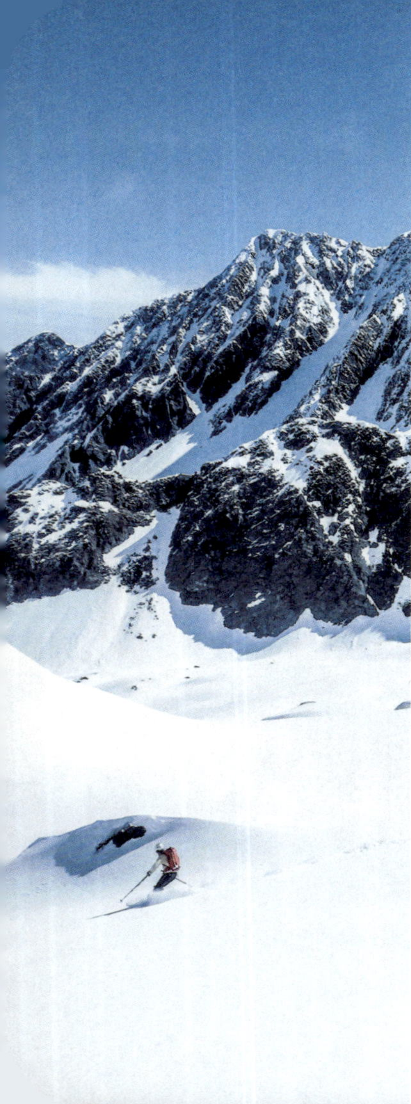

Verankerung der Naturschutzarbeit im Alpenverein

1927 fand der Naturschutz erstmals Eingang in die Satzung des Alpenvereins. In den Gremien wurden Verantwortliche für Naturschutz bestimmt, es gab auch Sonderbeauftragte für Naturschutz im Gesamtverein. Viele Sektionen engagierten sich in ihrem Umfeld und Arbeitsgebiet für diese Belange; erste Verbindungen zwischen den Ehrenamtlichen in den Sektionen und Vermittlern von professionellem Wissen, etwa Botaniker*innen und Geolog*innen, gab es seit den späten 1940er Jahren.

„Es ist Zweck des Vereines, das Bergsteigen, alpine Sportarten und das Wandern zu fördern und zu pflegen […], die Schönheit und Ursprünglichkeit der Bergwelt zu erhalten, die Kenntnisse über die Gebirge zu erweitern und zu verbreiten und dadurch auch die Liebe zur Heimat zu pflegen sowie die Wissenschaft und Forschung in diesem Bereich zu fördern. Er ist dem alpinen Natur- und Umweltschutz verpflichtet."

Satzung des Österreichischen Alpenvereins, Paragraph 2, Absatz 1

Der Alpenverein ist somit ein Bergsport- und Naturschutzverein.

Der entscheidende Fortschritt in den Naturschutzbestrebungen des Alpenvereins wurde aber in den letzten Jahrzehnten erzielt, als mit der Raumplanung ein positiv gestaltendes Element hinzukam und im Hauptverein eine Fachabteilung für diese Aufgaben gegründet wurde. Ihre Aufgabe war und ist es, die Naturschutzreferent*innen in den Sektionen zu unterstützen, Netzwerke zu knüpfen und übergreifende Herausforderungen, etwa auf dem Gebiet der Gesetzgebung, zu bearbeiten.

Um großräumige, langfristig abgesicherte Schutzzonen zu bewahren und sie vor Eingriffen durch „Ausnahmen" zu schützen, sind informelle und formelle Netzwerke unerlässlich. Die Naturschutzreferent*innen in den Alpenvereinssektionen (die es seit 1955 gibt) und in den Landesverbänden sowie die Expert*innen in der Fachabteilung des Hauptvereins und in den Umweltverbänden sind eng vernetzt und ziehen in der Regel an einem Strang.

Die Alpen als staatenübergreifendes geografisches Gebiet erfordern schließlich auch internationale Zusammenarbeit, die 1991 zur Unterzeichnung der Alpenkonvention geführt hat: Slowenien, Österreich, Deutschland, Italien, Liechtenstein, die Schweiz, Frankreich, Monaco sowie die Europäische Union verpflichten sich darin zur nachhaltigen Entwicklung des Alpenraums. Die Umsetzung dieser Verträge wird von den Umweltverbänden, darunter die alpinen Vereine, wachsam verfolgt und eingefordert. Im eigenen Wirkungsbereich unterstützen sie deren praktische Umsetzung z.B. mit der seit dem Jahr 2008 erfolgreich betriebenen Initiative „Bergsteigerdörfer", die auf Anregung und in Zusammenarbeit mit dem Alpenverein entstanden ist.

Die auf internationaler Ebene vereinbarten Naturschutzziele auf regionaler und lokaler Ebene durchzusetzen, bleibt stetiges Bemühen der Naturschutzarbeit im Alpenverein. Die Arbeit der Naturschutzreferent*innen in den rund 200 Alpenvereinssektionen und – nicht zu vergessen – ihrer Kolleg*innen jener Sektionen des Deutschen Alpenvereins, die Arbeitsgebiete in Österreich betreuen, ist jedoch nach wie vor vom ungebrochenen Ausbauwillen vor allem der Tourismus- und Freizeitwirtschaft geprägt. Das zuletzt 2013 aktualisierte Grundsatzprogramm gibt dafür die Leitlinien vor. Es ist das jüngste gemeinsame Bekenntnis vom Alpenverein Südtirol (AVS), Deutschen Alpenverein (DAV) und Österreichischen Alpenverein (ÖAV), die alpine Raumordnung und den Naturschutz weiterzuentwickeln, den Bergsport naturverträglich auszurichten und die bestehende alpine Infrastruktur zu ökologisieren.

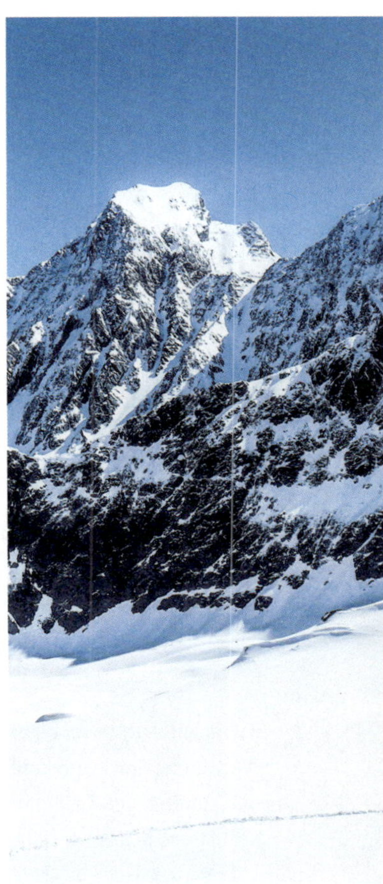

Die Umweltorganisationen einschließlich der alpinen Vereine arbeiten österreichweit im Umweltdachverband, mit Fokus auf den Lebensraum Alpen in der CIPRA Österreich und mit dem Augenmerk auf die Alpenkonvention im Netzwerk der alpenweiten alpinen Vereine, im Club Arc Alpin, gut zusammen. Der Alpenverein hat seit 2005 auch Parteistellung in Umweltverträglichkeitsverfahren (UVP-Verfahren). Das bedeutet, dass er bei großen Infrastrukturprojekten in den Bergen, wie z.B. bei Skigebietserweiterungen oder Wasser- bzw. Windkraftanlagen, der Natur eine Stimme geben kann. Deshalb wird der Alpenverein auch häufig als „Anwalt der Alpen“ bezeichnet.

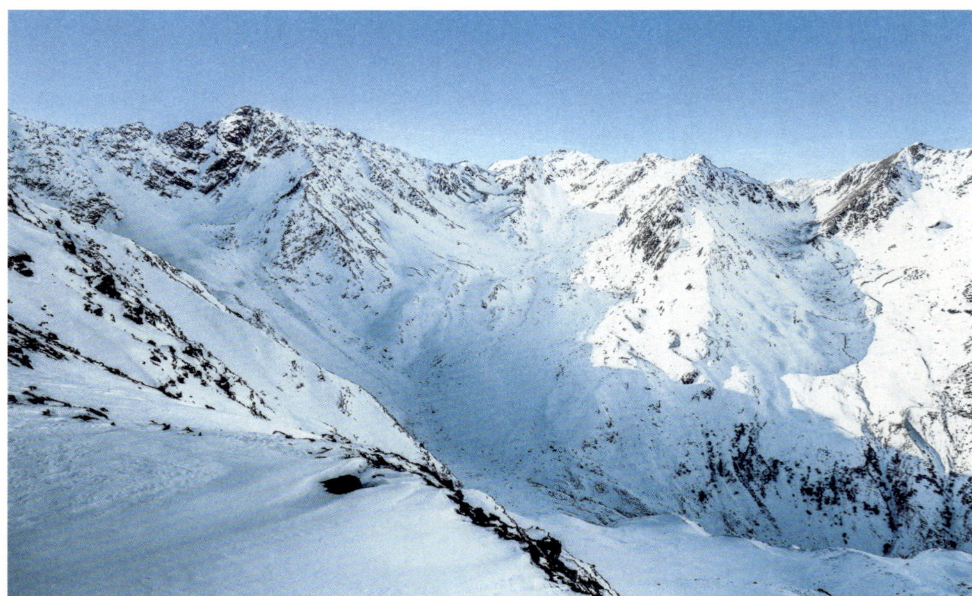

Bislang erfolgreich vor einer Verbauung durch Lifte und Pisten gerettet: das Malfontal (linke Seite) und der Linke Fernerkogel (rechte Seite).

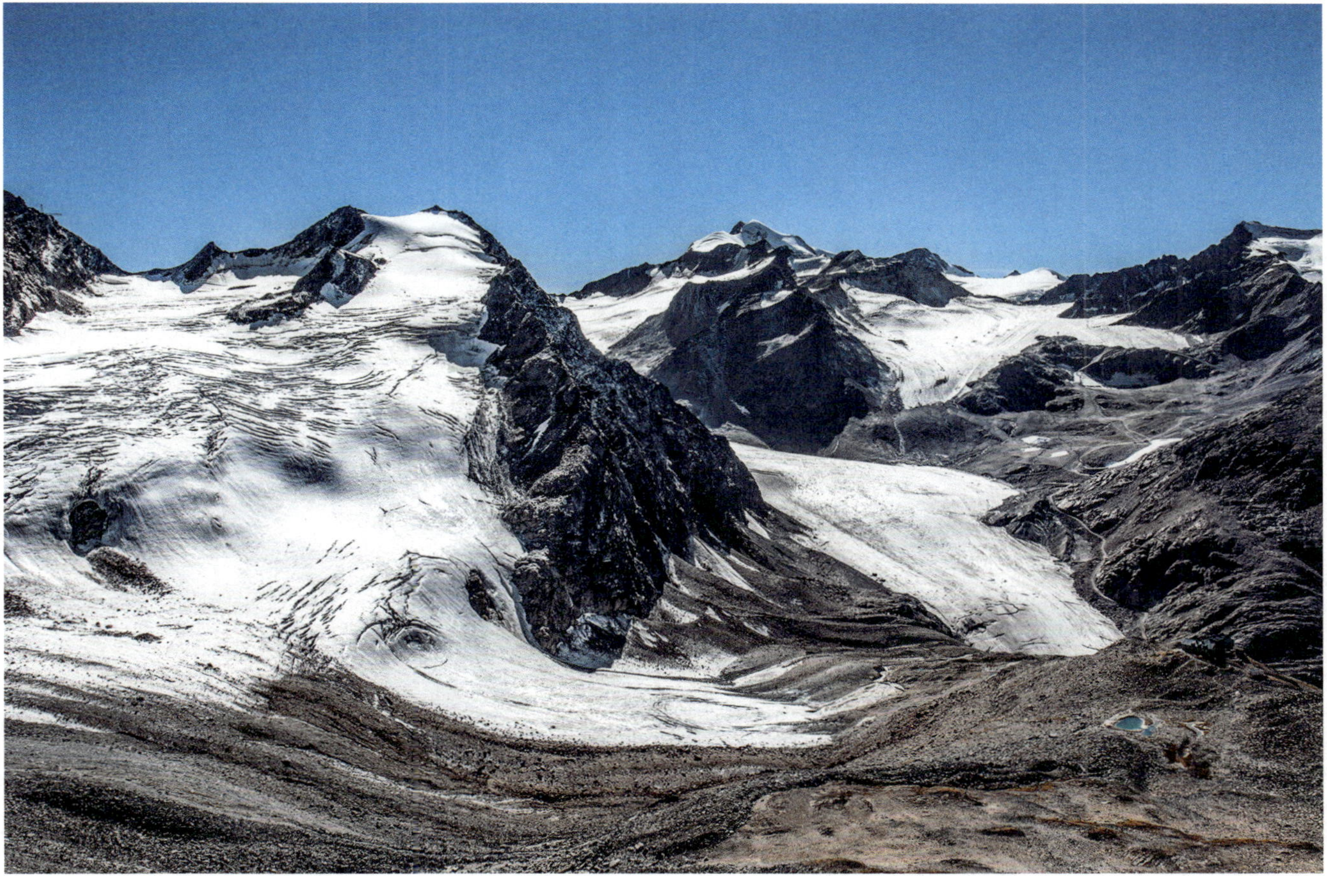

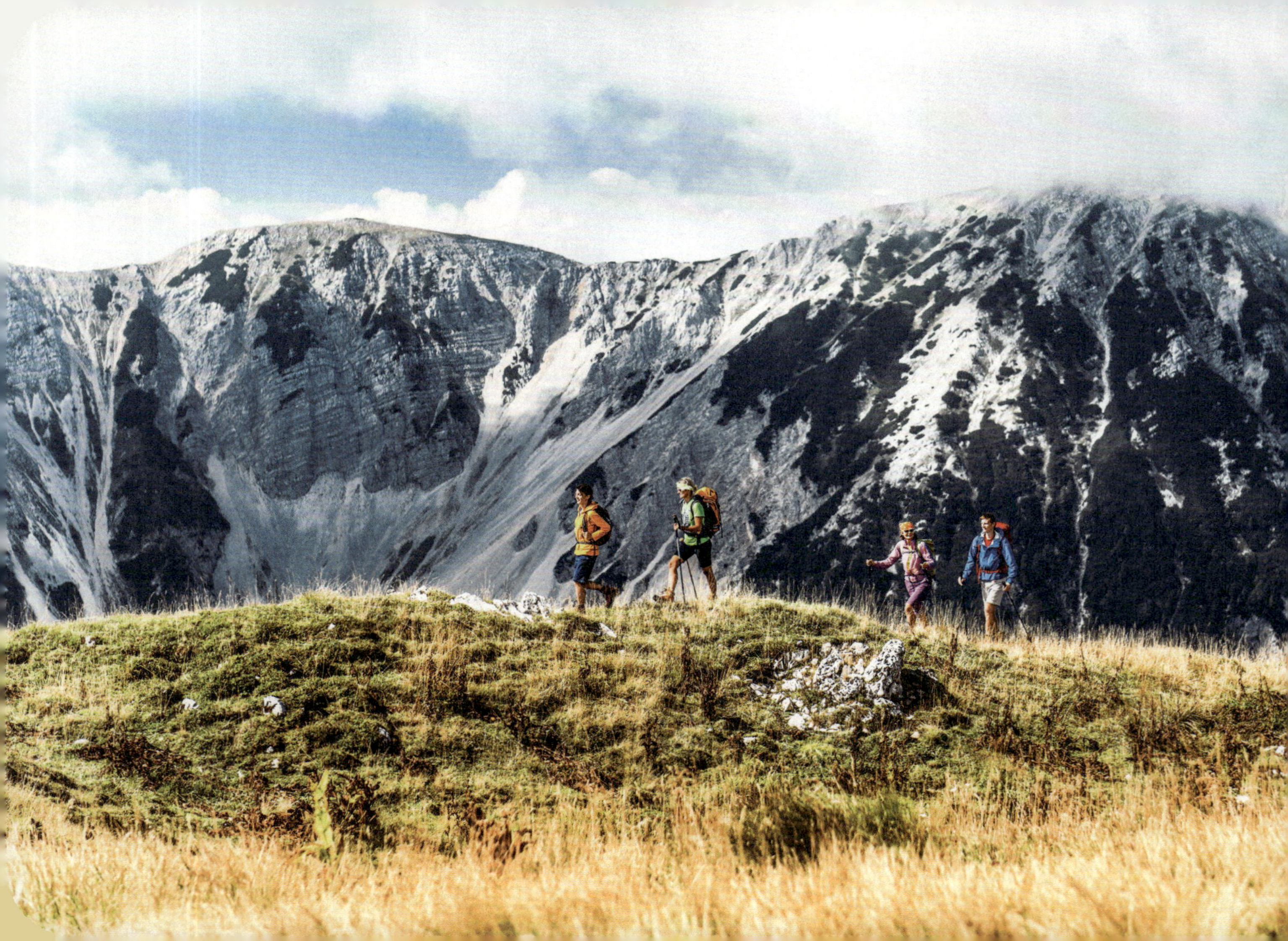

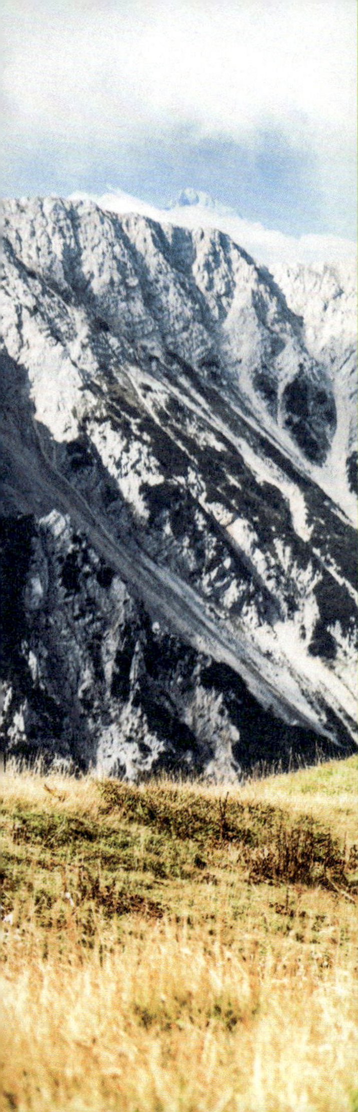

Wegefreiheit

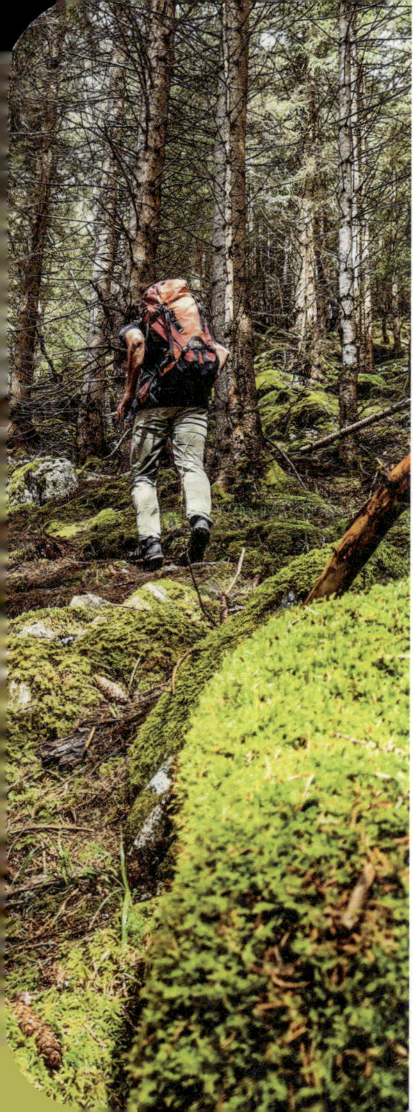

Grundlagen der Wegefreiheit

Für ein konfliktfreies Miteinander am Berg ist es hilfreich zu wissen, wo und wann man sich am Berg frei bewegen darf. Der Begriff „Wegefreiheit" beschreibt das Recht, auf und abseits von Wegen fremden Grund zu betreten.

In Österreich gibt es dazu unterschiedliche gesetzliche Regelungen – je nachdem in welchem Bundesland wir unterwegs sind und ob wir uns im Tal, im Wald oder oberhalb der Waldgrenze, also im Bergland, aufhalten.

Tal

Im Tal gilt für jedes Bundesland ein eigenes Feld- und Flurgesetz. Dabei ist wichtig zu wissen, dass man keinen sogenannten Feldfrevel begehen darf. Damit sind z.B. Schäden an der Feldkultur oder Schäden an landwirtschaftlichen Geräten gemeint. Außerdem ist zu beachten, dass für jedes Bundesland auch ein eigenes Naturschutzgesetz gilt, auf dessen Basis Betretungseinschränkungen verordnet werden können.

Wald

Im Wald gelten das Forstgesetz 1975, Naturschutz- und Jagdgesetze. Bei letzteren zwei handelt es sich um Landesgesetze. Das Forstgesetz 1975 ist ein Bundesgesetz und gilt in ganz Österreich. Dieses Gesetz regelt maßgeblich die Wegefreiheit im Wald:

„Jedermann darf […] Wald zu Erholungszwecken betreten und sich dort aufhalten."

Paragraph 33, Österreichisches Forstgesetz 1975

Das bedeutet, dass wir uns im Wald sowohl auf den Wegen als auch abseits davon frei bewegen dürfen. Wir haben sozusagen freie Routenwahl. Das gilt auch für den Tourenskisport und das Schneeschuhwandern, nicht aber für das Radfahren und das Skifahren im Umkreis von 500 Metern zu Aufstiegshilfen und Pisten.

Was gilt als Wald?

Als Wald gelten im Sinne des Forstgesetzes mit Bäumen bewachsene Grundflächen, wenn diese in Summe mindestens 1.000 m² groß sind und eine durchschnittliche Breite von 10 m erreichen. Aber auch dauerhaft unbestockte Flächen wie Forststraßen oder Holzlagerplätze zählen zum Wald.

Kletterrouten sind Wege

Das Klettern von bestehenden Routen an Kletterfelsen, die im Wald liegen, fällt ebenso unter das forstrechtlich gedeckte „Betreten des Waldes zu Erholungszwecken" wie das Einrichten einzelner Routen mit Bohrhaken. Wird aber ein ganzer Klettergarten neu errichtet, so ist die Zustimmung der Grundeigentümer*innen erforderlich. Nicht gedeckt ist das Anschreiben von Routennamen an den Einstiegen und das übermäßige Ausputzen von Routen.

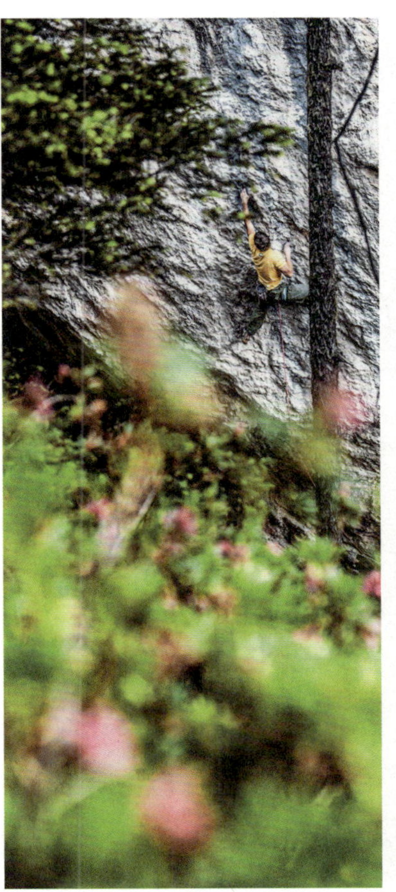

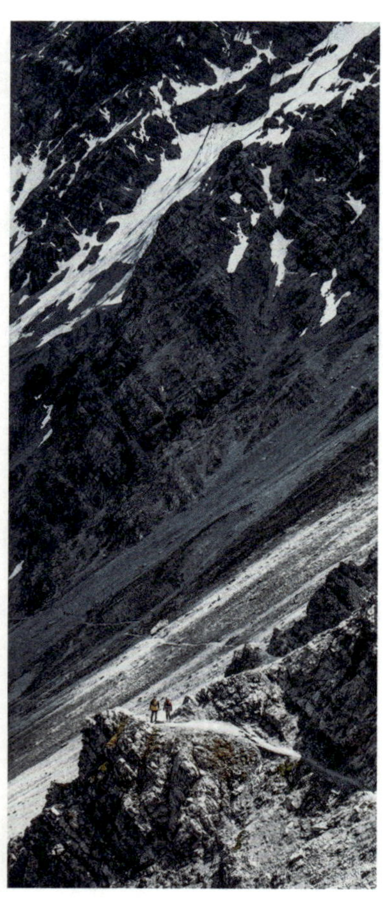

Bergland

Kärnten, Oberösterreich, Salzburg, Vorarlberg und die Steiermark besitzen eigene Gesetze zur Wegefreiheit im Bergland bzw. im „alpinen Ödland“, wie der Bereich oberhalb der Waldgrenze auch genannt wird. In Tirol und Niederösterreich gibt es dafür keine eigenen Gesetze. Deshalb wird davon ausgegangen, dass die sogenannte freie Betretbarkeit eine Form des Gemeinwillens darstellt. Das wird häufig auch als „Gewohnheitsrecht“ bezeichnet.

Im Burgenland und in Wien ist aufgrund der Topografie keine Regelung notwendig. Auch für das Bergland gelten die jeweiligen landesrechtlichen Bestimmungen der Jagd- und Naturschutzgesetze.

Ersessene Wegerechte

Wenn Wege mindestens 30 Jahre lang redlich und dauerhaft genutzt wurden und die Grundeigentümer*innen das nie verhindert haben, entsteht ein ersessenes Wegerecht. Um eine Nutzung zu beweisen, können alte Karten, Führerliteratur oder auch Wegmarkierungen durch die Wegewart*innen des Österreichischen Alpenvereins hilfreich sein. Werden die Wege nicht mehr genutzt, verfällt das Wegerecht nach drei Jahren und es kommt zur sogenannten Freiheitsersitzung.

Auch oberhalb der Waldgrenze ist die Wegefreiheit gegeben.

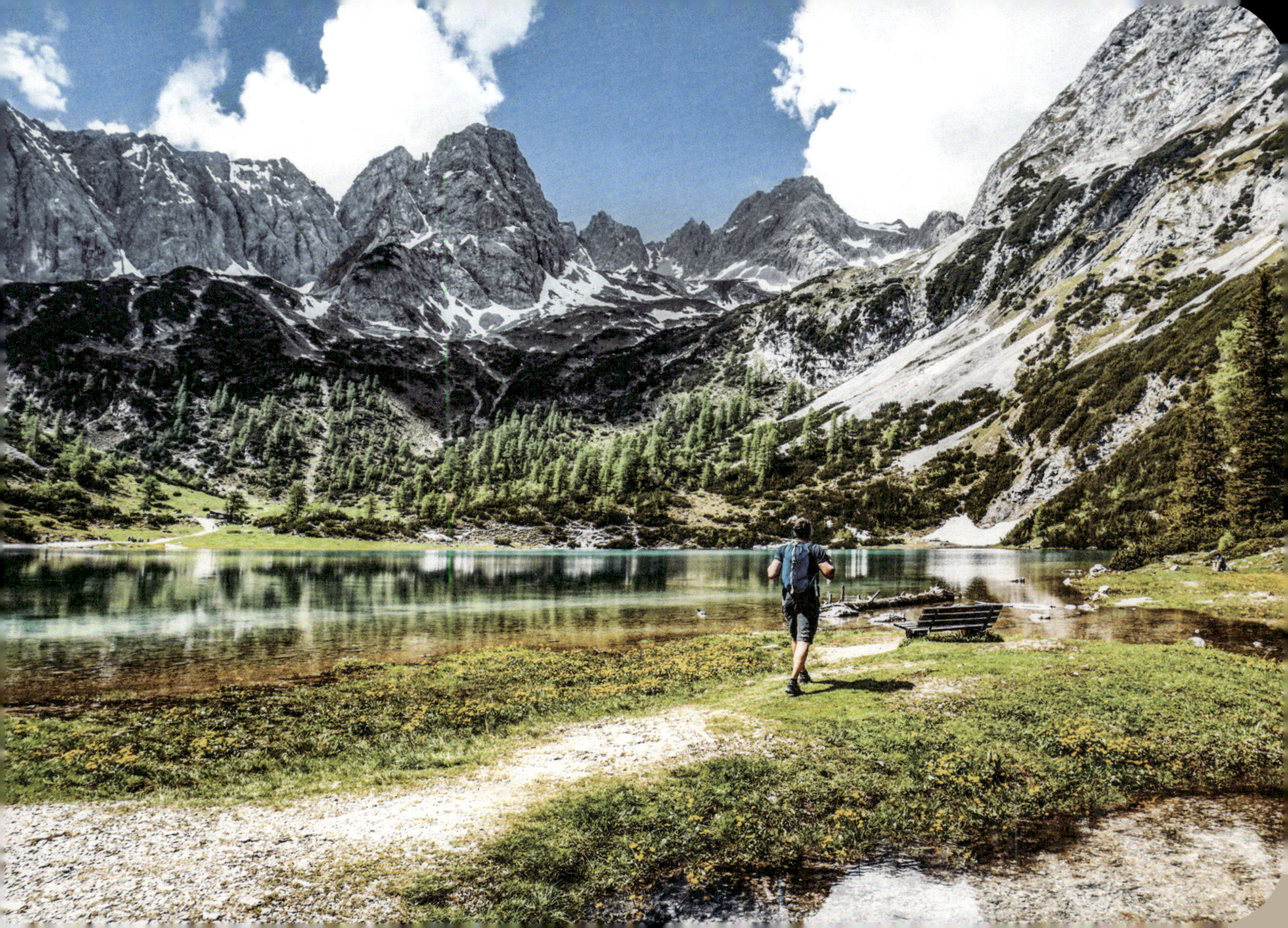

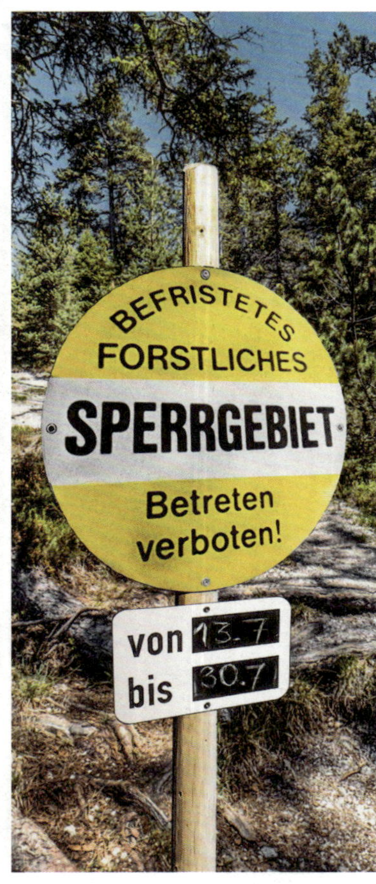

Ausnahmen der Wegefreiheit

Die gesetzlichen Grundlagen zur Wegefreiheit in Österreich sind für Erholungssuchende grundsätzlich sehr gut. Dennoch gibt es wichtige Ausnahmen.

Forstgesetz

Aufforstungsflächen mit einer Wuchshöhe von bis zu drei Metern, sogenannte Jungwälder, dürfen nicht betreten bzw. mit Skiern befahren werden. Schäden an kleinen Bäumen können langfristig negative Folgen haben, denn nur ein intakter Wald kann seine Schutzfunktion, wie z.B. den Schutz vor Lawinen, erfüllen (siehe auch Seite 132). Gebiete, in denen aktive Forstarbeiten stattfinden, sind als forstliche Sperrgebiete mit Tafeln gekennzeichnet. Die Tafel ist nur gültig, wenn auch die Dauer der Sperre mit einem genauen Datum angegeben ist.

Skifahren und Snowboarden

Skifahren und Snowboarden ist im Anwendungsbereich des Forstgesetzes insofern erlaubt, als es unter den Begriff „betreten" gefasst wird. Es gibt aber eine wichtige Einschränkung: Im Umkreis von 500 Metern zu Aufstiegshilfen oder Pisten ist das wiederholte Abfahren im Wald nicht gestattet. Dort ist nur ein einmaliges Aufsteigen und Abfahren mit Tourenskiern oder Splitboard erlaubt.

Radfahren

Radfahren ist im gesamten Waldbereich, also auch auf Forststraßen, verboten, sofern der Grundeigentümer dem Befahren nicht zugestimmt hat. Die Wegefreiheit gemäß Paragraph 33 des Forstgesetzes gilt hier nicht. Radfahren ist somit nur auf eigens dafür freigegebenen Strecken erlaubt.

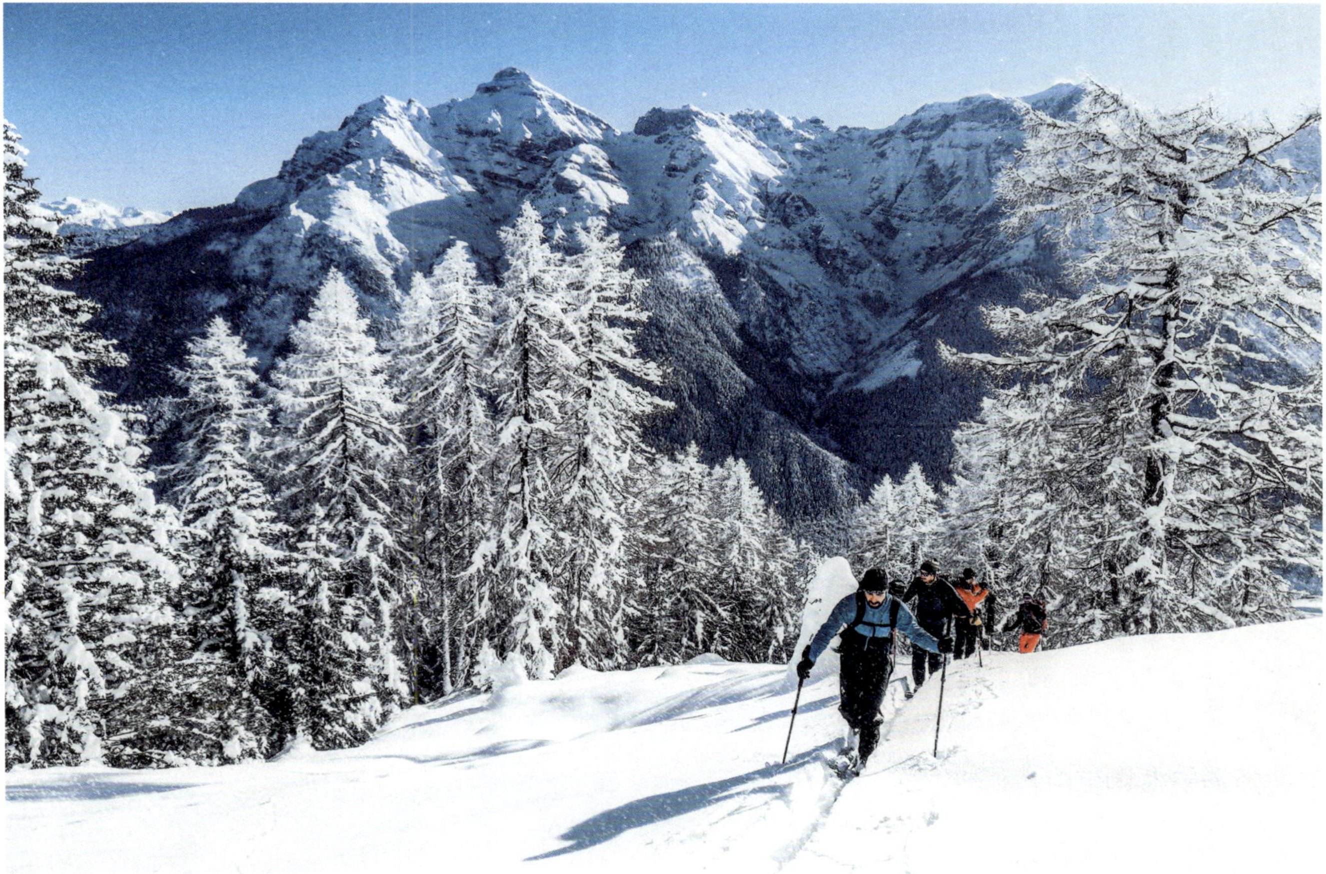

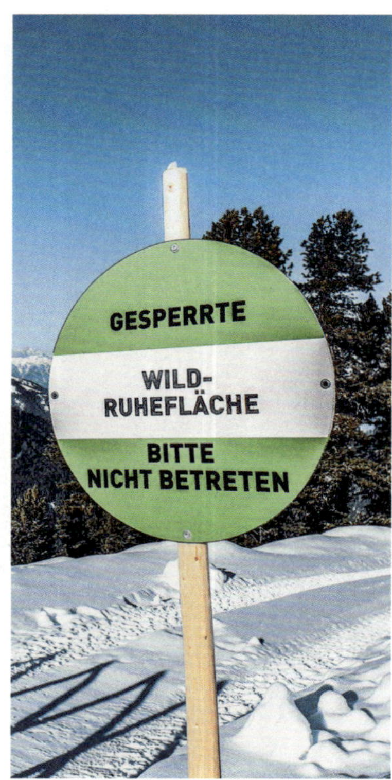

Jagdliche Sperrgebiete müssen befristet und durch genormte Tafeln gekennzeichnet sein.

Jagdgesetze

In den Jagdgesetzen der Bundesländer werden Sperrgebiete unterschiedlich bezeichnet und es gelten unterschiedliche Regelungen. Es gilt jedoch meist ein Wegegebot, das heißt, die Gebiete dürfen nur auf den offiziellen Wegen betreten werden, dazu zählen auch übliche Skitourenrouten oder Langlaufloipen. Die Kennzeichnung für jagdliche Sperrgebiete muss durch genormte Schilder erfolgen. Diese können je nach Bundesland unterschiedlich aussehen. Selbstgebastelte Schilder sind nicht gültig.
Es gibt keine unbefristeten jagdlichen Sperrgebiete, sondern nur befristete.

Rücksicht auf Wildtiere

Im Winter werden Bereiche um Rotwild-Fütterungen häufig als jagdliche Sperrgebiete ausgewiesen. Rotwild hat im Winter einen kleinen Bewegungsradius. Es bewegt sich zwischen der Fütterung und dem nahegelegenen Einstandsbereich – vergleichbar mit unserem Ess- und Wohnzimmer. Wintersportler*innen sollten diese Bereiche meiden. Das ist eine relativ kleine Einschränkung mit großer Wirkung. Tierleid und Verbissschäden an Bäumen können so vermieden werden.

Naturschutzgesetze

Auf Basis der Naturschutzgesetze der österreichischen Bundesländer können zeitlich befristete Betretungseinschränkungen verordnet werden. Diese dienen beispielsweise dem Schutz gefährdeter Arten und Biotope. Meist gilt für diese Bereiche ein Wegegebot, das heißt, die offiziellen Wege dürfen betreten, aber nicht verlassen werden.

Militärische Sperrgebiete

Auch durch militärische Sperrgebiete, wie zum Beispiel einen Truppenübungsplatz, kann es zu Betretungseinschränkungen für Erholungssuchende kommen.

Dürfen Bergsportler*innen angehalten werden?

Wenn Erholungssuchende gesperrte Bereiche betreten, kann das zum einen schädlich für Flora und Fauna sein und zum anderen für Verärgerung bei Jäger*innen oder Förster*innen sorgen. Dennoch ist diesen Personen nicht erlaubt, Menschen anzuhalten. Nur wer als Organ der öffentlichen Aufsicht (z.B. Bergwacht, Jagdaufsicht, Forstschutz, Polizei) bestellt ist, hat diese Befugnis. Aufsichtsorgane dürfen Menschen – notfalls auch mit Gewalt – anhalten, persönliche Daten aufnehmen und gegebenenfalls auch ihre Rucksäcke kontrollieren, müssen sich aber ausweisen.

Wer versehentlich in ein Sperrgebiet geraten ist und von verärgerten Jäger*innen oder Förster*innen angesprochen wird, sollte versuchen, zur Entspannung der Situation beizutragen. Das gelingt am besten, indem Interesse („Warum gibt es hier ein Sperrgebiet?") und Verständnis („Ich werde beim nächsten Mal darauf achten") gezeigt wird.

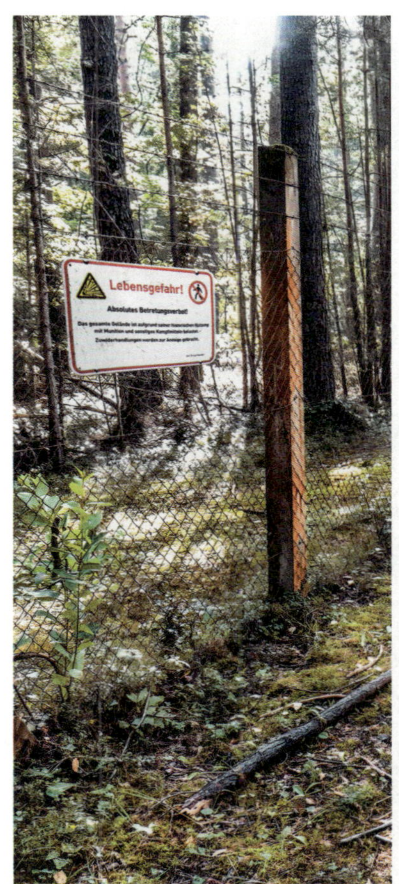

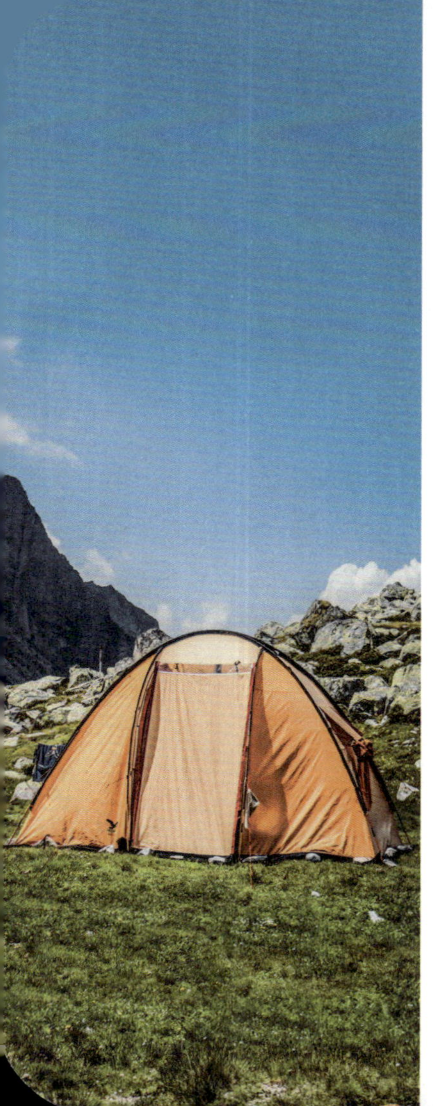

Wildcampen und Biwakieren – was ist erlaubt?

Wer in Österreichs Bergen wild campen will, findet sich in einem Paragraphendschungel wieder. Anders als in Skandinavien gibt es hierzulande kein sogenanntes Jedermannsrecht, das erlaubt, irgendwo im Nirgendwo ein Zelt aufzuschlagen. Bei uns sind die Regelungen eher restriktiv und es gibt große Unterschiede zwischen den Bundesländern.

Campen im Wald

Das Forstgesetz 1975 (Bundesgesetz) sichert uns österreichweit zwar die freie Betretbarkeit des Waldes zu, „das Lagern bei Dunkelheit, Zelten [...]" ist aber davon ausgenommen. Das heißt, das Campen im Wald ist in ganz Österreich verboten. Es sei denn, es liegt eine ausdrückliche Zustimmung der Grundeigentümer*innen vor.

Campen im alpinen Ödland

Für den Bereich oberhalb der Waldgrenze gibt es je nach Bundesland unterschiedliche gesetzliche Regelungen. In Kärnten, Niederösterreich und Tirol ist das Zelten außerhalb von Campingplätzen verboten. Dazu zählt auch das geplante Freiluft-Biwak im Schlafsack. Bei Missachtung können teure Strafen blühen. In Oberösterreich, Salzburg, der Steiermark und Vorarlberg gibt es kein explizites landesweites Verbot des Wildcampens, die Gemeinden können jedoch Einschränkungen festlegen. Eine vorherige Abklärung ist deshalb empfehlenswert. Falls ein Schutzgebiet der auserkorene Nächtigungsstandort sein sollte, so platzt der Traum von der Nacht im Freien aber auch in diesen Bundesländern.

Wer allerdings bspw. aufgrund einer Verletzung oder eines Schlechtwettereinbruchs zu einer Outdoor-Nacht gezwungen ist, hat keine negativen Konsequenzen zu befürchten. Das ungeplante alpine Biwakieren (Notbiwak) ist in ganz Österreich erlaubt.

Der Gebirgsraum ist ein ökologisch sensibler Bereich, an den unterschiedliche Nutzungsinteressen gestellt werden. Das ist der Grund für die eher restriktiven Regelungen in Österreich. Das Gute hierzulande: Bergsportler*innen steht ein dichtes Netz an Schutzhütten zur Verfügung, dessen Erhalt zwar mit einem großen Aufwand verbunden ist, das aber kostengünstig – und zweifelsfrei legal – genutzt werden kann.

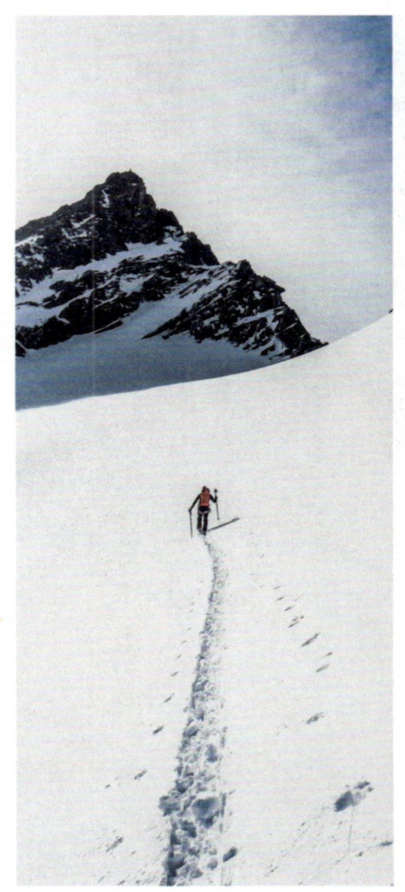

Einen detaillierten Überblick über die gesetzlichen Regelungen in den einzelnen Bundesländern gibt es auf: **www.oesterreich.gv.at/themen/freizeit_und_strassenverkehr/campen**

Hierzu folgende Begriffsdefinitionen:

biwakieren. Abgeleitet vom französischen Wort bivouac („Feldlager“), bezeichnet im alpinistischen Kontext die Übernachtung in einer behelfsmäßigen Unterkunft oder unter freiem Himmel.

campen/campieren. Abgeleitet vom lateinischen Wort campus („Feld“), bezeichnet das Nächtigen in Zelten, Wohnwagen oder ausgebauten Vans. Nächtigt man außerhalb von offiziellen Campingplätzen, campt/campiert man „wild“.

zelten. Campen in einem Zelt, häufig synonym zu campen verwendet.

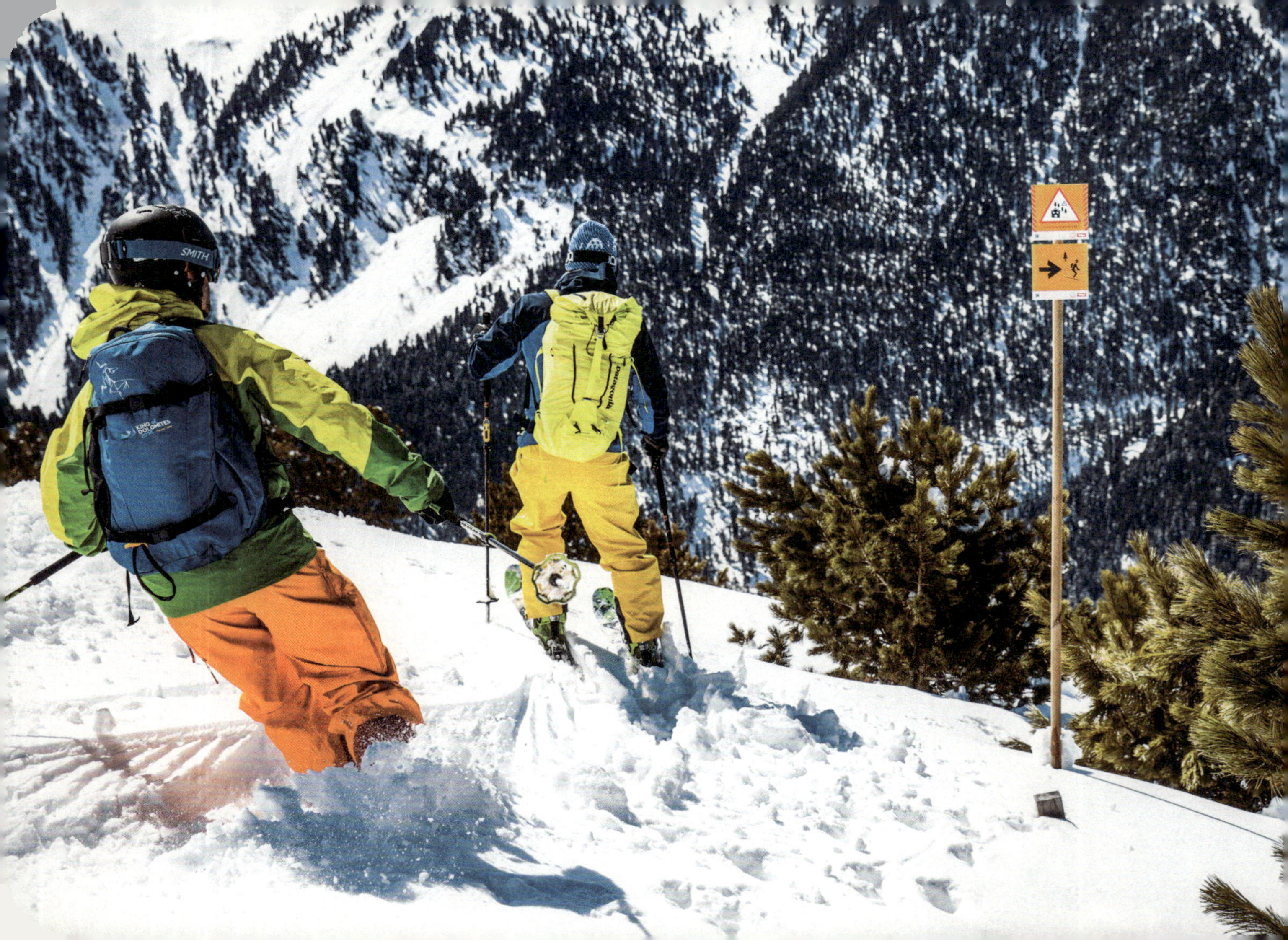
SMITH
patagonia

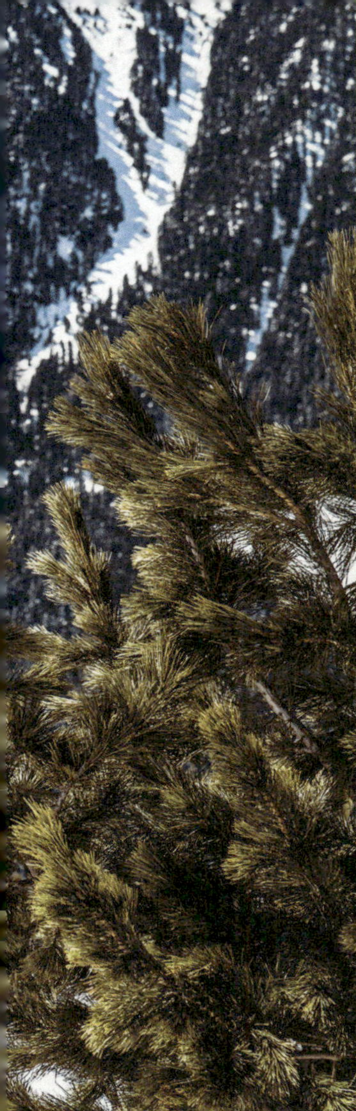

Lenkungsmaßnahmen

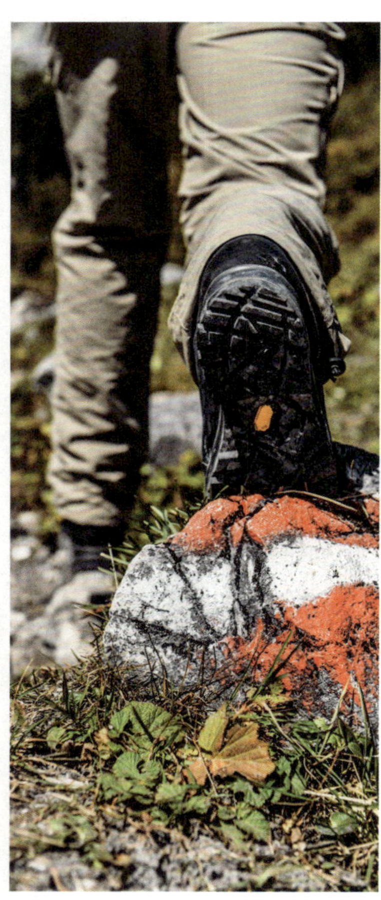

Warum lenken?

„Wege ins Freie". Mit diesem Slogan bewirbt der Alpenverein seine Tätigkeiten sowie die Bewegung in der freien Natur. Die Mitgliederstatistik zeigt, dass diesem Slogan eine Vielzahl an Menschen folgt.

Mehr Menschen in den Bergen sorgen dort unter Umständen aber auch für mehr Konflikte. Der Alpenverein setzt sich im Sinne aller Erholungssuchenden für die Erhaltung der Wegefreiheit ein. Er erkennt allerdings auch, dass neben der Beachtung behördlicher Sperrgebiete (siehe vorheriges Kapitel) teilweise auch freiwillige Einschränkungen sinnvoll sind.

In den Bergen suchen nicht nur Menschen Erholung. Sie sind vor allem Lebensraum von sensiblen und störungsanfälligen Wildtieren. Am Berg beziehungsweise in der Natur gibt es Gruppen mit unterschiedlichen Interessen, zum Beispiel Jäger*innen, Förster*innen, Grundbesitzer*innen und Erholungssuchende. Lenkungsmaßnahmen sollen Menschen in der Natur auf bestimmte Wege lenken. Ziel ist es, durch Bewusstseinsbildung zu eigenverantwortlichem und respektvollem Handeln anzuregen. Dadurch können Konflikte vermieden und die Natur geschont werden.

Wie lenken?

Lenkungsmaßnahmen gibt es in vielen Regionen und auch zu unterschiedlichen Aktivitäten.

Diese können unterschiedlich aussehen. Hier zwei beispielhafte Schilder aus dem Programm „Bergwelt Tirol – Miteinander erleben“:

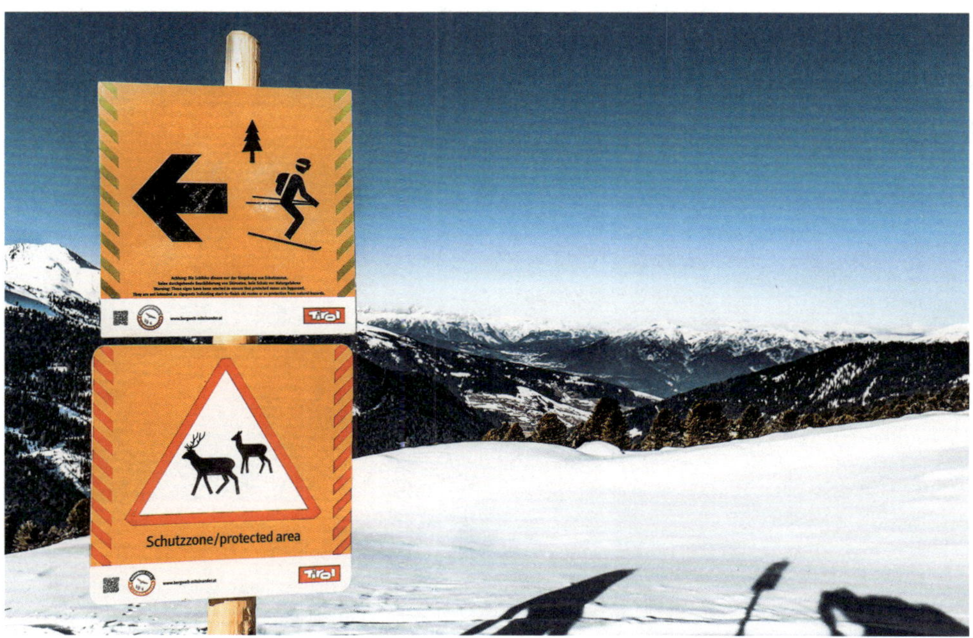

Beispielhafte Beschilderung einer Lenkungsmaßnahme aus dem Programm „Bergwelt Tirol – Miteinander erleben“.

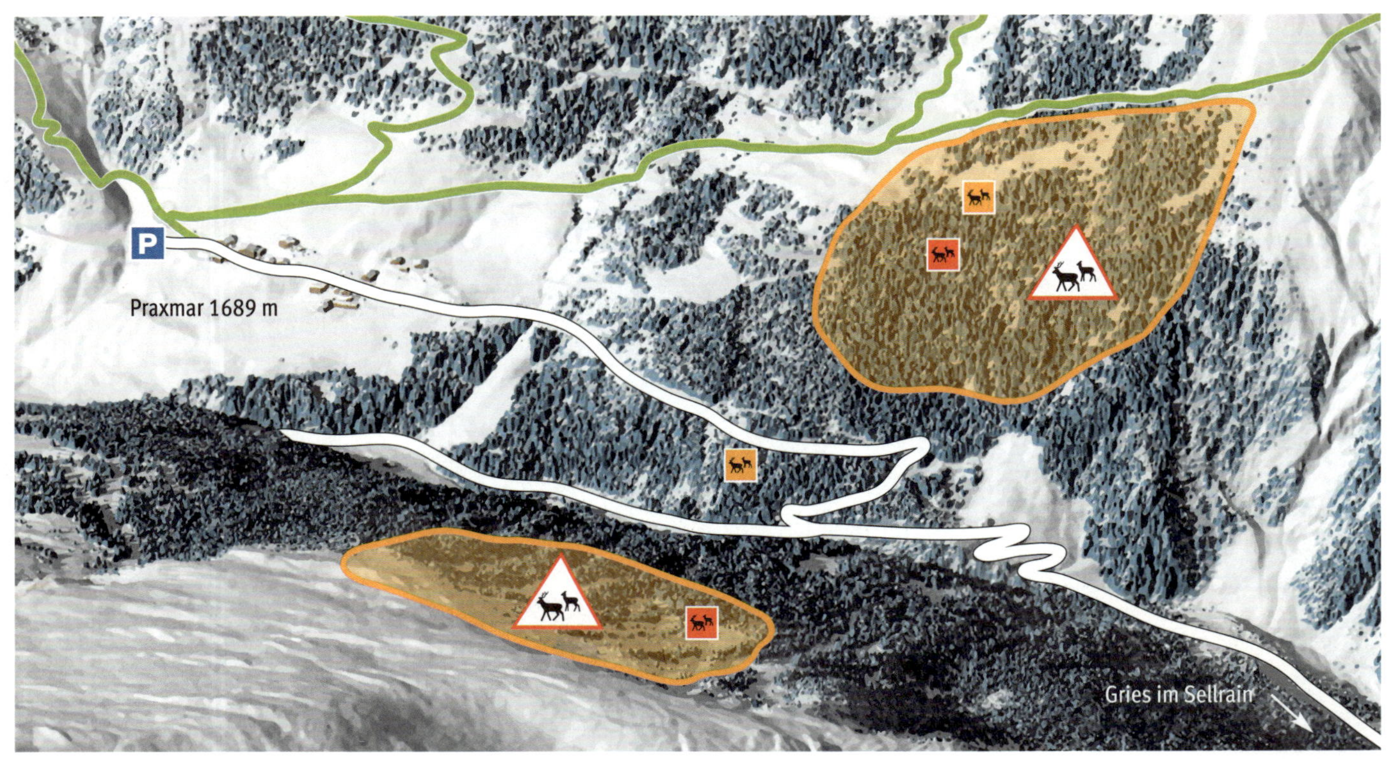

Das Bild zeigt den Verlauf der naturverträglichen Skitourenrouten und jene Bereiche, die freiwillig gemieden werden sollten, sogenannte Schutzzonen. Die Schutzzonen sind farblich markiert. Auf diesem Bild ist eine Lenkungsmaßnahme im Bergsteigerdorf Sellraintal für den Tourenskisport abgebildet: Am Ausgangspunkt und im Gelände weisen Schilder den Weg.

Nicht nur beim Skitourengehen gibt es Lenkungsmaßnahmen, sondern auch bei anderen Sportarten wie z.B. beim Radfahren oder Klettern. Lenkungsmaßnahmen beim Klettern werden meist durchgeführt, um auf sensible Felsbrüter wie Wanderfalken, Uhus und Mauerläufer Rücksicht zu nehmen. Hier ein Beispiel aus dem Klettergebiet Traunstein:

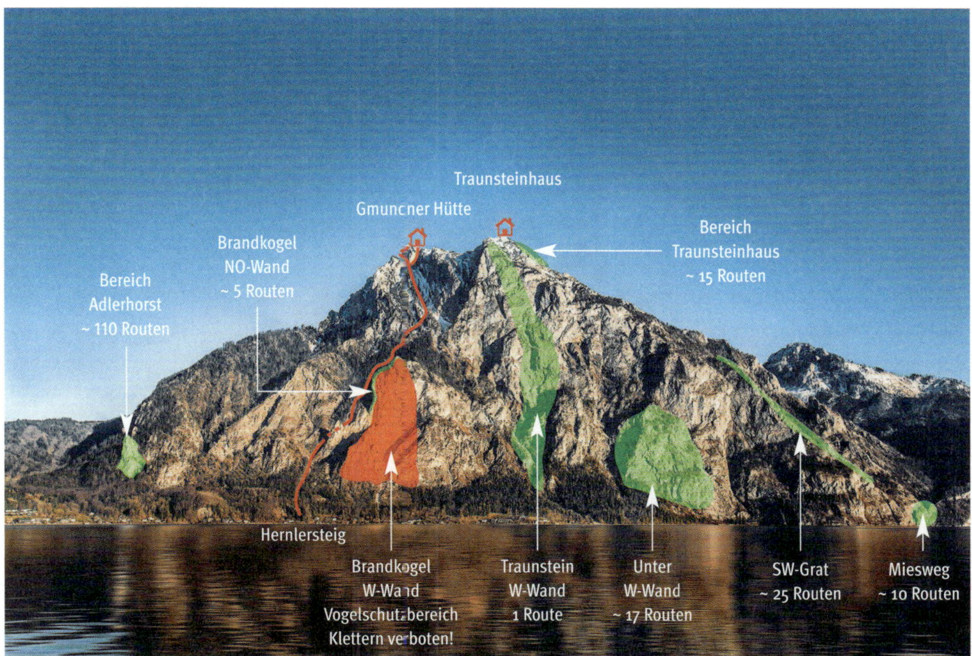

Die grünen Bereiche kennzeichnen die begehbaren Routen, der rote Bereich die Vogelschutzzone.

Unter welchen Voraussetzungen?

Freiwillige Lenkungsmaßnahmen sind ein gutes Mittel, um für ein möglichst konfliktfreies Miteinander zu sorgen.

Sinnvoll sind diese aus Sicht des Österreichischen Alpenvereins aber nur, wenn folgende Voraussetzungen erfüllt sind:

1) Die Maßnahmen sind aus ökologischer und vor allem wildökologischer Sicht notwendig.
2) Es herrscht ein entsprechender Nutzungsdruck.
3) Konfliktbereiche werden nur punktuell, also nur an einer Stelle, und nicht flächig geregelt.
Zum Beispiel wird nicht eine gesamte Region zur Wildruhezone erklärt.

Bereits bei der Tourenplanung achten wir darauf, eine naturverträgliche Route zu wählen und Schutzzonen zu umgehen.

Sind alle drei Voraussetzungen erfüllt, dann ist der Österreichische Alpenverein bereit, sich aktiv bei Lenkungsprojekten einzubringen. Idealerweise wird dieser Prozess extern moderiert (z.B. wie beim Projekt „Bergwelt Tirol – Miteinander erleben" durch Beamte des Landes Tirol) und alle Beteiligten (Forst, Jagd, Erholungssuchende, Tourismus) begegnen sich auf Augenhöhe.

Wo lenken?

Wenn wir Touren in einem uns noch unbekannten Gebiet unternehmen, erkundigen wir uns über mögliche Einschränkungen, Sperren oder freiwillige Ruhezonen.

Über das Tourenportal alpenvereinaktiv.com können wir uns diese Bereiche auf der Karte anzeigen lassen. Dazu muss die Kartenebene „Hinweise und Sperrungen“ aktiviert werden:

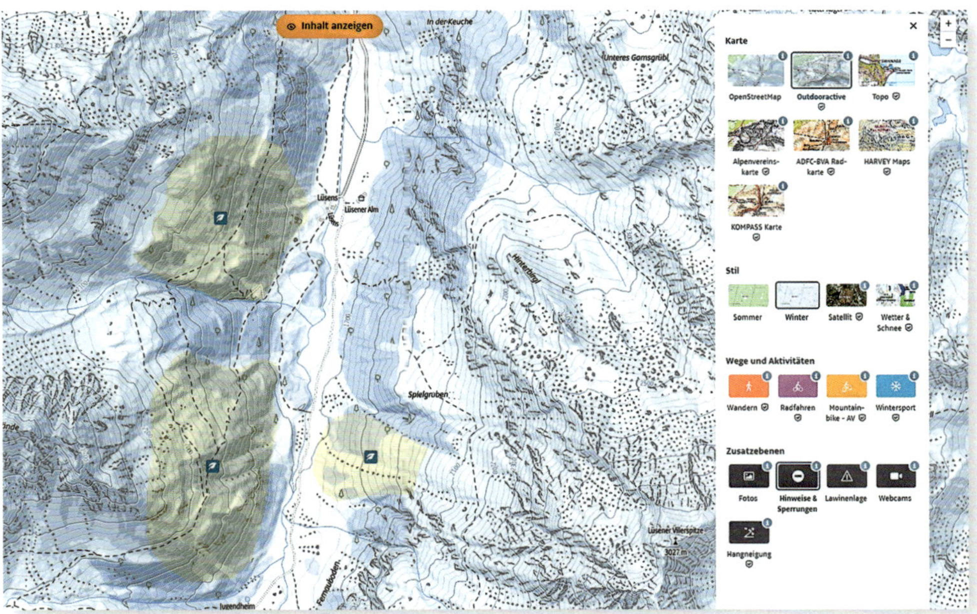

Die gelb hinterlegten Flächen kennzeichnen die Schutzzonen. Beim Klick auf das grüne Quadrat mit dem weißen Blatt öffnet sich ein kleines Fenster mit der Zusatzinformation, welches Schutzgut (z.B. Gams, Steinbock, Raufußhuhn, Schutzwald ...) in diesem Bereich geschont werden soll.

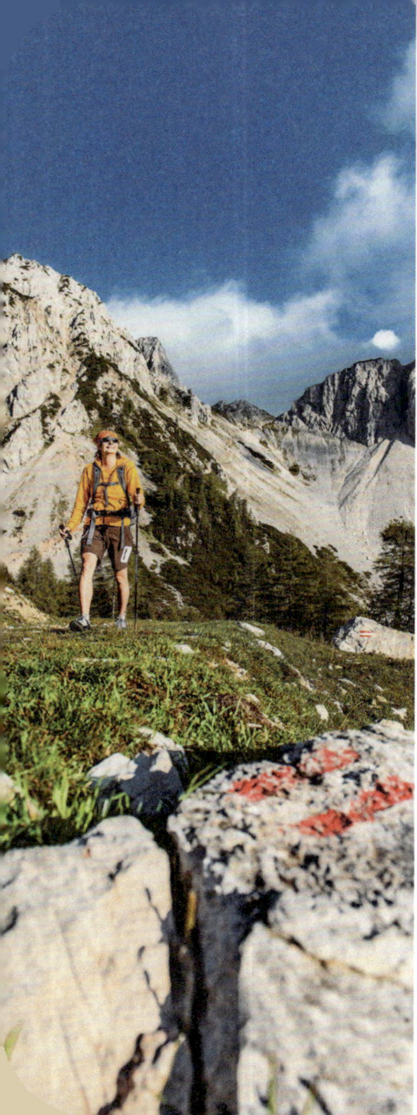

Wanderwege als Lenkungsmaßnahme

Rund 40.000 Kilometer Wanderwege werden in Österreich vom ÖAV und DAV betreut, laufend gepflegt und gut gekennzeichnet. Mehr als 98 Prozent der Wander*innen bleiben auf den Wegen. Das sorgt für mehr Sicherheit, da weniger Suchaktionen oder Bergungen durchgeführt werden müssen.

Außerdem trägt es auch dazu bei, Wildtiere nicht zu beunruhigen, da sich bei den Tieren ein gewisser Gewöhnungseffekt zu Menschen auf Wanderwegen einstellt. Die Tiere schrecken so nicht auf, wenn Menschen unvorhergesehen auftauchen. Somit sind auch Wanderwege eine Form der Lenkung.

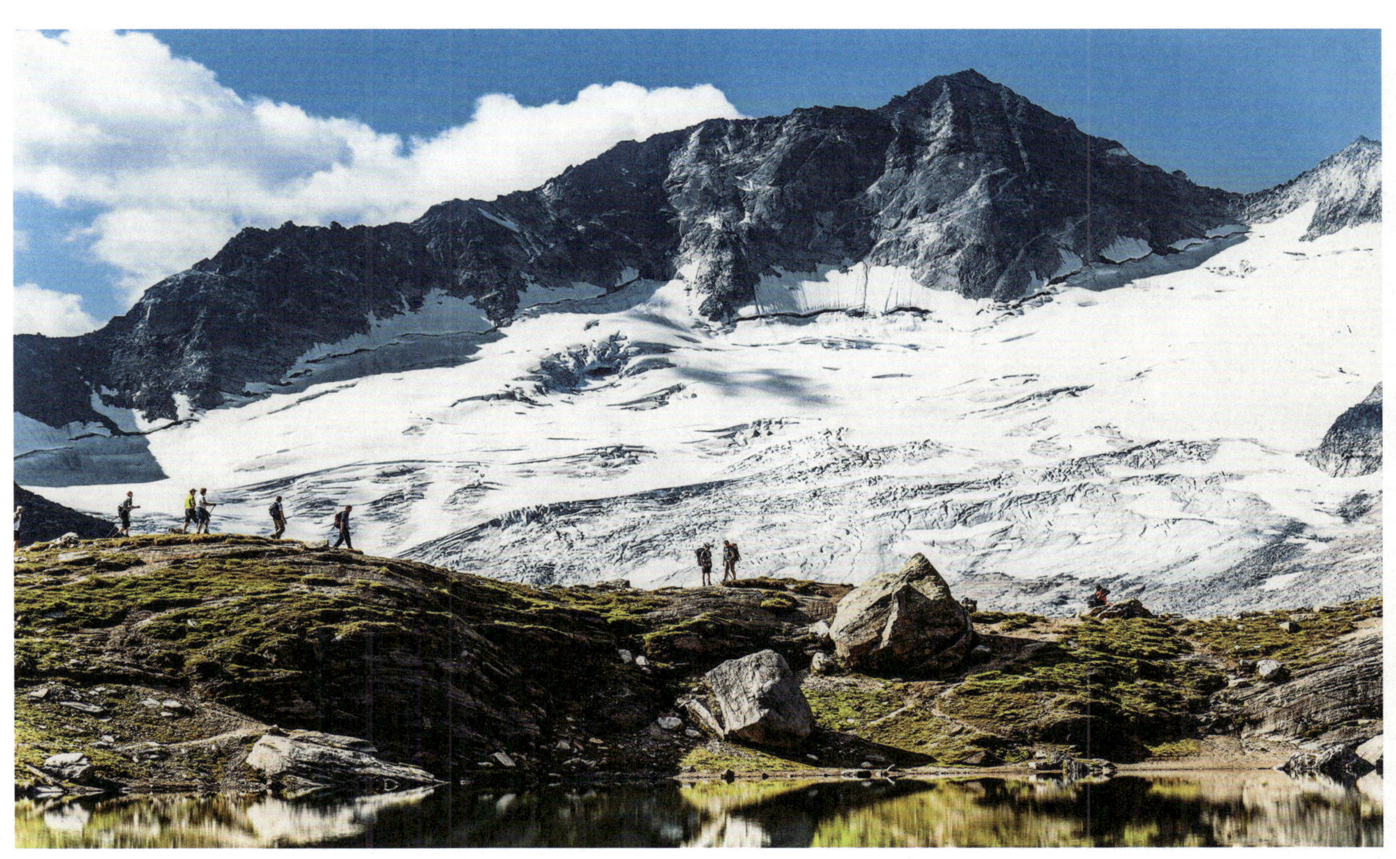

Das alpine Wegenetz ist eine effiziente Form der Lenkung.

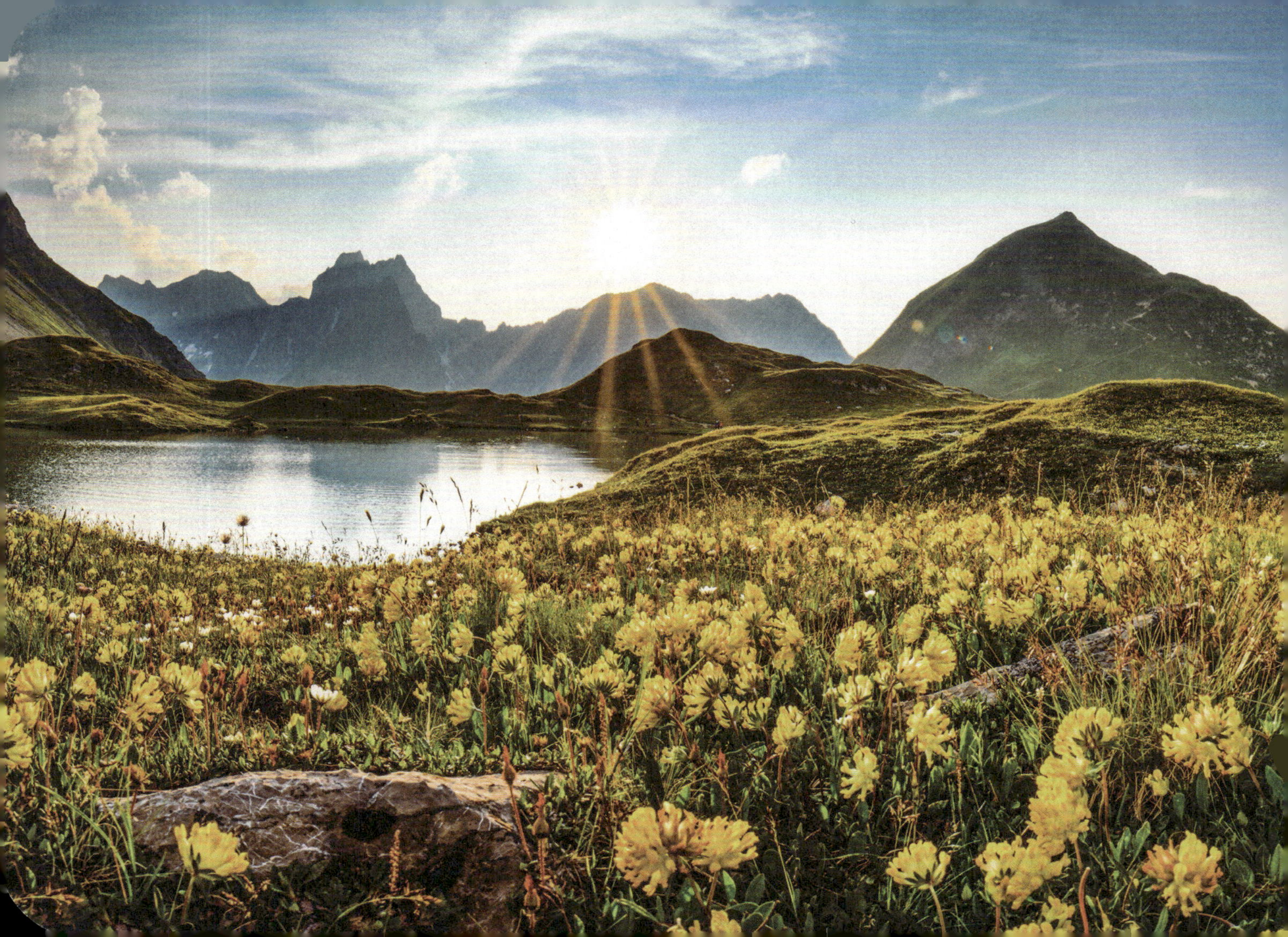

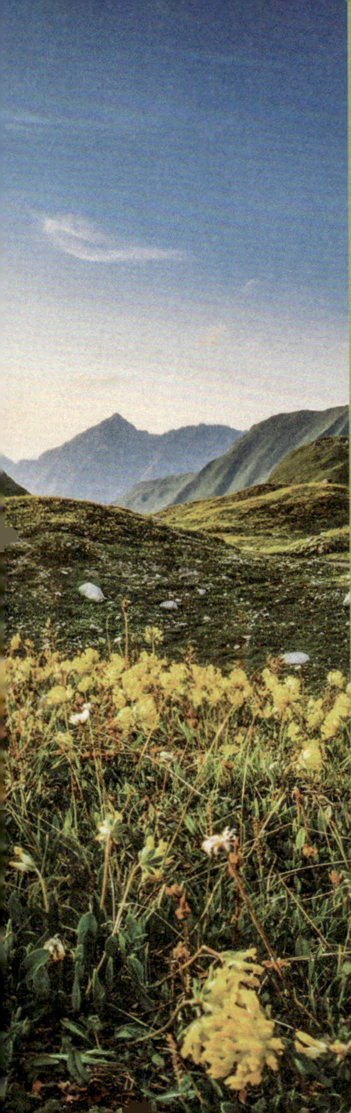

Saubere Berge

Aktion „Saubere Berge“

Seit über 50 Jahren bewirbt der Alpenverein seine Aktion „Saubere Berge“.

Rund vier Millionen Liter Müll wurden seither im Rahmen von Reinigungsaktionen in den österreichischen Bergen gesammelt und entsorgt. Würde man diesen Müll in 30-Liter-Rucksäcke packen und sie aneinanderreihen, könnte man eine Rucksack-Linie bilden, die von Innsbruck bis ins hinterste Pitztal reicht.

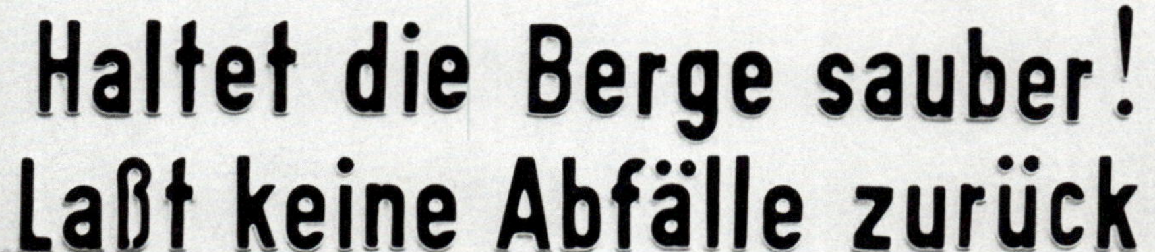

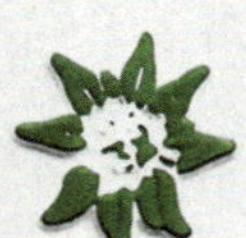

Die Alpenvereinsaktion „Saubere Berge“ gibt es seit den 1970er Jahren.

Müll-Probleme

Bei Bergtouren steht das Naturerlebnis inkl. schöner Aussicht im Vordergrund. Abfälle, seien es Flaschen, Taschentücher oder Essensreste, stören dabei das Bild.

Es handelt sich also zum einen um ein ästhetisches Problem, das aufgrund verlangsamter Verrottungsprozesse im Hochgebirge länger bestehen bleibt als im Tal. Zum anderen führt Müll in den Bergen aber auch zu hygienischen und ökologischen Problemen: Bei der Zersetzung von Abfall werden Schadstoffe und Mikropartikel gelöst – mit teils horrenden Auswirkungen auf die Natur. Ein einzelner Zigarettenstummel bspw. verunreinigt mit seinen über 100 Giftstoffen (Blausäure, Blei, Quecksilber ...) bis zu 60 Liter Trinkwasser. Fische und Amphibien werden vergiftet und auch an Land verenden Vögel oder Kaninchen, die die Glimmstängel-Reste mit Nahrung verwechseln. Doch auch Plastiksackerl, Dosen oder zerbrochenes Glas können zu einer tödlichen Falle für Wildtiere werden.

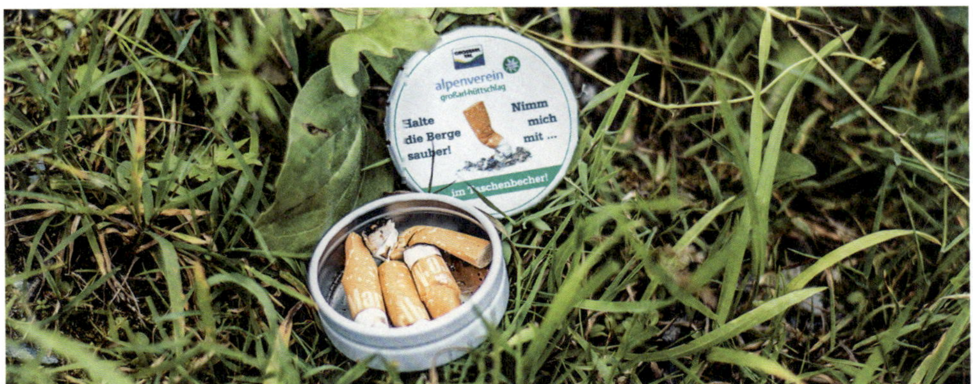

Zigarettenstummel enthalten viele giftige Chemikalien. Sie gehören nicht in die Berge, sondern ausnahmslos in den Abfall.

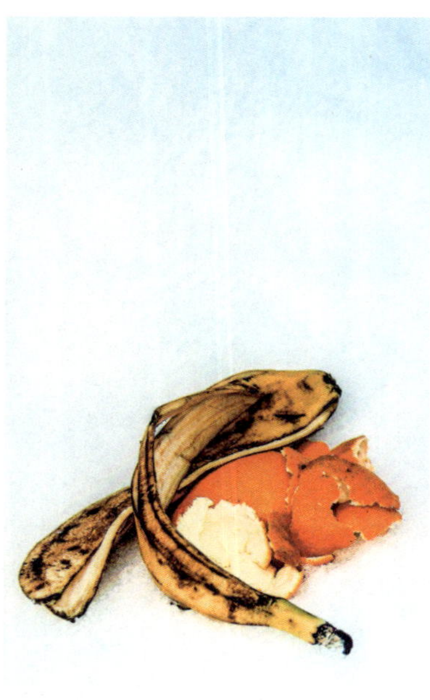

Verrottungszeiten

Je höher man hinaufsteigt, desto sensibler wird der Lebensraum und auch die Verrottungszeiten verlängern sich.

- Bananen- oder Orangenschale 1–3 Jahre
- Papiertaschentuch 1–5 Jahre
- Zigarettenstummel 2–7 Jahre (+ Chemikalien, Schwermetalle)
- Kaugummi 5 Jahre
- Blechdose 50–500 Jahre
- Plastikflasche 100–5.000 Jahre
- Plastiksack 120–1.000 Jahre
- Aluminiumpapier 200–400 Jahre
- Aludose 400–600 Jahre
- Babywindel, Damenbinde 500–800 Jahre
- Glasflasche (ganz) ca. 4.000–50.000 Jahre – nicht messbar
- Styropor ca. 6.000 Jahre – nicht messbar
- Batterie 100–1.000 Jahre (+ Chemikalien, Schwermetalle)

Angaben zu Verrottungszeiten am Berg können aber nur Richtwerte sein, denn die tatsächliche Dauer hängt von vielen Faktoren ab. Bakterien sorgen für einen biologischen Abbau der abgestorbenen tierischen und pflanzlichen Substanzen durch Fäulnis und Gärung. Diese Mikroorganismen in der Humusschicht sind temperaturempfindlich und unter ca. 10–8 °C nicht mehr aktiv. Zudem wird mit zunehmender Seehöhe die Vegetation karger, die Humusschicht dünner und die Anzahl der Mikroorganismen im Boden nimmt ab. Was im Tal schnell(er) aus dem Blickfeld verschwindet, bleibt am Berg lange als menschliches Andenken zurück.

Alles Wurst?!

Bewegung regt die Verdauung an. Das mag ein Grund sein, warum Bergsportler*innen auch in der Natur regelmäßig von menschlichen Bedürfnissen geplagt werden.

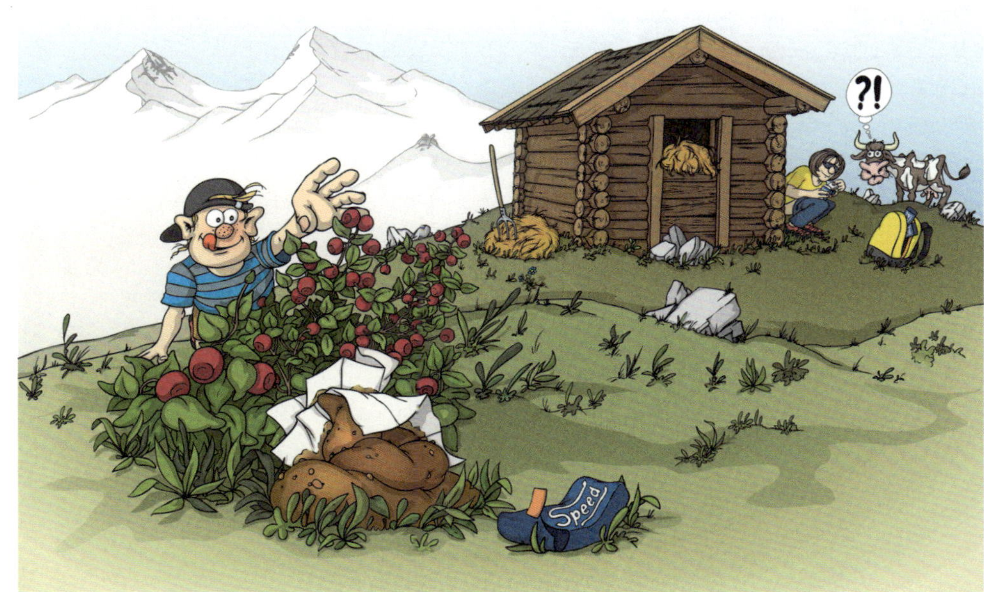

Wie die Notdurft am Berg verrichtet wird, ist nicht egal.

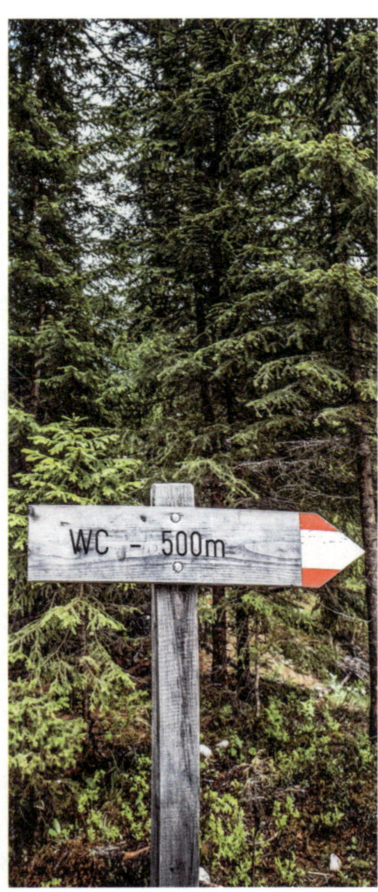

Doch unsere Hinterlassenschaften wirken wie Dünger und können alpine Ökosysteme empfindlich verändern. Zu bedenken ist außerdem die mögliche Verunreinigung von Grund- und Oberflächenwasser sowie die Ansteckungsgefahr für andere Lebewesen durch Bakterien, Viren und Parasiten. Nicht zuletzt ist es auch ein soziales Problem, wenn Hinterlassenschaften zum Ärgernis für andere Bergnutzer*innen werden. Deshalb ist es nicht wurst, wie der Klogang am Berg abgewickelt wird.

Mit diesen Empfehlungen funktioniert die alpine Notdurft sozial- und naturverträglicher:

- wo vorhanden, immer Toiletten-Infrastruktur nutzen
- Abstand halten zu Aufstiegsspuren und Wanderwegen
- Abstand halten zu Bächen, Seen und Tümpeln
- gebrauchtes Papier wieder mitnehmen bzw. Klopapier verwenden (verrottet deutlich schneller als Papiertaschentücher)
- Notdurft einschaufeln oder unter Steinen/Zweigen verstecken oder im Tal entsorgen
- Stadel, Reviereinrichtungen und Gerätschaften sind keine Klos
- das gilt auch für Hunde

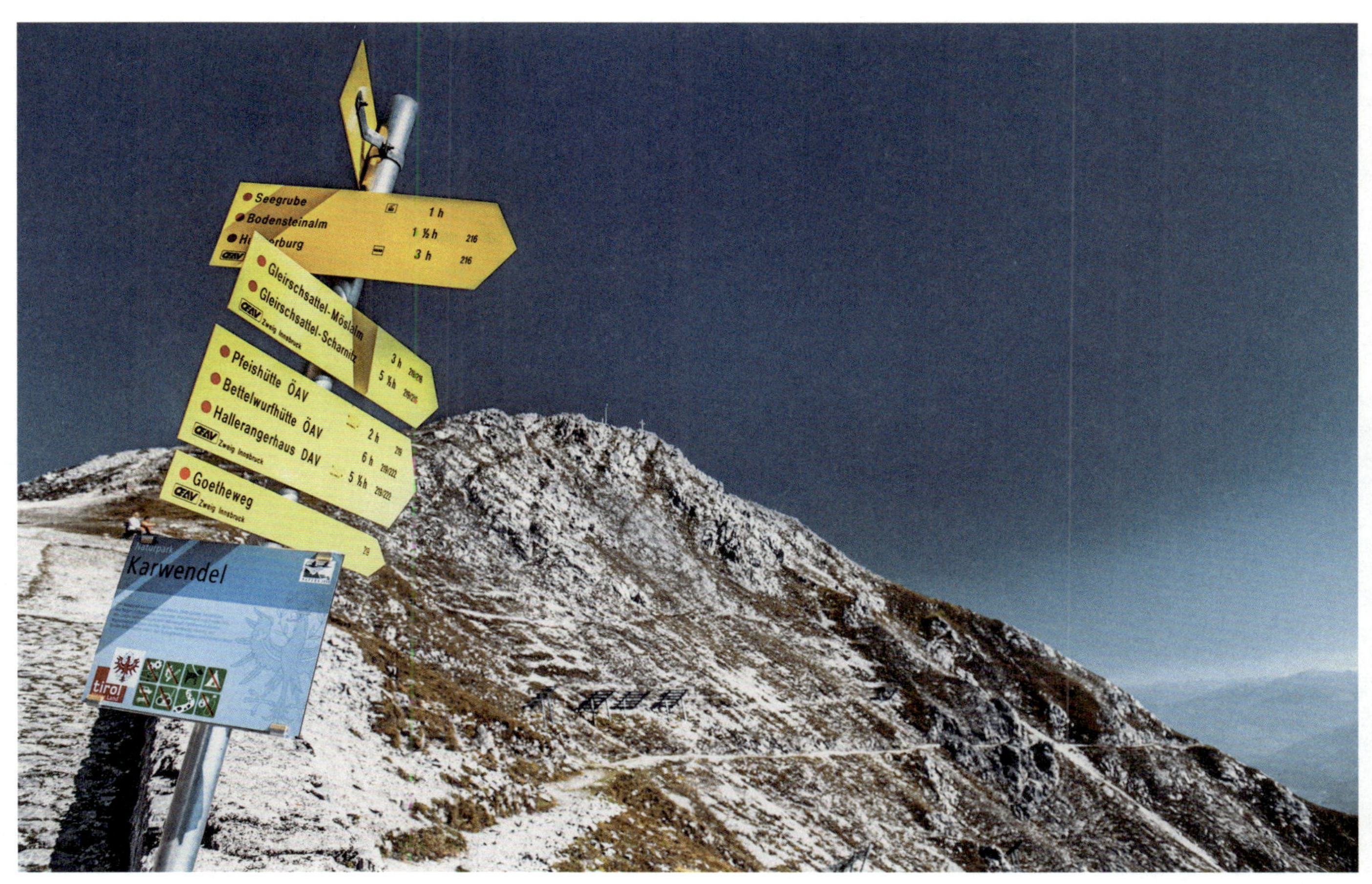
Seegrube 1 h
Bodensteinalm 1 ½ h 216
3 h 216
Gleirschsattel-Möslalm
Gleirschsattel-Scharnitz
Zweig Innsbruck
3 h
5 ½ h
Pfeishütte ÖAV 2 h
Bettelwurfhütte ÖAV 6 h
Hallerangerhaus DAV 5 ½ h
Zweig Innsbruck
Goetheweg
Zweig Innsbruck
Naturpark
Karwendel
tirol

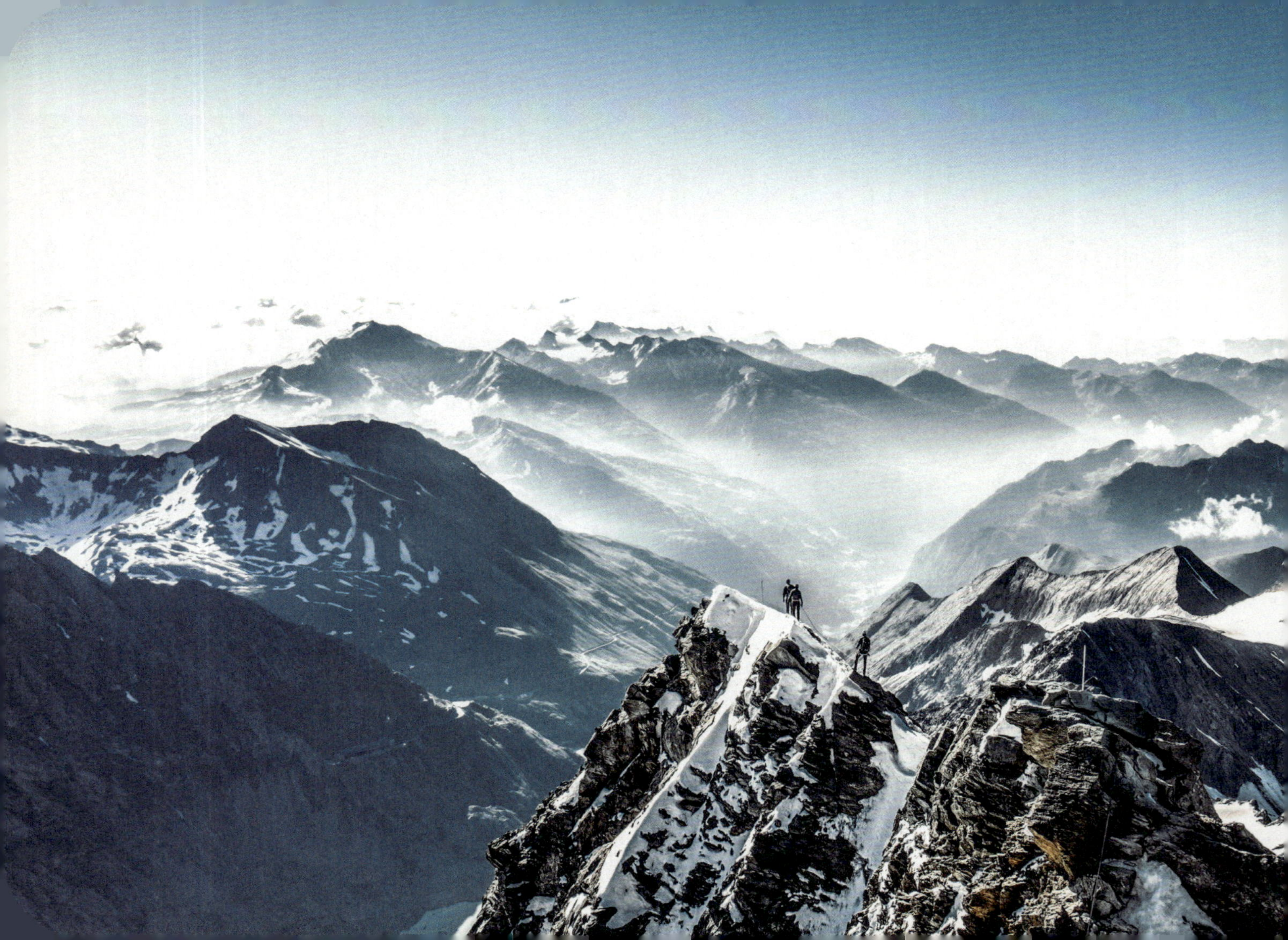

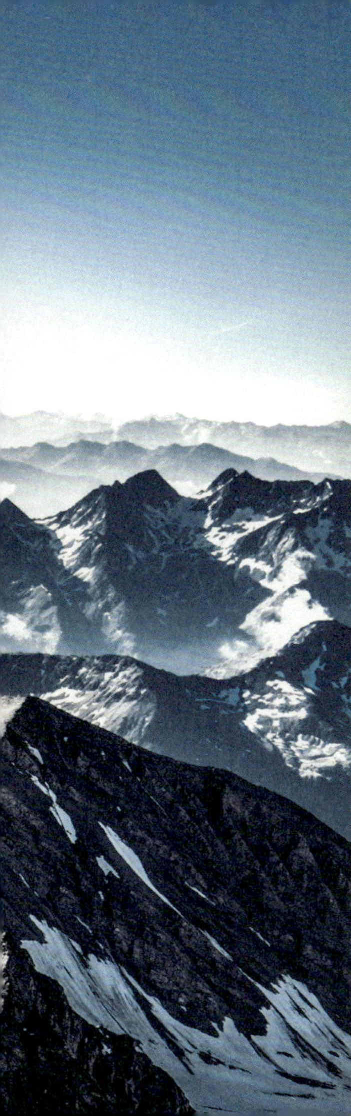

Geologie

Einleitung

Woher kommen die Gesteine, die wir bei unseren Wanderungen in den Bergen antreffen, die viele Bereiche der heutigen Ost- und Südalpen aufbauen? Wie alt sind diese Gesteine? Und: Bewegen wir uns in einem „Meer aus Bergen“ oder immer schon am Festland? Die Geologie versucht Antworten auf diese schwierigen Fragen zu finden.

Die geologische Zeit ist schwer vorstellbar. Dennoch ist die Zeit (neben den Gesteinen) die wichtigste Größe. Aber man muss sie messen können, um viele Fragen beantworten zu können:

Wie alt ist die Erde, wie alt sind ihre Gesteine und Fossilien? Wann startete das Leben auf der Erde? Entwickelte es sich gleichmäßig? Was war zuerst, was folgte später? In welchen Zeiträumen laufen geologische Prozesse ab? Und schließlich: Wie alt sind die Alpen? Wenn Geolog*innen über Zeit sprechen, geht es um unvorstellbar lange Zeiträume. Damit die Laiin bzw. der Laie diese besser verstehen kann, hilft es, wenn wir sie uns in Zeitmaßen vorstellen, die wir täglich in unserer Sprache gebrauchen, wie Jahre, Monate, Wochen, Tage und Stunden.

Die Entwicklung der Erde dauerte bis heute ca. 4,6 Milliarden Jahre. Stellen wir uns diese enorm lange Zeit als 1 Jahr vor, dann dauerte allein die Erdurzeit, das Präkambrium (4.058 Millionen Jahre), vom 1. Jänner bis zum 18. November. Das Erdaltertum (Paläozoikum) dauerte 291 Millionen Jahre, in unserem Jahr entspricht das der Zeit vom 19. November bis zum 10. Dezember.

Die folgende Ära, das Erdmittelalter (Mesozoikum), das von großen Reptilien dominiert wurde, dauerte 226 Millionen Jahre, also vom 11. bis zum 26. Dezember. An diesem Tag starben die letzten Dinosaurier. In der Erdneuzeit, dem Paläogen und Neogen, entwickelten sich die meisten Säugetiere. Sie dauerte

62,5 Millionen Jahre, das sind 5 Tage unseres Jahres vom 27. bis zum 31. Dezember. Die ersten Primaten (Herrentiere) erschienen am späten Abend des 28. Dezembers.

Die Jetztzeit, das Quartär, mit dem Erscheinen unserer nächsten Verwandten dauert seit rund 2,6 Millionen Jahren und nimmt nur den Abend des 31. Dezembers ein. Der Homo sapiens trat vor ca. 200.000 bis 150.000 Jahren auf, das entspricht im Vergleich etwa 20 Minuten vor Mitternacht!

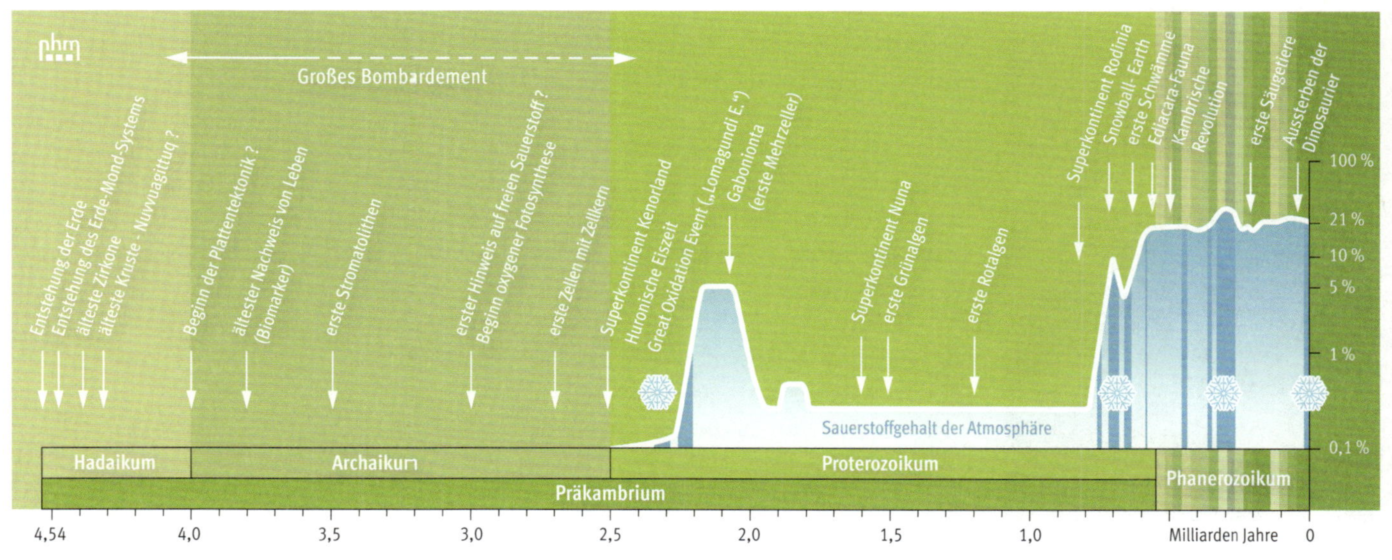

Schlüsselereignisse in der Entwicklung der Erde mit dem Anstieg des Sauerstoffs in der Atmosphäre (logarithmisch).

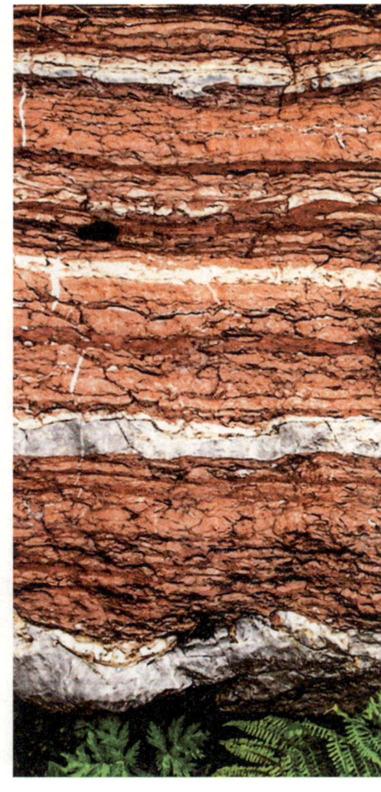

Kalkstein (Ablagerungsgestein) in den Karnischen Alpen.

Gesteinszonen und Gesteinsarten

Die geologische Karte bildet die Grundlage zur Beantwortung vieler Fragen in der angewandten und zweckfreien Geologie. Je nach Inhalt und Detail einer Karte werden große, mittlere und kleine Maßstäbe unterschieden. Sie beschreiben das Verhältnis einer Länge auf einer Karte zu ihrer Entsprechung in der Natur. Auf einer Karte im großen Maßstab ist die Maßstabszahl klein und umgekehrt.

So ist eine Karte im Maßstab 1:25.000 großmaßstäbig, der Inhalt also größer und detaillierter als bei einer Karte im Maßstab 1:100.000, die wesentlich stärker generalisiert ist.

Geologische Karten bilden die räumliche Verbreitung der an der Oberfläche anstehenden Gesteine ab, die die geologischen Gegebenheiten eines Gebietes bestimmen. Es handelt sich um Lockergesteine wie etwa Tone und Sande und Festgesteine wie Sandsteine, Kalksteine, Glimmerschiefer, Granite oder Granit-gneise. Sie unterscheiden sich anhand ihrer Ausbildung, Farbe, Zusammensetzung oder ihres Alters.

Nach ihrer Entstehung werden sie in drei Hauptgruppen unterteilt:
- Ablagerungsgesteine (Sedimentgesteine)
- Tiefen- und Ergussgesteine (Magmatische Gesteine)
- Umwandlungsgesteine (Metamorphe Gesteine)

Ablagerungsgesteine

Ablagerungsgesteine (Sedimentgesteine) entstehen durch Verwitterung von Festgesteinen entweder am Festland oder in den Meeren. Zuerst bilden sich Flussschotter, Kies, Sand, Ton oder Kalkschlamm. Bei geringen Temperaturen und Drucken können sich diese verfestigen und es entstehen Konglomerate, Sandsteine, Tonsteine oder Kalksteine.

Tiefen- und Ergussgesteine

Tiefen- und Ergussgesteine (Magmatische Gesteine) entstehen bei der Erstarrung von Schmelzen (Magma) im Inneren der Erde oder von Lava, die ein Vulkan an die Erdoberfläche fördert („ergießt"). Bekannte Tiefengesteine sind Granite, bekannte Ergussgesteine sind Basalte oder vulkanische Tuffgesteine.

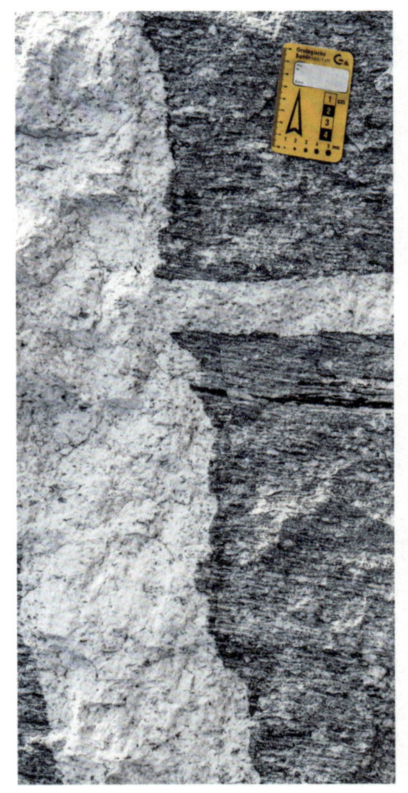

Granitgneis (Magmatisches Gestein) in den Hohen Tauern.

Umwandlungsgesteine

Umwandlungsgesteine (Metamorphe Gesteine) können sowohl aus Sedimentgesteinen als auch aus magmatischen Gesteinen entstehen, wenn sie höheren Drucken und Temperaturen als an der Erdoberfläche ausgesetzt sind. Solche Bedingungen herrschen bei Gebirgsbildungen in größeren Erdtiefen. Die Minerale werden dabei umkristallisiert (= metamorph umgewandelt) und bekommen ein schiefriges Aussehen. Typische Gesteine sind Granitgneise, Glimmerschiefer oder Marmore.

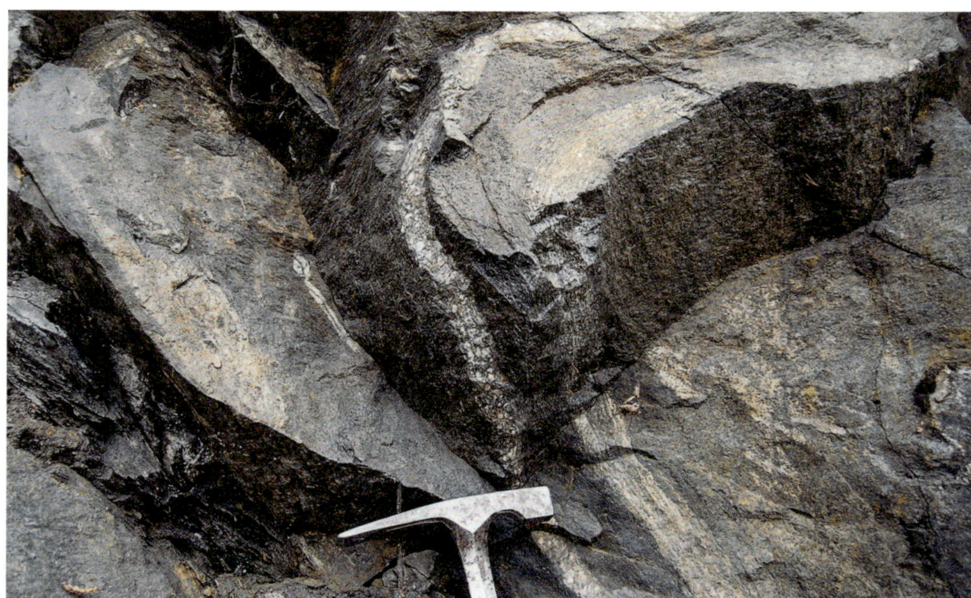

Paragneis (Umwandlungsgestein) in den Hohen Tauern.

Geologische Gliederung von Österreich

Seit dem späten Erdmittelalter bis heute befinden sich die Eurasische und die Afrikanische Platte auf Kollisionskurs. Das Ergebnis ist eine „Knautschzone", die wir Alpen nennen.

Die Eurasische Platte bildet das nördliche Vorland und wird hier als „Altes Europa" bezeichnet. Im Süden befindet sich die Adriatische Mikroplatte im Vorfeld der Afrikanischen Platte. Zwischen diesen beiden Strukturelementen wird das österreichische Bundesgebiet in mehrere West-Ost-gerichtete geologische Gesteinszonen unterteilt, die jeweils ähnliche Gesteine und ein ähnliches Relief aufweisen.

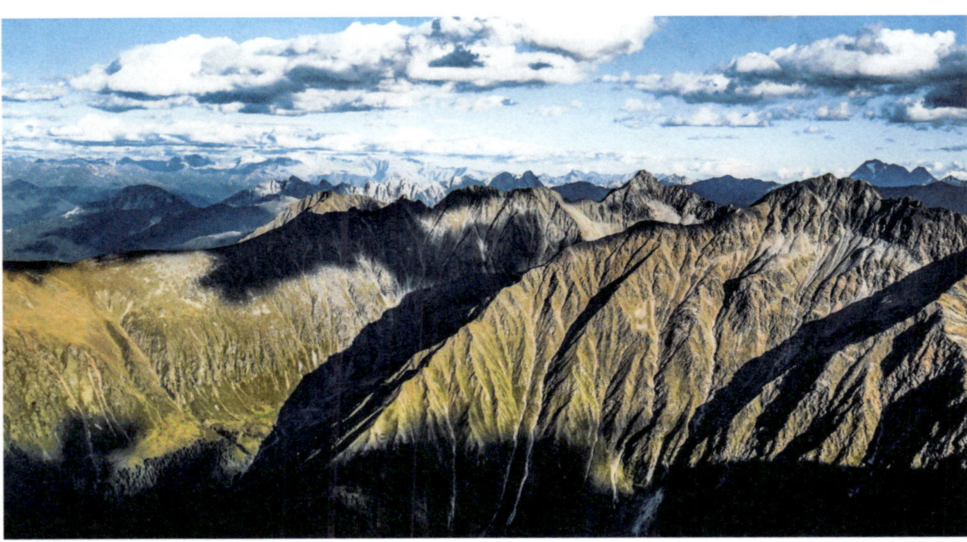

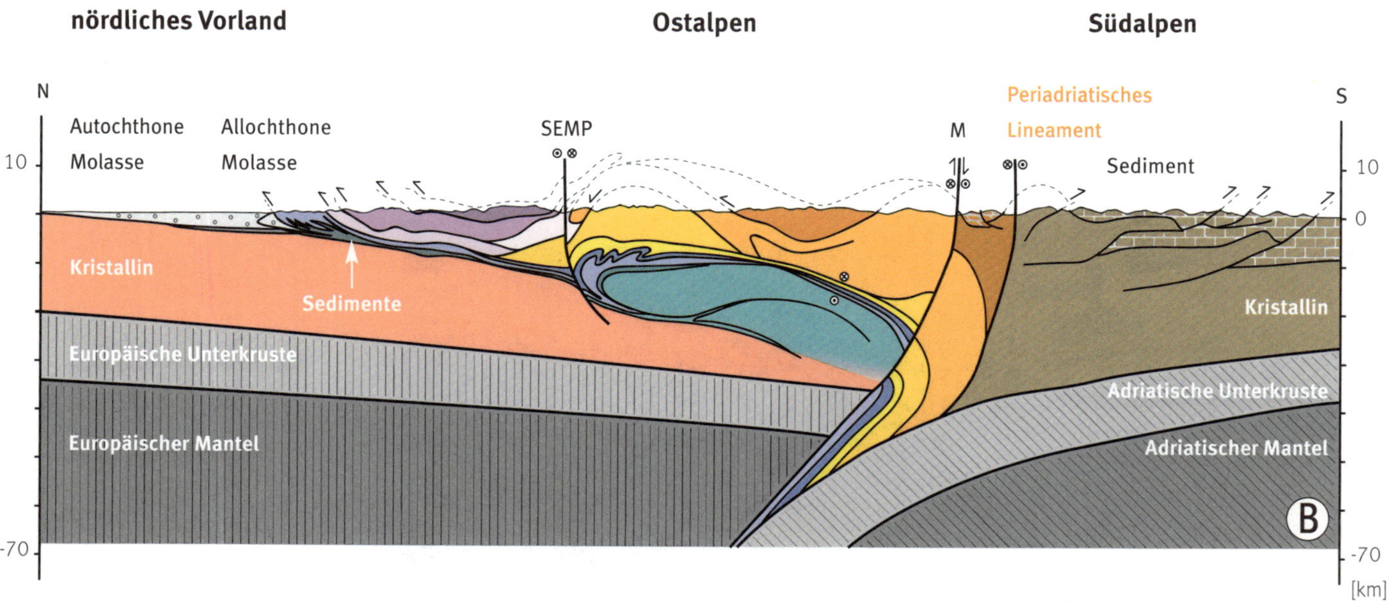

Konventioneller geologischer N-S-Schnitt der heutigen Ostalpen zwischen nördlichem Vorland (Böhmische Masse) und Südalpen mit der alpinen „Knautschzone“ dazwischen (aus Schönlaub & Schuster 2015).

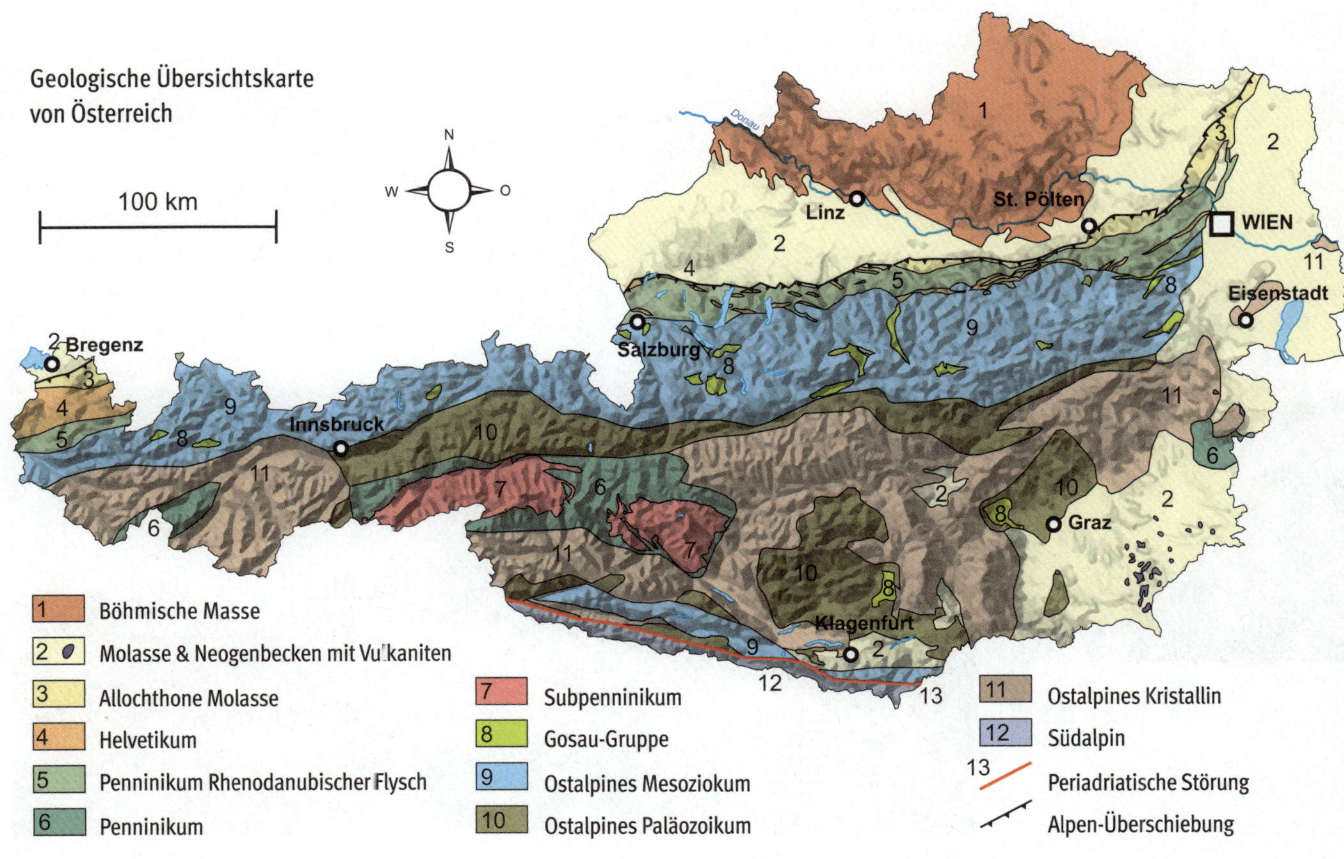

Geologische Übersichtskarte von Österreich mit geologischer Großgliederung in Ost-West-verlaufenden Gesteinszonen.

Die Böhmische Masse

Die Böhmische Masse befindet sich größtenteils nördlich der Donau in Ober- und Niederösterreich und besteht aus metamorphen Gesteinen (Para- und Orthogneise, Amphibolite, Granulite, Quarzite, Marmore) und Graniten. Die Ausgangsgesteine der Metamorphite stammen aus dem Präkambrium (Erdurzeit) und älteren Paläozoikum (Erdaltertum). Die Metamorphose und Intrusion von Graniten, das ist das Eindringen von Gesteinsschmelzen in bereits existierende Gesteinskörper, erfolgte im Verlauf der variszischen (= Steinkohlen-zeitlichen) Gebirgsbildung im Karbon vor ca. 360 bis 300 Millionen Jahren. In der Gegenwart bildet die Böhmische Masse ein Mittelgebirge.

Plöcking Granit aus St. Martin im Mühlviertel als Pflasterstein.

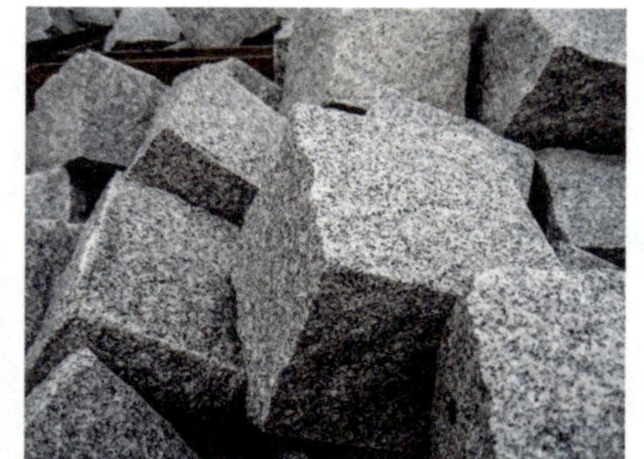

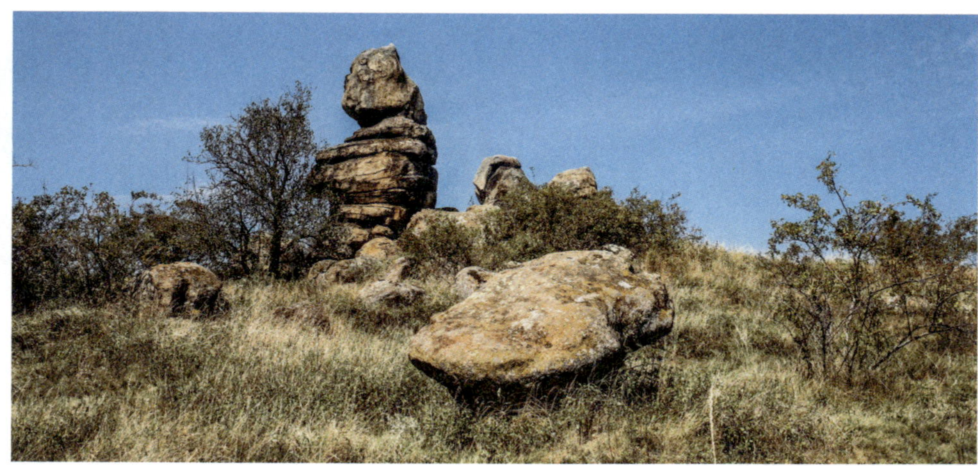

Kogelstein bei Eggenburg, NÖ, mit typischer Wollsackverwitterung von Granitgestein.

Die Molassezone

Die Molassezone besteht aus maximal 55 Millionen Jahre alten Sedimentgesteinen. Sie ist die jüngste Gesteinszone in Österreich und gliedert sich in die ungefaltete Vorlandmolasse sowie die unmittelbar dem Alpenkörper vorgelagerte, verschuppte und gefaltete Subalpine Molasse. Sie baut den Donauraum von Ober- und Niederösterreich, das Weinviertel, das Wiener, Grazer und Klagenfurter Becken und Teile des Burgenlands auf. Das Molassebecken besteht aus Sedimentgesteinen von Flüssen bzw. von Flachmeeren mit Ton- und Sandsteinen, Mergeln und Konglomeraten.

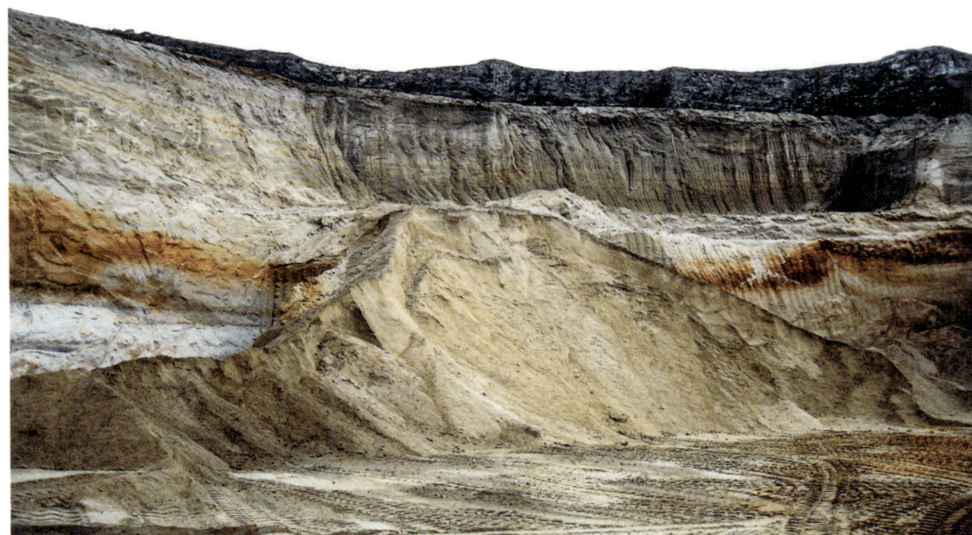

Melker Sande bei Eferding (OÖ), ein wertvoller Rohstoff, besonders in der Glas-, Bauchemie-, Bau- und Gießereiindustrie.

Helvetikum und Ultrahelvetikum – das „Alte Europa“

Diese Zone hat eine breite Ausdehnung in Vorarlberg, nach Osten hin ist sie eine schmale Gesteinszone, die mit der Flyschzone verschuppt ist. In den Hohen Tauern treten ihre Vertreter im Subpennikum auf. Hauptgesteine sind Silt- und Tonsteine, Tonmergel, Schwarzschiefer, Mergelkalke und Kalke. Ihre Entstehungszeit umfasst die Jura- und jüngere Eozän-Zeit (rd. 200 bis rd. 50 Mio. Jahre vor heute). Der Bildungsraum lag am Südrand vom „Alten Europa“ auf dem Helvetischen Schelf, das Ultrahelvetikum folgte südlich anschließend an den Kontinentalhang zum Penninischen Ozean.

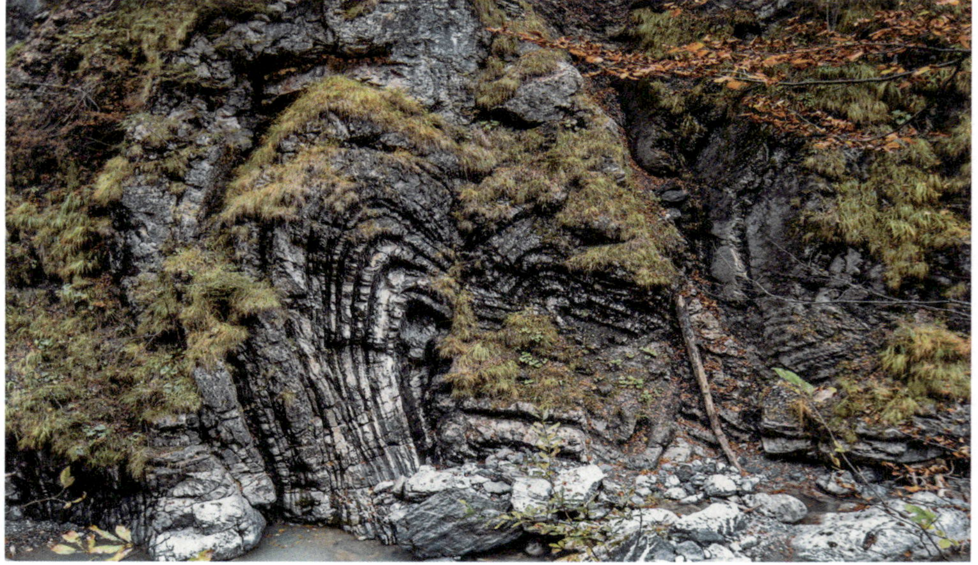

Falte in Kalken der Drusberg-Formation (Kreide) in der Schaufelschlucht in Vorarlberg.

Penninikum am Nordrand der Alpen – die Flyschzone, alles fließt

Bei der Flyschzone handelt es sich um die Sedimentfüllung des Penninischen Ozeanbeckens. Sie zieht sich als schmaler Saum vom Wienerwald über Niederösterreich, Oberösterreich, Salzburg und Bayern bis nach Vorarlberg und ist den Kalkalpen im Norden unmittelbar vorgelagert. Der Gesteinsbestand besteht aus einer bis 2.000 m mächtigen Wechsellagerung von harten Sandsteinen und weicheren Schiefern und Mergeln. Sie wurden in der Oberkreide bis in das Paläogen gebildet (vor 120-50 Mio. Jahren). Zur Entstehung trugen Hangrutschungen und untermeerische Gleitmassen bei, die sich in Trübeströme (Turbidite) auflösten.

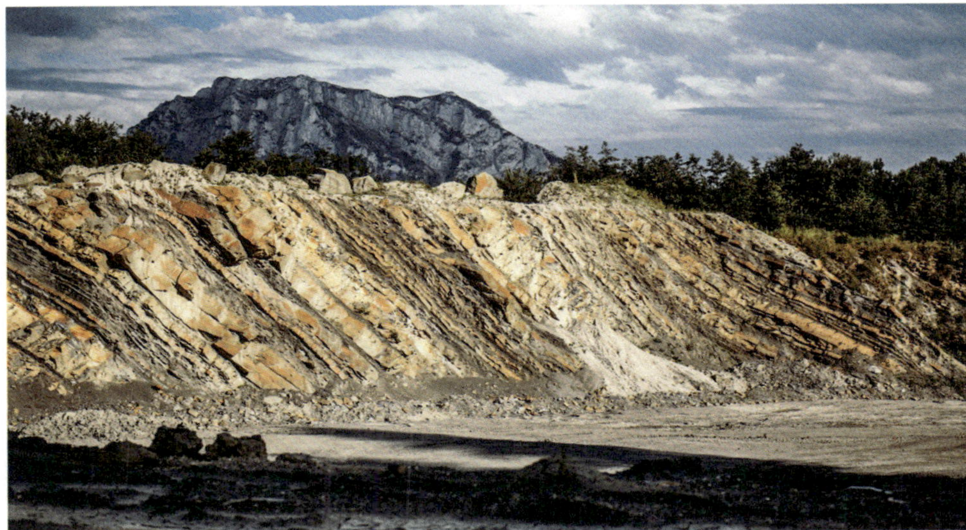

Flyschgesteine (jüngere Kreide) im Steinbruch Pinsdorfberg bei Gmunden, im Hintergrund der Traunstein.

Penninikum und Subpenninikum der Hohen Tauern – vom Ozeanboden zum Dach der Ostalpen

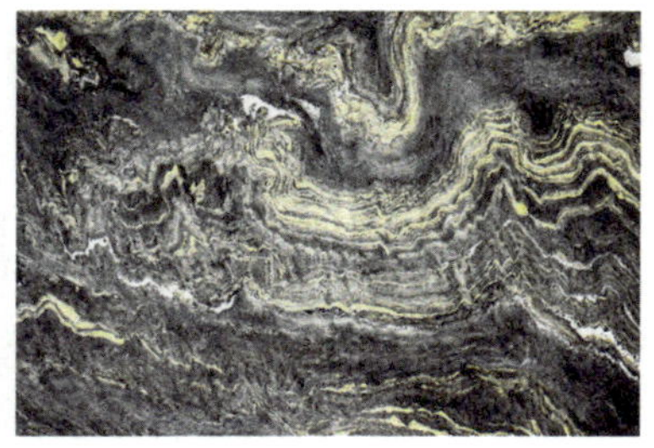

„Dorfergrün" (Prasinit) aus dem Steinbruch Hinterbichl im Dorfertal (metamorpher Basalt) mit Anreicherungen von grünlich-gelbem Epidot, Chlorit und Albit. Die grüne Farbe stammt von Eisen-, Magnesium- und Aluminiumgehalt.

In großen Teilen der Ostalpen überdecken kristalline Gesteinsschichten eine tiefere Einheit, die in den Hohen Tauern, im Engadin und bei Rechnitz im Südburgenland als tektonisches Fenster an die Oberfläche kommen. Diese Einheit wird als Penninikum bezeichnet. Abgescherte Teile der Europäischen Platte werden dem Subpenninikum zugezählt. Ihre typischen Gesteine führen den Sammelnamen Bündnerschiefer (Phyllite, Quarzite, Kalkglimmerschiefer, Marmore, Brekzien), weiters kommen hier Paragneise, Amphibolite, Orthogneise, Grünschiefer, Prasinite, Serpentine und Gabbros vor, die vom Jungpräkambrium bis in das Paläogen entstanden. Letztere bauen u.a. den Gipfel des Großglockners auf.

Die Bildung von Graniten erfolgte während der variszischen Gebirgsbildung in der Karbon-Zeit. Das Penninische Ozeanbecken öffnete sich im Jura und produzierte bis vor ca. 45. Mio. Jahren die ozeanische Kruste. Darauf lagerten sich feinkörnige sandige und tonige Schichten ab. Der Aufstieg zum Gebirge erfolgte vor 15 bis 13 Millionen Jahren.

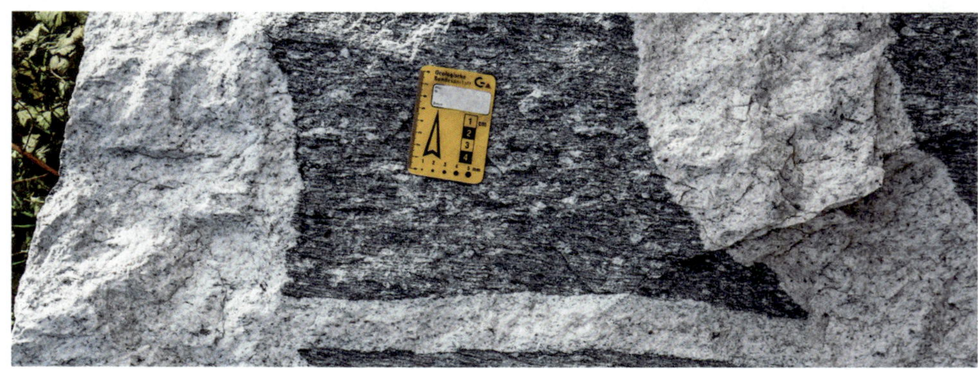

Granitgneis der Hohen Tauern (Tauerngranit) aus dem Steinbruch Gigler im Maltatal mit aplitisch-pegmatitischen Gängen.

Gosau-Gruppe

Die Sedimente der Gosau-Gruppe wurden nach der ersten Gebirgsbildung in der mittleren Kreide-Zeit (vor 100 Millionen Jahren) irregulär (diskordant) auf dem damaligen Decken- und Faltengebäude abgelagert. Sie reichen bis in das ältere Eozän vor rund 40 Mio. Jahren. Große Bereiche der archipelartigen Landschaft ragten damals aus dem Meer. Die Mächtigkeit der Gosausedimente schwankt stark. Bei Gosau im Salzkammergut erreichen sie eine Mächtigkeit von 2.600 m, bei Gams und bei Grünbach ist die Gosau-Gruppe bis zu 2.200 m mächtig.

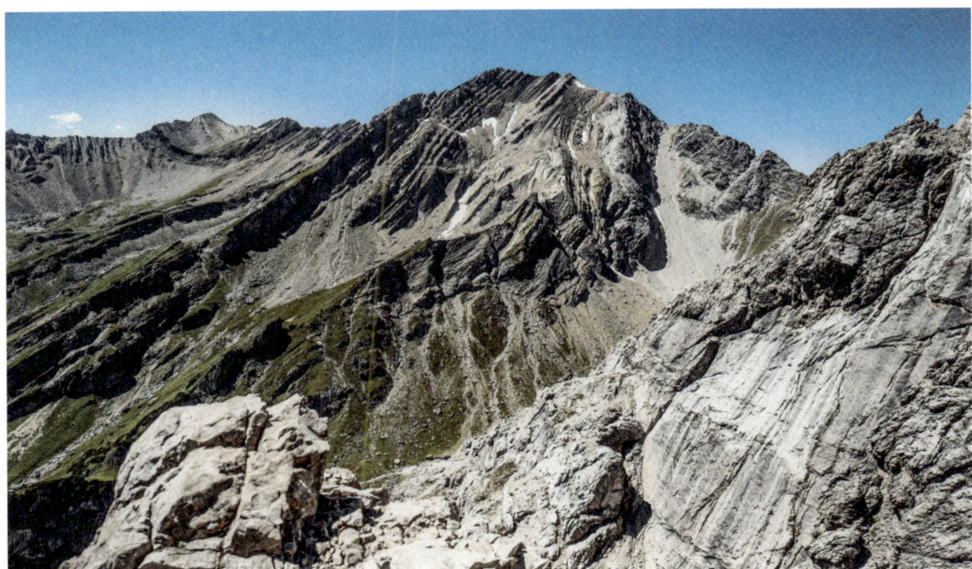

Gesteine der Gosau-Gruppe in den Lechtaler Alpen westlich von Imst am Rotkopf. Es ist das mit 2.774 m höchstgelegene Gosauvorkommen.

Ostalpines Mesozoikum – Riffe und Lagunen in den Kalkalpen

Das schroffe Kalkgebirge der Nördlichen Kalkalpen zwischen dem Rhätikon im Westen und Baden im Osten, Lienzer Dolomiten, Gailtaler Alpen und Karawanken im Süden sowie in den Nockbergen besteht aus einer mehrere tausend Meter dicken Folge von hauptsächlich Kalk und Dolomitgesteinen, Sandsteinen, Tongesteinen und Brekzien. Sie sind aus Korallen-, Ammoniten- und Muschel-führenden Ablagerungen aus der Trias-, Jura- und Kreide-Zeit entstanden und beinhalten teilweise reiche Fundstätten von Fossilien. Die Ausgangsgesteine der Nördlichen Kalkalpen wurden ursprünglich am Nordrand der Adriatischen Mikroplatte abgelagert und bei der Entstehung der Alpen als oberost-alpiner Deckenstapel nach Norden über den Südrand von Europa überschoben.

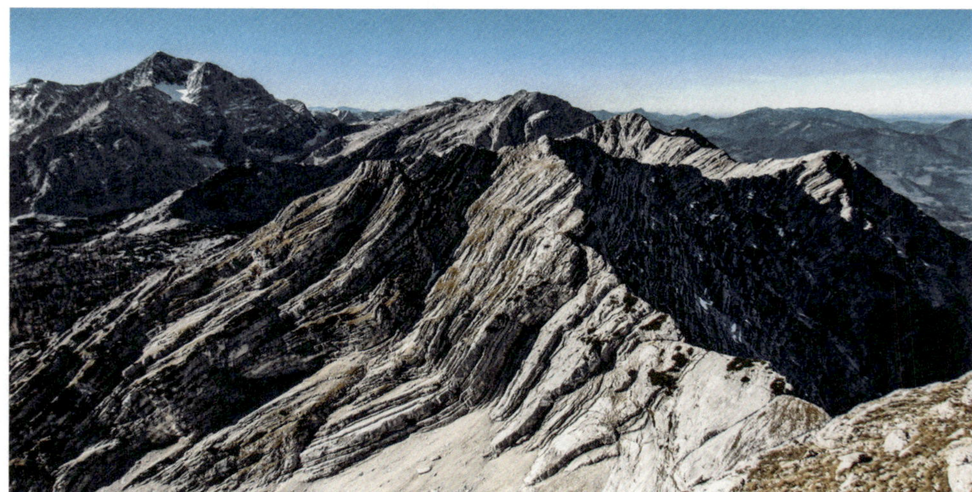

Blick vom Kleinen Priel auf den Großen Priel (2.515 m) mit gebanktem Dachsteinkalk (späte Trias), Totes Gebirge.

Ostalpines Paläozoikum – Grauwackenzone, Gurktaler Alpen und Grazer Paläozoikum

Die Grauwackenzone ist ein schmaler Streifen am Nordrand der Kalkalpen zwischen dem Montafon und Gloggnitz und besteht aus einer über tausend Meter mächtigen Folge aus Tonschiefern (Phylliten) und Grauwacken, Marmoren (Bänderkalken) und sauren und basischen Vulkaniten (u.a. Quarzporphyroiden). Diese wurden im älteren Paläozoikum gebildet (Ordovizium bis älteres Karbon) und bilden die ursprüngliche Unterlage der Nördlichen Kalkalpen. In der Grauwackenzone liegen eine Reihe wertvoller mineralischer Lagerstätten (Eisenerz, Kupfer, Magnesit ...).

Blasseneck-Porphyroid, ein Effusivgestein aus dem jüngeren Ordovizium (rd. 470 Mio. Jahre).

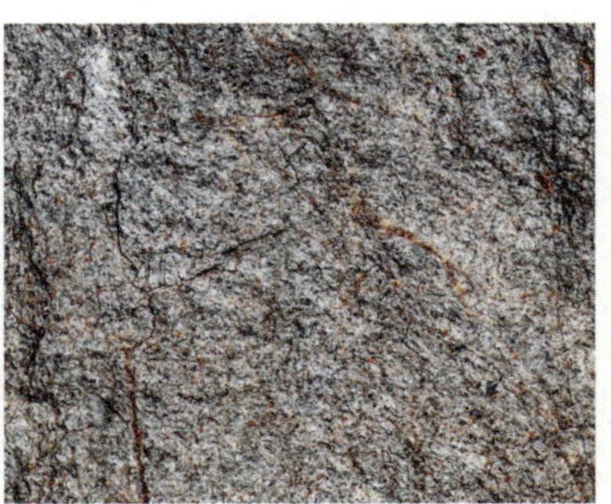

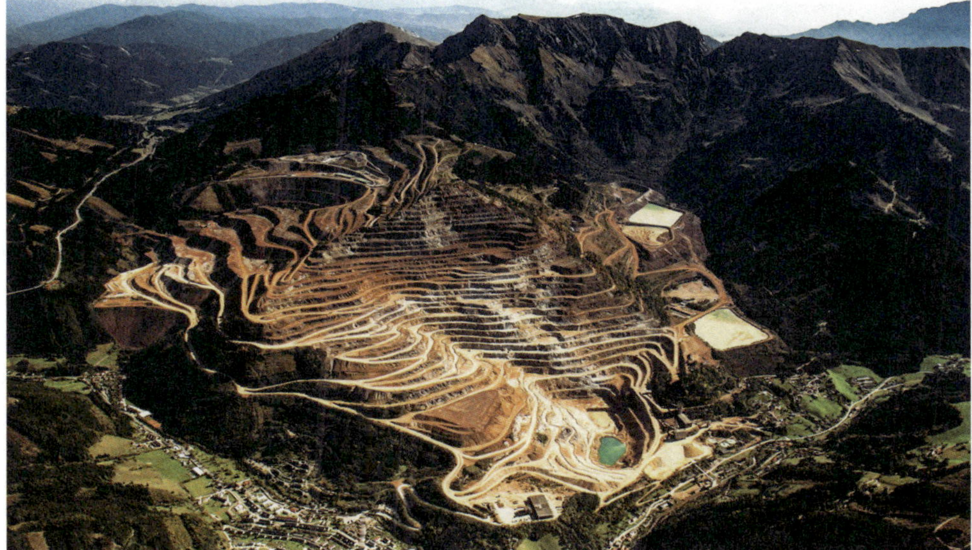

Luftaufnahme des Steirischen Erzbergs.

Ostalpines Kristallin – Silvretta bis Rosalia

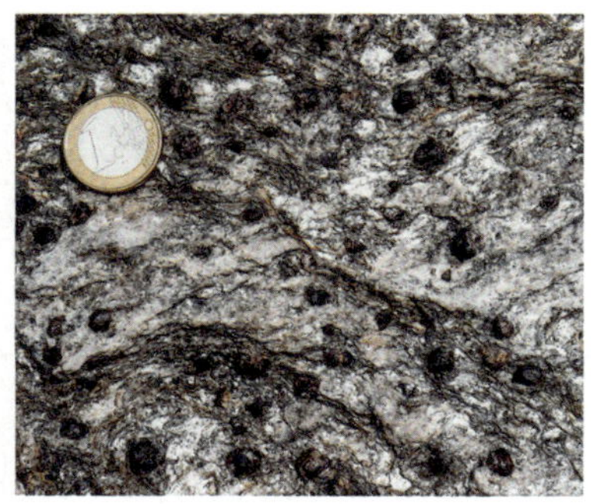

Granatglimmerschiefer aus dem Wölz-Komplex (Niedere Tauern).

Das Ostalpine Kristallin baut große Teile der österreichischen Alpen auf. Es besteht aus Gesteinen, welche nach der variszischen und früh-alpidischen Metamorphose in der Kreide-Zeit vor rund 95 Mio. Jahren an die Oberfläche gelangten. Dazu zählen die Gebirge westlich und östlich der Hohen Tauern (Silvretta, Ötztaler und Stubaier Alpen, Defereggar Alpen, Schobergruppe, Niedere Tauern, Steirisches Randgebirge, Wechsel, Bucklige Welt, Leithagebirge, Hainburger Berge). Hauptgesteine sind hier Paragneise, Amphibolite, Orthogneise, Glimmerschiefer, Marmore, Granite und Pegmatite. Sie wurden im Zeitraum vom jüngsten Präkambrium bis in das späte Karbon gebildet. Ihre Entstehung verdanken sie einer Kontinentkollision in der variszischen Gebirgsbildung mit dem Eindringen von granitischen Schmelzen, einer Metamorphose im Perm sowie einer frühalpidischen Kontinentkollision in der Kreide-Zeit und Versenkung bis in über 60 km Tiefe, bei der Eklogite entstanden.

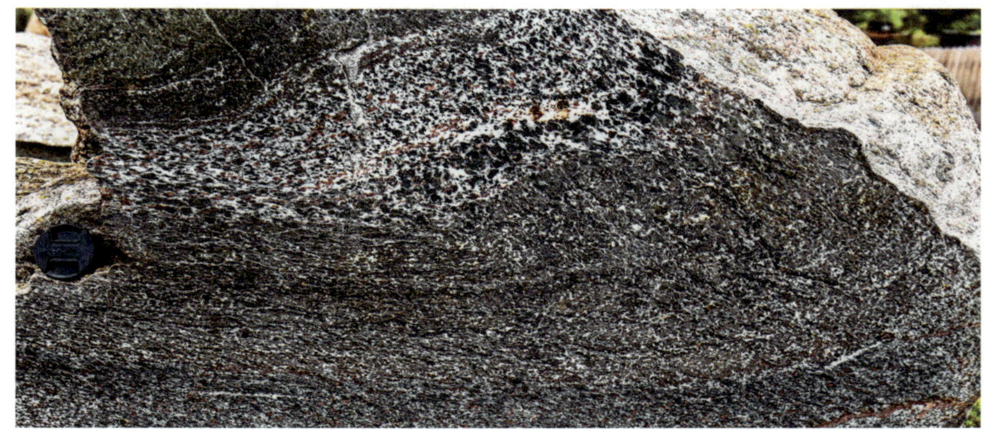

Eklogit (Metagabbro) aus Wielfresen bei St. Anna (Koralpe Kristall Trail). Eklogite sind Umwandlungsgesteine aus hellgrünem Pyroxen, rotem Granat, weißem Zoisit und schwarzer Hornblende, die aus basaltischen Ausgangsgesteinen unter sehr hohem Druck und hoher Temperatur in mehr als 40 km Tiefe entstanden sind.

Südalpen – getrennt und doch verwandt

In Österreich zählen die Karnischen Alpen und die Südkarawanken zu den Südalpen. Im frühen Paläozoikum dominierten fossilreiche Schiefer und Kalke mit vereinzelten vulkanischen Einschaltungen, im späten Paläozoikum Flachwasserkalke, Sandsteine, Konglomerate und Schiefer, in der Trias Kalke und Dolomitgesteine. Nach den teils häufig vorkommenden Fossilien wird diese Gesteinsgesellschaft in den Zeitraum vom Ordovizium (vor rd. 470 Mio. Jahren) bis in die mittlere Trias-Zeit (vor rd. 240 Mio. Jahren) eingeordnet. Die Ablagerungen aus dem frühen Paläozoikum wurden in einem landfernen gegliederten Flachmeer in hohen bis mittleren Breiten gebildet. Im weiteren Verlauf fand eine Drift in tropische Bereiche statt. Im Zuge der variszischen Gebirgsbildung im mittleren Karbon wurde das gesamte Schichtpaket verfaltet und in Decken gestapelt. Ab dem späten Karbon folgte der alpidische Sedimentationszyklus.

Gesteinsplatte mit Orthoceren (Kopffüßer) aus der Silur-Zeit.

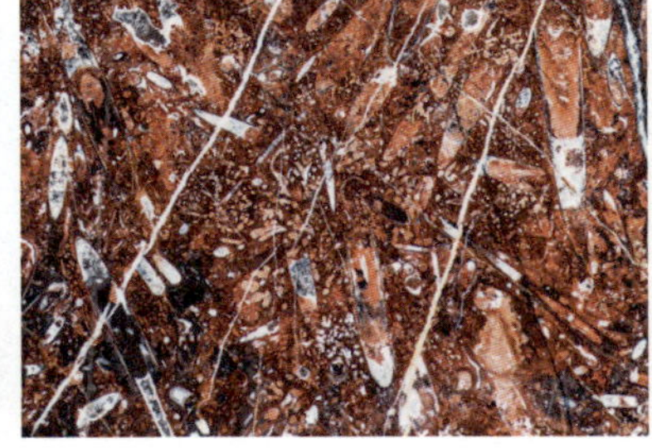

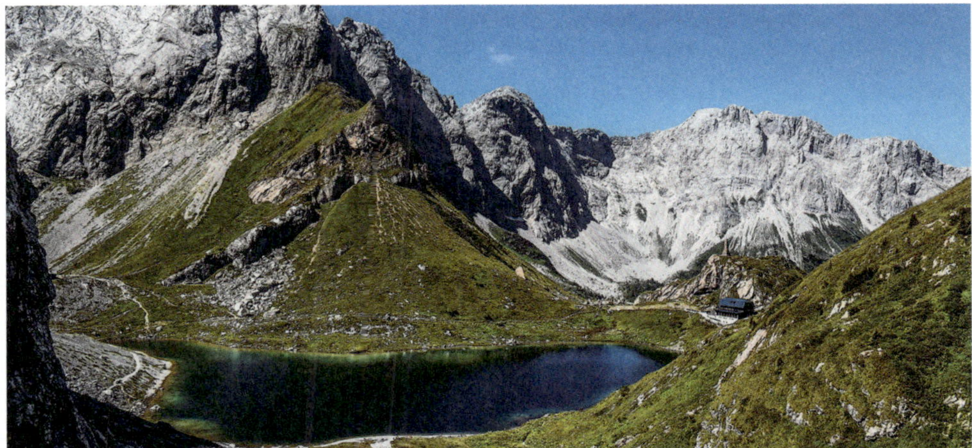

Wolayersee mit Seekopf (2.554 m) und Biegengebirge in den zentralen Karnischen Alpen.

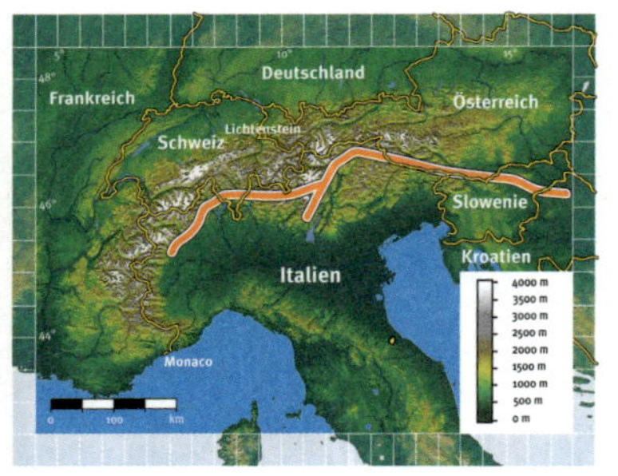

Die Periadriatische Störung (auch Periadriatische Naht oder Periadriatisches Lineament genannt) erstreckt sich zwischen Turin und Slowenien. Sie verläuft ungefähr parallel zur adriatischen Küstenlinie, davon leitet sich ihr Name ab.

Periadriatische Störung – Grenze zwischen Nord- und Südalpen

Die Periadriatische Störung ist eine rund 700 km lange Scherzone, die die Alpen s-förmig vom Thyrrenischen Meer bis Slowenien bzw. Ungarn durchzieht. Sie trennt die Süd- und die Zentralalpen. In Österreich folgt sie dem Puster-, Lesach-, Gail- und teilweise dem Drautal in die Ostkarawanken, wo sie sich auf slowenischem Gebiet in die Save- und Balatonstörung aufspaltet. Die Störungszone besteht aus stark mechanisch deformierten Gesteinen, die als Kataklasite bezeichnet werden. Dazu kommen Sedimentkeile von klastischen Gesteinen aus der Perm-Zeit vor.

Es ist nicht völlig geklärt, wann die Periadriatische Störung entstanden ist. In jedem Fall fanden aber zu verschiedenen Zeiten Bewegungen von mehreren zehn Kilometern an ihr statt. Auch die Fortsetzung der Störungszone in der Tiefe wird noch diskutiert. Zwar wurde sie mit seismischen Methoden erfasst, die Interpretation der Messergebnisse ist aber mehrdeutig.

Eine wesentliche Rolle spielte die Periadriatische Störung bei der N-S-Einengung der Alpen im Miozän (vor rd. 15 Mio. Jahren), als Teile der östlichen Ostalpen nach Osten verschoben wurden. Zu dieser Zeit war sie als dextrale (rechtssinnige) Seitenverschiebung aktiv.

Die Entstehung der Alpen im Zeitraffer

Die Gesteine der Alpen dokumentieren eine lange geologische Geschichte, die im ausgehenden Präkambrium begann (Schönlaub 2019; Siegesmund et al. 2021; Chang et al. 2021).

Große Teile des heutigen Ostalpinen Kristallins wurden im ausgehenden Präkambrium und zu Beginn des Paläozoikums vor rd. 650–530 Mio. Jahren als sandig-tonige Sedimente am Nordrand des damaligen Südkontinents Gondwana abgelagert. Im Zuge der Unterschiebung einer ozeanischen tektonischen Platte drangen schon kurz nach der Ablagerung Schmelzen in die Sedimente ein. Die Sedimente wurden dabei metamorph umgewandelt und verschiedene Magmatite erstarrten darin. So entstand eine neue kontinentale Kruste, die heute unter anderem die Ötztaler- und Stubaier Alpen (Bild rechts), die Silvretta, Teile der Hohen Tauern, die Deferegger Alpen, die Schladminger- und Seckauer Tauern und Teile der westlichen Karnischen Alpen aufbaut.

In weiterer Folge wurden auf dem Schelfrand von Gondwana bunt zusammengesetzte Abfolgen mit Kalken, Quarziten und Basalten abgelagert. Mit unterschiedlich starker metamorpher Überprägung finden wir diese Gesteine heute z.B. in der Gleinalpe, den Niederen Tauern, der Grauwackenzone, den Gurktaler Alpen oder dem Grazer Bergland.

Erste metamorphe Überprägungen erfuhren viele dieser Gesteine während der variszischen Gebirgsbildung in der Karbon-Zeit, welche mit der Bildung des Superkontinents Pangäa in Zusammenhang steht. Dabei kam es auch zu Aufschmelzungen und der Erstarrung verschiedener magmatischer Gesteine. Dazu gehören z.B. die Granitgneise im Gebiet der Hohen Tauern. Im Perm kam es zu Dehnung und Ausdünnung. Heiße Basaltschmelzen stiegen aus dem Erdmantel auf und bewirkten eine temperaturbetonte Umwandlung mit intensivem Magmatismus in der Erdkruste.

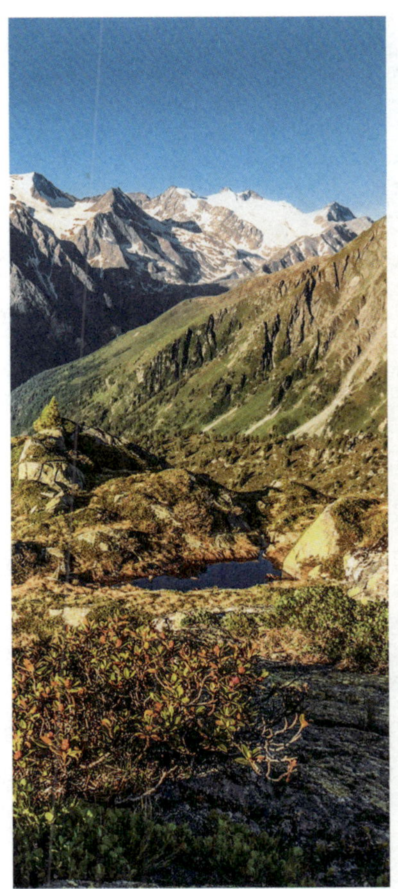

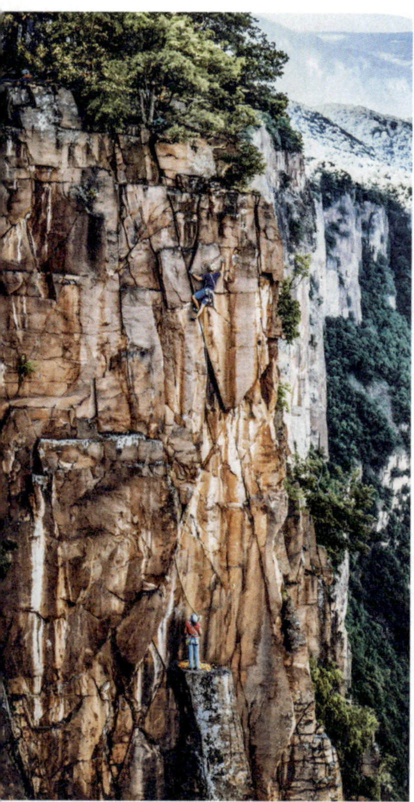

Das Team der Jungen Alpinisten beim Klettern am Bozener Quarzporphyr.

Zeugnisse davon sind die vulkanischen Gesteine des Bozener Quarzporphyrs (Bild links) oder die Lithiumpegmatite auf der Koralpe. Es herrschte ein warmes Klima und wüstenartige Bedingungen waren weit verbreitet. Im Bereich der heutigen Südalpen erstreckte sich ein Flachmeer mit einer reichen Lebewelt, nördlich gab es Festland mit kontinentalen Ablagerungen. Hier kam es durch Wildbäche und Flüsse zur Ablagerung schuttreicher klastischer Sedimente wie der rotvioletten Gröden-Formation, die für ein wüstenartiges trockenes Klima spricht.

Im Verlauf der Trias-Zeit dehnte sich der Tethys-Ozean immer weiter nach Westen aus. Die angrenzenden Teile von Pangäa wurden überflutet und bildeten einen weiten Schelfbereich, aus dem nur die Böhmische Masse als Insel herausragte (Seite 78-79). Im Schelfmeer dominierten anfänglich sandige Ablagerungen, ab der mittleren Trias folgten reine Kalke mit einer reichen Lebewelt aus Algen, Schwämmen und Korallen, die Riffe und Lagunen aufbauten. Diese Karbonatplattformen erreichten Mächtigkeiten von über 3.000 m, während am Kontinentalabhang in größeren Wassertiefen die fossilreichen Hallstätter Kalke mit ihren berühmten Vorkommen von Ammoniten und lokal kieseligen Tiefwassersedimenten entstanden.

Im Jura begann das Zeitalter der Dinosaurier und zugleich der Zerfall des Superkontinents Pangäa (Seite 78 D). Den Beginn machte die Öffnung des zentralen Atlantiks, von dem sich eine Fortsetzung gegen Osten in den alpinen Raum entwickelte – das war die Geburt des Penninischen Ozeans. Er zerteilte den großen Schelfbereich und vergrößerte sich bis in die Kreide-Zeit durch Bildung von ozeanischer Kruste. Darauf wurden kalkig-tonige Sedimente – die sogenannten Bündnerschiefer – abgelagert. Nördlich des Penninischen Ozeans lag nun das „Alte Europa", welches das heutige West-, Nord- und Osteuropa inklusive der Böhmischen Masse umfasste. Auch das Subpenninikum und Helvetikum, welche heute Teile der Alpen darstellen, waren hier beheimatet. Südlich lag ein Bereich, der als „Adriatischer Sporn" bezeichnet wird und eine Fortsetzung der Afrikanischen Platte darstellte.

Aus diesem ist das heutige Süd- und Ostalpin hervorgegangen und hier wurden im Jura vornehmlich rote Kalkschlämme mit Ammoniten und Crinoiden abgelagert. Die daraus entstandenen roten Kalke der Adnet-Formation sind häufig als Dekorstein in Kirchen anzutreffen. Im Südosten begrenzte der Tethys-Ozean den Adriatischen Sporn. Durch die Erweiterung des Penninischen Ozeans kam es hier zu Platzproblemen und ab dem mittleren Jura wurden Gesteine aus dem Tethys-Ozean auf den Rand des Adriatischen Sporns aufgeschoben.

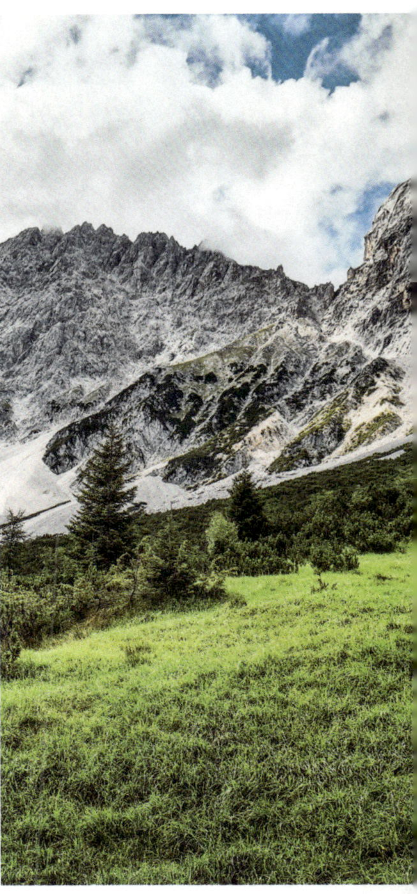

Die Bildung der Alpen begann in der frühen Kreide-Zeit vor ca. 135 Mio. Jahren (Seite 79 E). Dabei kam es zu einer Annäherung der Afrikanischen- und Europäischen Platten, wobei der Adriatische Sporn von Afrika wegbrach und sich als eigenständige Platte gegen Norden bewegte. Zu Beginn entstand eine nach Südosten gerichtete Subduktionszone innerhalb der Adriatischen Mikroplatte (Seite 79 E, gelber Pfeil), die sich wahrscheinlich entlang einer linksseitigen Seitenverschiebung entwickelte, die den Tethys-Ozean mit dem Penninischen Ozean verband. An dieser Subduktionszone bildete sich ein Orogenkeil aus tektonischen Decken, der sich bis in das Miozän vor ca. 25 Mio. Jahren kontinuierlich von Südosten gegen Nordwesten vorbaute (Schuster 2015).

Zunächst wurden jene Decken des Ostalpins abgeschert und gestapelt, die vornehmlich aus mesozoischen und paläozoischen Sedimenten bestehen. Sie bauen heute z.B. Teile der Karawanken, die Gurktaler Alpen und die Nördlichen Kalkalpen (Bild rechts) auf. Ihr Untergrund aus metamorphen Gesteinen wurde versenkt und erneut umgewandelt. Der Höhepunkt dieser durch hohe Drucke charakterisierten und als eo-alpin bezeichneten Metamorphose erfolgte vor etwa 95 Mio. Jahren in der jüngeren Kreide-Zeit. In bis in 100 km Tiefe versenkten Gesteinen entstanden dabei aus basaltischen Gesteinen Eklogite. Anschließend wurden auch diese Gesteine vom Mantel abgelöst und stiegen zur Erdoberfläche auf, wo sie die Decken aus Ostalpinem Kristallin aufbauen. Der Orogenkeil ragte zum Teil aus dem Meer und bildete langgestreckte Inselketten (Seite 79 E).

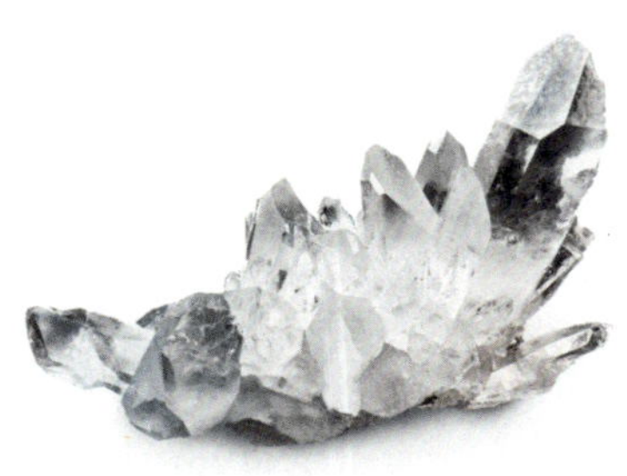

Diese Inseln wurden erodiert und der Abtragungsschutt gelangte durch Flüsse in die umgebenden Becken. Hier lagerten sich fossilreiche Sedimente der Gosau-Gruppe mit Korallen, Schnecken, Ammoniten und dickschaligen Muscheln (Hippuriten) ab.

Ab der späten Kreide-Zeit (vor rd. 85 Mio. Jahren) führte die fortgesetzte Subduktion zur Einengung des Penninischen Ozeans, welcher im Eozän vor rd. 45 Mio. Jahren komplett verschwunden war. Danach wurde leichte kontinentale Kruste der Europäischen Platte in die Tiefe gezogen. Zum Teil gelangte sie in Tiefen von über 60 km, ehe sie vom Mantel abgeschert und in die Höhe gepresst wurde. Im späten Eozän und Oligozän (vor rd. 30 Mio. Jahren) löste sich der relativ kühle, schwere Mantelanteil der subduzierten Europäischen Platte ab und versank im plastischen Erdmantel. Heißer plastischer Erdmantel stieg auf und es entstanden Schmelzen, aus denen die Periadriatischen Magmatite kristallisierten (Seite 79 E). Befreit vom schweren Mantel, begann sich der gesamte Alpenraum zu heben, die Alpen bildeten erstmals ein Hochgebirge.

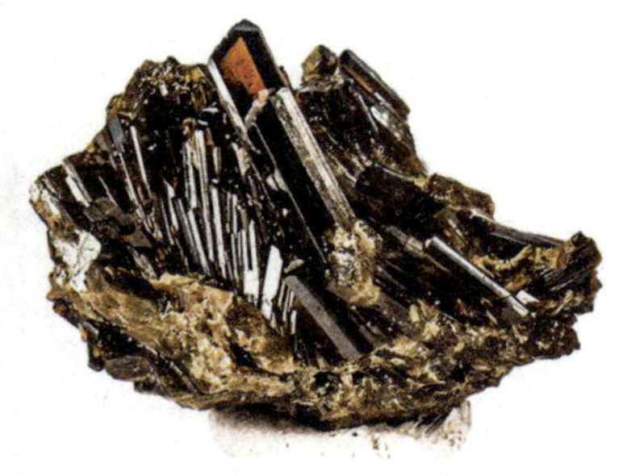

Der letzte Akt der Entstehung der Alpen führte vor 20 Millionen Jahren zum Vorstoß des sogenannten Südalpen-Indenters, der eine deutliche Nord-Süd-Einengung bewirkte, welche im Bereich des Brenners um 50 % der vormaligen Breite liegt. In der Folge kam es zu einer Streckung der Ostalpen in Ost-West-Richtung und zu einem „Ausfließen" nach Osten. Gleichzeitig entwickelte sich ein System von Seitenverschiebungen und Abschiebungen, an denen sich tektonische Fenster bildeten. Die Gesteine kühlten dabei ab, Klüfte entstanden und beeindruckende Mineralien kristallisierten, wie z.B. Bergkristalle (Bild links oben) oder die Epidote (Bild links unten) der Knappenwand in Salzburg. Vor 10 bis 25 Millionen Jahren verschwanden die Meere um die Alpen.

Die Abkühlung der penninischen und subpenninischen Decken im Unterengadiner Fenster, Tauernfenster und im Rechnitzer Fenster erfolgte zwischen 25 und 15 Mio. Jahren vor heute. Unstrittig ist, dass das oligozäne und miozäne Störungssystem einen großen Einfluss auf das Aussehen der Ostalpen hat. So wurden an den Störungen Gebirgsgruppen wie die Saualpe und Koralpe, aber auch die Niederen Tauern herausgehoben, während gleichzeitig an anderen Stellen Einbruchbecken entstanden. Derartige Becken sind z.B. das Wiener-, Fohnsdorfer- oder Klagenfurter Becken. Im Bereich des Steirischen und Pannonischen Beckens wurden diese Aktivitäten von Vulkanismus begleitet. Entlang der Störungen wurden die Gesteine zerrüttet, sodass die nachfolgenden Eiszeiten ein leichtes Spiel in der Ausgestaltung und Formung der heutigen Täler hatten.

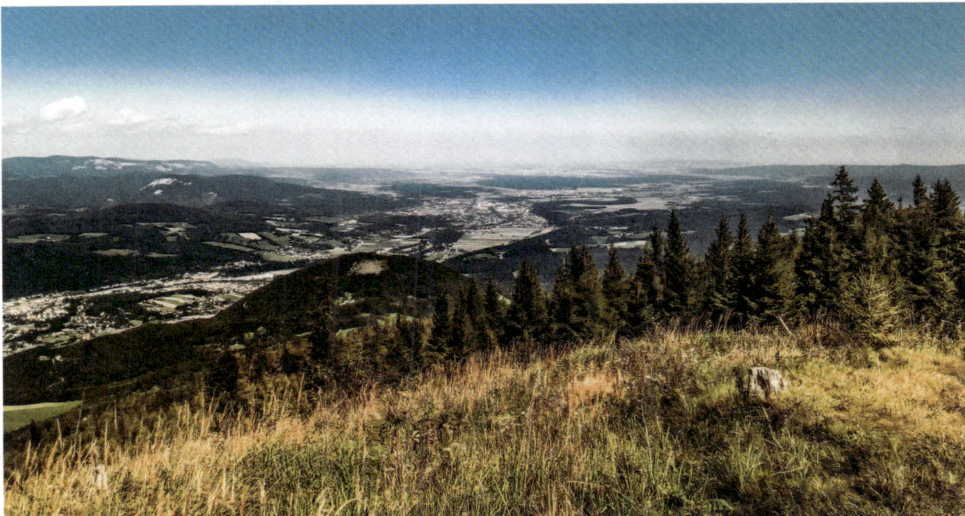

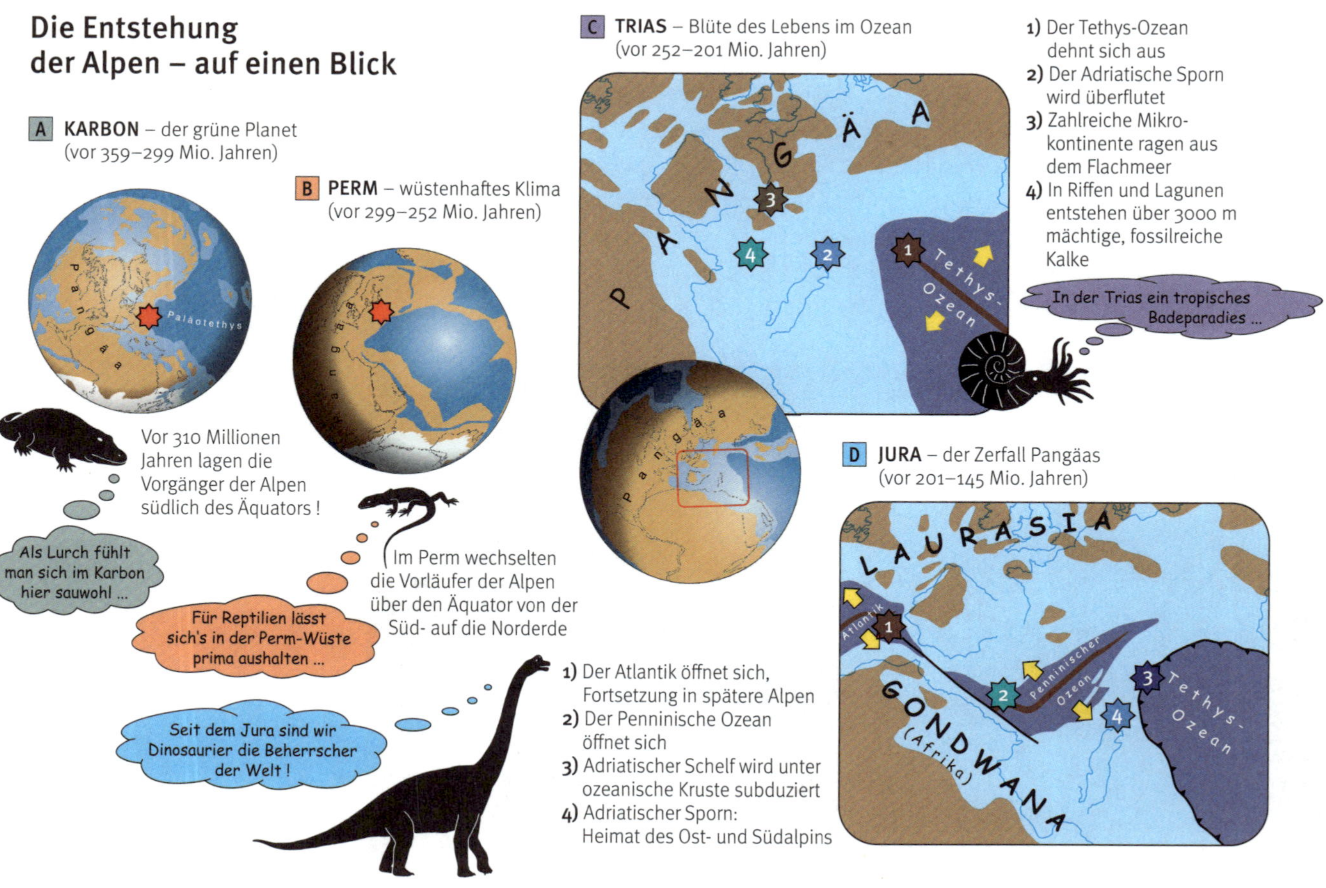

Die Entstehung
der Alpen – auf einen Blick
A KARBON – der grüne Planet
(vor 359–299 Mio. Jahren)
Pangäa
Paläotethys
Vor 310 Millionen Jahren lagen die Vorgänger der Alpen südlich des Äquators !
Als Lurch fühlt man sich im Karbon hier sauwohl ...
B PERM – wüstenhaftes Klima
(vor 299–252 Mio. Jahren)
Pangäa
Im Perm wechselten die Vorläufer der Alpen über den Äquator von der Süd- auf die Norderde
Für Reptilien lässt sich's in der Perm-Wüste prima aushalten ...
C TRIAS – Blüte des Lebens im Ozean
(vor 252–201 Mio. Jahren)
PANGÄA
Tethys-Ozean
1) Der Tethys-Ozean dehnt sich aus
2) Der Adriatische Sporn wird überflutet
3) Zahlreiche Mikrokontinente ragen aus dem Flachmeer
4) In Riffen und Lagunen entstehen über 3000 m mächtige, fossilreiche Kalke
In der Trias ein tropisches Badeparadies ...
D JURA – der Zerfall Pangäas
(vor 201–145 Mio. Jahren)
LAURASIA
GONDWANA
(Afrika)
Atlantik
Penninischer Ozean
Tethys-Ozean
1) Der Atlantik öffnet sich, Fortsetzung in spätere Alpen
2) Der Penninische Ozean öffnet sich
3) Adriatischer Schelf wird unter ozeanische Kruste subduziert
4) Adriatischer Sporn: Heimat des Ost- und Südalpins
Seit dem Jura sind wir Dinosaurier die Beherrscher der Welt !

E KREIDE bis NEOGEN – Alpidische Kollision (vor 145–15 Mio. Jahren)

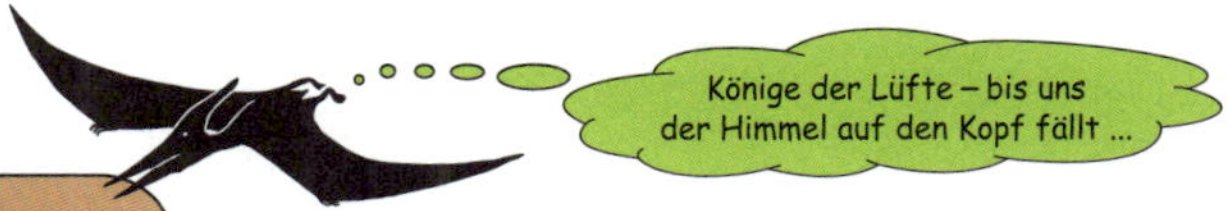

Könige der Lüfte – bis uns der Himmel auf den Kopf fällt ...

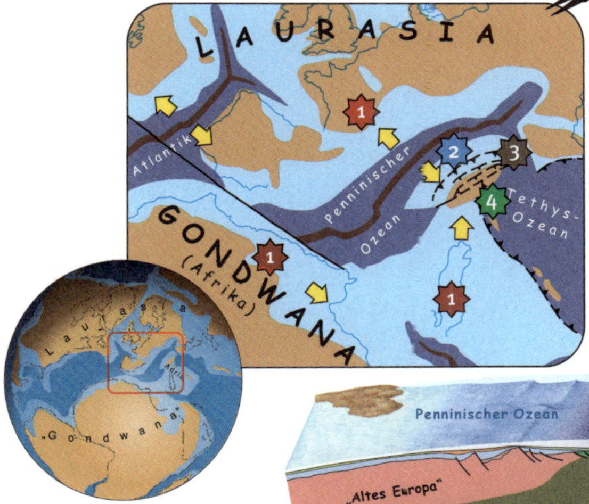

Vor 120 Mio. Jahren in der älteren Kreide:

1) Afrika, Adria und Europa nähern sich
2) Subduktion (Abtauchen) des Penninischen Ozeans unter ...
3) ... den Orogenkeil aus verschiedenen Ostalpinen Decken, bestehend aus Adriatischer Kruste
4) Orogenkeil ragt aus dem Meer: Schutt für Gosau-Sedimente

Vor 90 Mio. Jahren in der jüngeren Kreide:

5) Europäische Platte verlagert sich unter die Alpen. Dabei entsteht ein Keil aus abgescherten Schuppen ozeanischer Kruste
6) Der Penninische Ozean schließt sich (bis vor ca. 45 Mio. Jahren)
7) Durch weitere Verkürzung geraten Gesteine in große Tiefe. Eklogite entstehen und werden zur Erdoberfläche hinaufgedrückt

Vor 25 Mio. Jahren:

8) Meere um die Alpen verschwinden, es entsteht erstmalig ein Hochgebirge

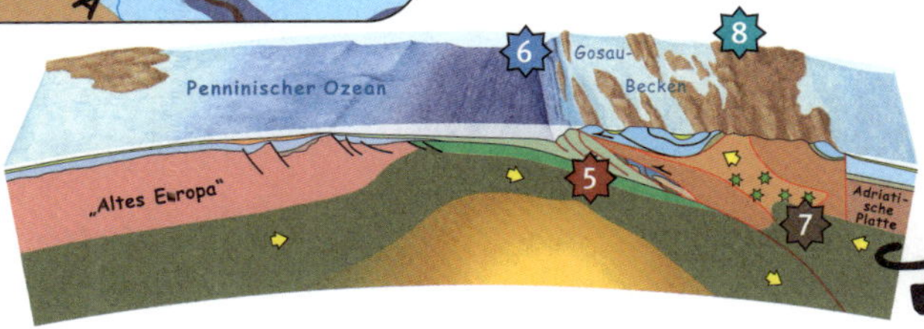

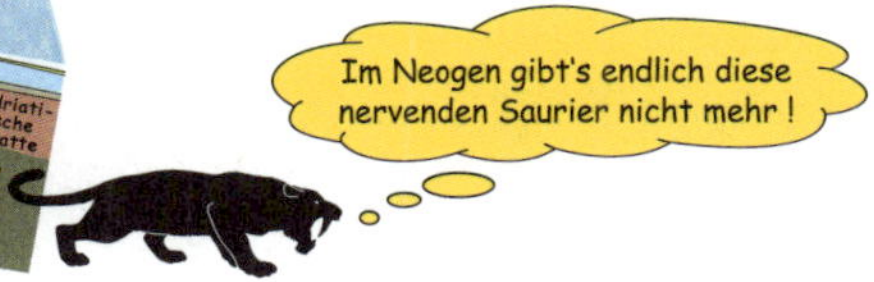

Im Neogen gibt's endlich diese nervenden Saurier nicht mehr!

F HEUTE – Alpidische Knautschzone

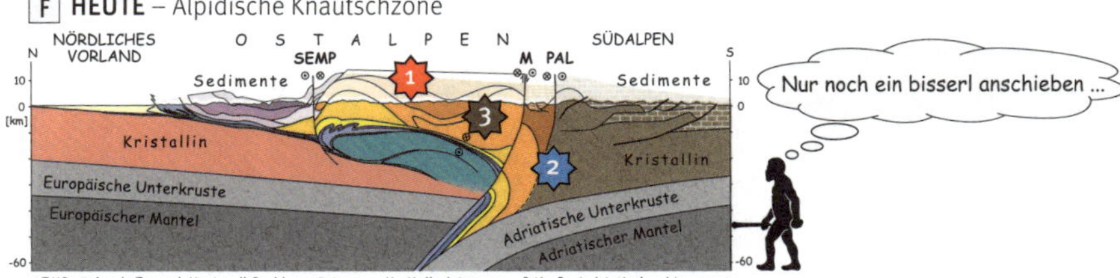

1) Die Alpen wachsen um ca. 1,8 mm pro Jahr und wandern nach Nordosten
2) Das Periadriatische Lineament ist in der Tiefe nicht fassbar. Es ist eine Intraplatten-Störung und nicht die Grenze zwischen Europa und Afrika
3) Die ostalpinen Decken gehörten zur Adriatischen Mikroplatte, sie sind „afrikanische“ Elemente

Spuren der Eiszeit und das Anthropozän

Die gesamten Alpen waren in den letzten rund eine Million Jahren immer wieder von Vergletscherungen unterschiedlichen Ausmaßes betroffen. Grund dafür waren die weltweit wirksamen starken Klimaschwankungen.

Dafür war die sich periodisch ändernde Stellung der Erde zur Sonne (z.B. Exzentrizität, Ekliptik) und die dabei schwankende Strahlungsenergie besonders auf der Nordhalbkugel verantwortlich (D. van Husen 2017). Sie wirkten sich in der allerjüngsten geologischen Vergangenheit durch Eiszeiten aus. Dazu kam, dass sich vor rund 3,5 Millionen Jahren am Isthmus von Panama Nord- und Südamerika zu einer Landbrücke vereinigten, was eine Veränderung des Golfstroms zur Folge hatte.

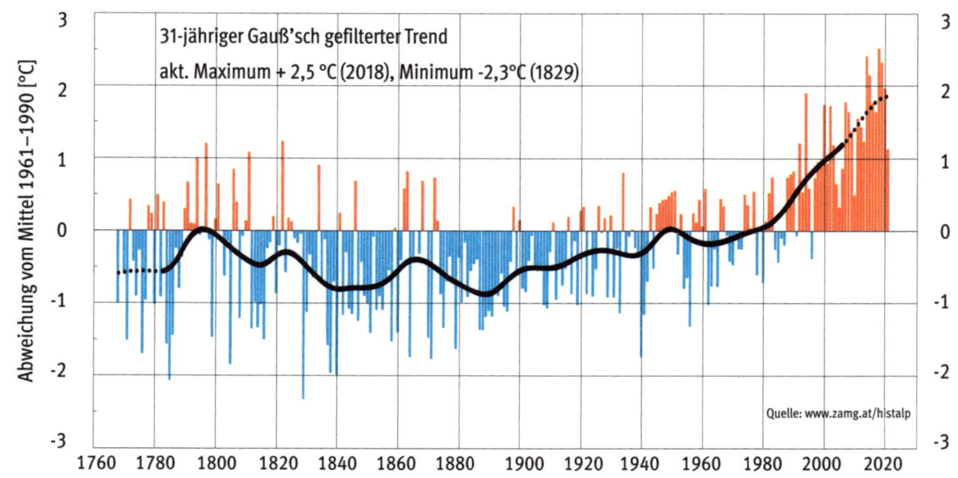

Temperaturabweichung in Österreich zwischen 1768 und 2018. Dargestellt ist die Abweichung der Temperatur seit 1768 im Vergleich zum Klimamittel 1961–2000. Die gemittelte schwarze Linie zeigt das in den letzten Jahren sehr hohe Temperaturniveau.

Aus den wiederholten Vergletscherungen der Alpen heben sich vier bekannte Eiszeiten ab, die als Günz-, Mindel-, Riss- und Würm-Kaltzeit bzw. -Eiszeit bezeichnet werden. In diesen Zeiten waren die Täler des Alpenkörpers von mächtigen Eisströmen erfüllt, die bis weit in die Vorländer im Norden und Süden vorgestoßen sind (Udine, Belluno-Vittorio Veneto, Gardasee, Bodensee, München, Inn, Salzach u.a.). Die Spuren der jüngsten Vereisung (Würm) sind in den Tälern noch allgegenwärtig. Sie erlauben es, die Mächtigkeit und Ausdehnung ihrer Gletscher gut zu rekonstruieren. Der Höhepunkt dieser in jüngster Zeit als LGM (Last Glacial Maximum) bezeichneten Vergletscherung war vor rund 25.000 bis 19.000 Jahren. Hier kommen bemerkenswerte neue Ergebnisse zur jüngsten Klimageschichte durch Innsbrucker Geologen ins Spiel. Die Forscher um Christoph Spötl fanden in der Obir-Tropfsteinhöhle (Bild rechts) in den Karawanken kryogene rhombische Kalzit-Kristalle, deren Kohlenstoff- und Sauerstoff-Isotope starke Niederschläge in Form von Schnee während einer der kältesten Abschnitte der letzten Eiszeit vermuten lassen. Das könnte für einige tausend Jahre der entscheidende Faktor für das Wachsen der Gletscher zwischen rund 26.000 und 23.000 Jahren vor heute, also während der Aufbauphase der Gletscher vor dem Höhepunkt der letzten Eiszeit, gewesen sein. Die abschmelzenden Gletscher hinterließen in den Alpen und Voralpen viele Spuren wie Eisrandterrassen, Becken mit Bänderschluffen, verfüllt mit Sand und Kies, Moränen, Doppelgrate, Fels- und Bergstürze, geschrammte Felsblöcke, Findlinge oder Gleitungen und Sackungen als Ausdruck von destabilisierten übersteilten Talflanken. In den kommenden Jahrzehnten wird die vom Menschen gemachte Klimaerwärmung, die wir schon heute spüren, die alpinen Landschaften verstärkt verändern (vgl. M. E. Mann 2021). Naturkatastrophen, Muren, Bergstürze, Massenbewegungen und mehr Extremwetter wie Dürren und Starkniederschläge werden Teile der Alpen mehr oder weniger stark betreffen. Auch eine Abschwächung des Golfstroms im Atlantik zeichnet sich ab. Viele Studien kommen zum Schluss, dass ab dem Jahr 1980 die vermehrte Emission von Treibhausgasen (Kohlendioxid, Methan) der treibende Faktor des Klimawandels war und weiter ist. Eine strikte Begrenzung des Ausstoßes solcher schädlichen Gase in die Atmosphäre ist dringender denn je anzuraten, bevor Kipppunkte überschritten werden und Kettenreaktionen das komplexe Wirkungsgefüge des Klimas und der Ökosysteme gravierend negativ verändern.

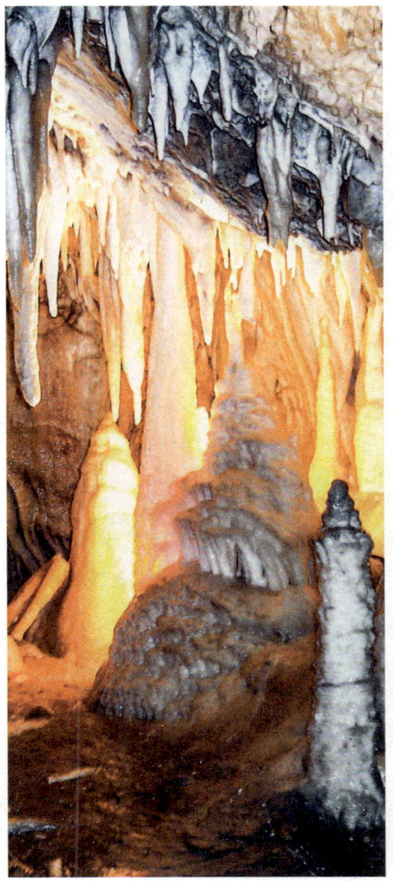

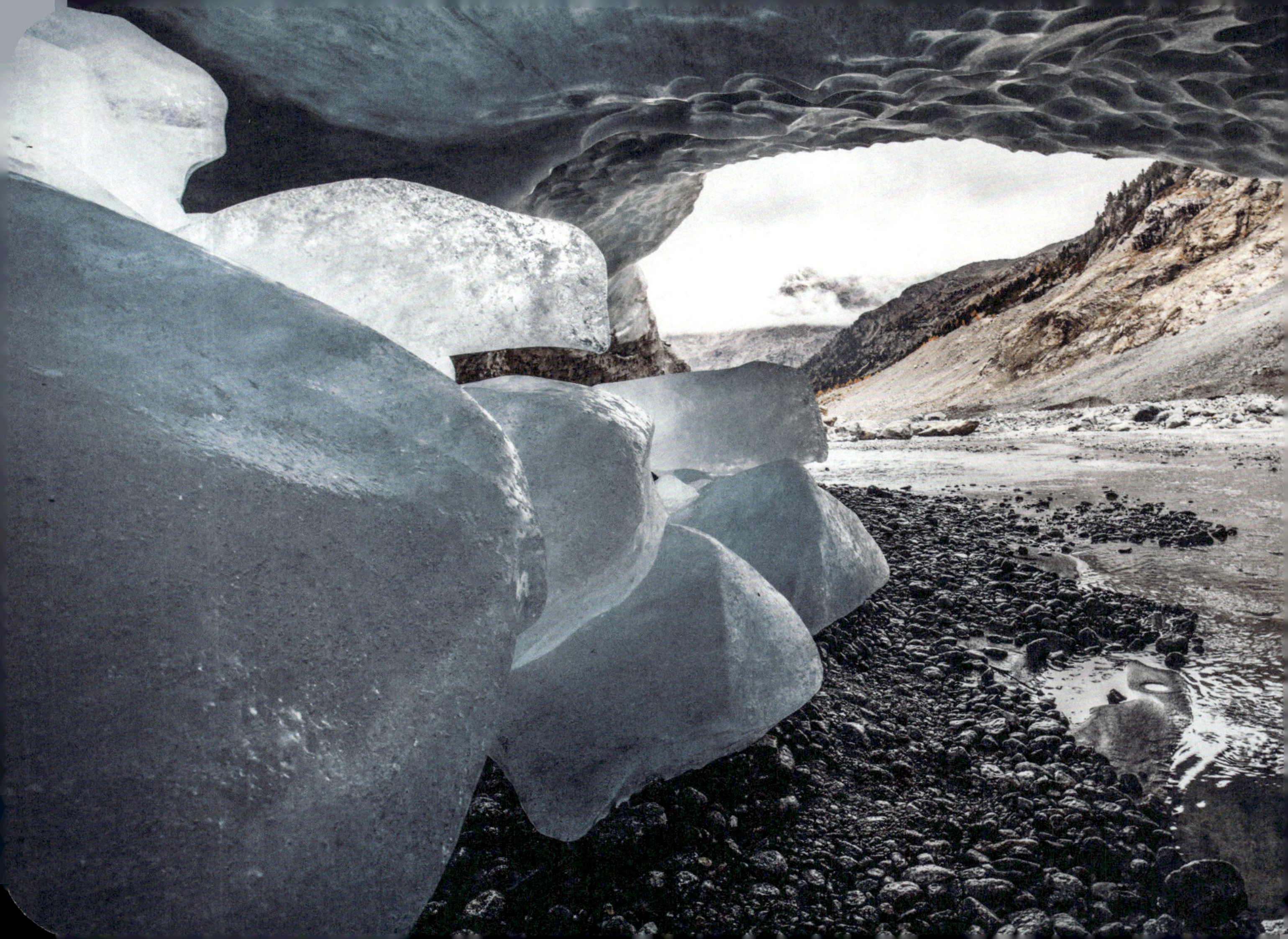

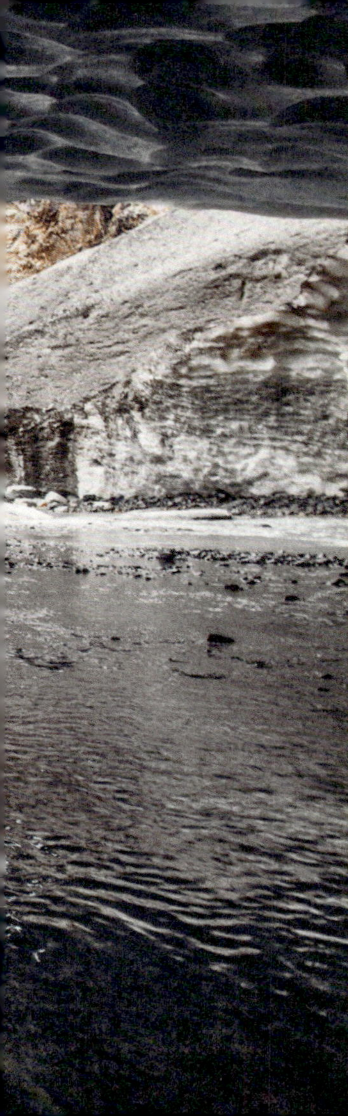

Klimawandel

Klimawandel in den Alpen

Der Klimawandel ist eine der wenigen wissenschaftlichen Theorien, die uns dazu bringen, die gesamte Grundlage der modernen Gesellschaft zu untersuchen. Er ist eine Herausforderung, die Politiker*innen streiten lässt, Nationen gegeneinander aufhetzt, individuelle Lebensstilentscheidungen in Frage stellt und ultimativ Fragen über die Beziehung der Menschheit zum Rest des Planeten aufwirft (vgl. Maslin 2014).

Klimawandel in den Alpen: Schnee, Eis, Permafrost – und Bergsteigen?

Dieses Kapitel soll das Klima in den Alpen und seine Beziehung zu Schnee, Eis und Permafrost in ihren Grundzügen erklären, die Folgen des Klimawandels in den Alpen aufzeigen und eine Anregung sein, unsere Gewohnheiten beim Bergsteigen zu überdenken.

Das Klimasystem der Erde

Der Begriff Klima bezeichnet den über längere Zeit ermittelten Durchschnitt der dynamischen Prozesse, die Energieungleichgewichte in der Erdatmosphäre ausgleichen. Der mit Abstand größte Energieeintrag in das Klimasystem ist die Sonnenstrahlung. Aufgrund der Schiefe der Erdachse und der elliptischen Bahn der Erde um die Sonne ist ihr Energieeintrag jedoch unterschiedlich auf die Breitenzonen der Erde verteilt – die Tropen erhalten mehr Energie als die Polarregionen.

Die Aufnahme von Sonnenstrahlung an der Erdoberfläche äußert sich in ihrer Temperaturerhöhung und folglich in einer Erwärmung der bodennahen Luftschichten. Die Temperaturen in den Tropen (hoher Strahlungseintrag, geringe Reflexion) sind somit höher als in den Polarregionen (geringer Strahlungseintrag und hohe Reflexion z.B. an Schnee und Eis). Diese Temperaturunterschiede bedingen Druckunterschiede und in weiterer Folge das Bestreben, diese Unterschiede zwischen

Äquator und Pol auszugleichen. Der kurzfristige Zustand der Atmosphäre wird Wetter genannt. Langfristig – über einen Zeitraum von mindestens 30 Jahren betrachtet – entstehen im Mittel die für die Breitenzonen der Erde typischen Klimazonen. Das Klima steht in enger Wechselwirkung mit der Erdoberfläche, den Ozeanen, den Eisschilden sowie der Fauna und Flora der Erde.

Das Klima im Alpenraum

Aufgrund der Lage und der Höhenerstreckung der Alpen lässt sich das Alpenklima in vier unterschiedliche Ausprägungen unterteilen:

Planetarisch

Die Alpen bilden einen Übergangsbereich zwischen dem gemäßigten mitteleuropäischen Klima und dem subtropischen mediterranen Klima. Sie sind ein thermisches und mechanisches Hindernis für bodennahe Luftschichten und verändern dadurch großräumige Luftströmungen mit der Ausbildung von besonderen Luv- und Leeeffekten (z.B. Stauniederschläge und Föhn).

West-Ost

Von Westen nach Osten erfolgt entlang des Alpenbogens ein Übergang von feucht-ozeanischen Luftmassen der maritimen Westalpen zum trocken-kontinentalen Klima des Ostalpenrandes und des Pannonischen Beckens mit kalten Wintern und heißen Sommern.

Peripher-zentral

Der Alpenrand ist durch Wetterlagen mit Staubewölkung und Hochnebel deutlich feuchter und kühler als das trocken-warme Alpeninnere mit einer höheren Anzahl an Sonnenstunden. Eine besondere Ausprägung sind die inneralpinen Trockeninseln, wie das Wallis oder der Bereich Unterengadin,

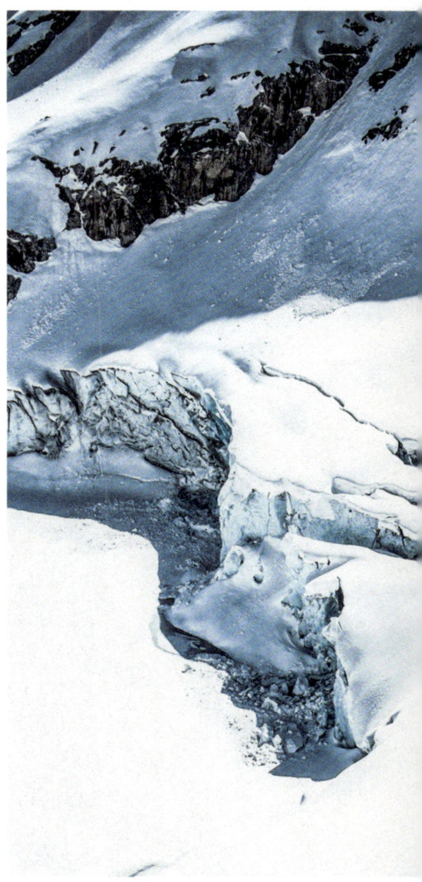

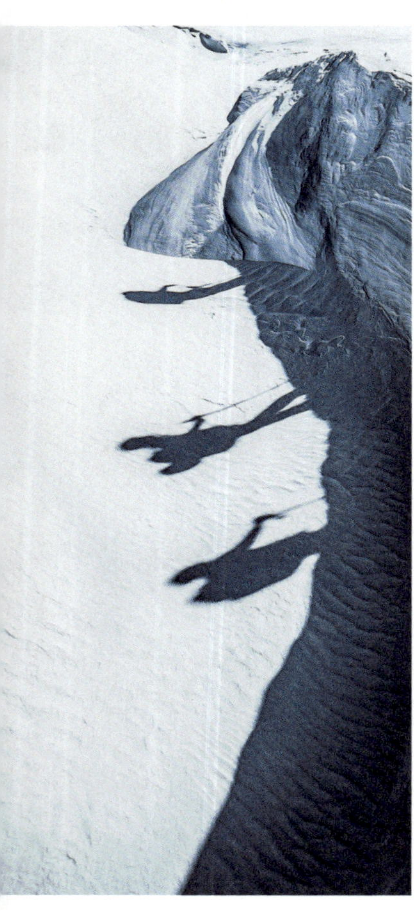

Oberinntal, hinteres Ötztal, Vinschgau, mit deutlich höherer Waldgrenze als am Alpenrand sowie geringeren Niederschlägen und der daran angepassten Landwirtschaft mit Bewässerungsfeldbau sowie Getreide-, Obst- und Weinkulturen.

Hypsometrisch

Die Höhenerstreckung führt zur Ausbildung klimabedingter Höhenstufen von der mediterranen Stufe mit Hartlaubwäldern am Rand der Südalpen bis zur nivalen Stufe der Gletscher und höchsten Gipfel (siehe Seite 120-121).

Eis in den Alpen

Aufgrund der thermisch geprägten Jahreszeiten und der Höhenerstreckung liegt das Wasser in den Alpen auch in gefrorener Form vor. Wir finden es in der winterlichen Schneedecke, als Eis im Boden oder als Gletscher.

Schnee

Schnee ist ein Gemisch aus Eiskristallen und Luft. Schnee ist gleichwohl Lebensraum, Naturgefahr und Wirtschaftsfaktor. Eine Schneedecke speichert Niederschläge, die erst im Frühjahr abflusswirksam sind. Im Sinne des Klimasystems ist Schnee eine Energiesenke, weil zur Schmelze Energie aufgewendet werden muss. Schnee reflektiert Sonnenstrahlung und isoliert unterliegenden Boden oder Vegetation gegen atmosphärische Einflüsse. Eine Schneedecke ist aber auch ein hochdynamisches System. Sie kann innerhalb kurzer Zeit auf- und abgebaut werden, sie wird durch Wind und Lawinen verfrachtet, sie verdichtet sich selbst durch ihr Eigengewicht und sogar die Schneekristalle verwandeln sich aufgrund der Temperaturunterschiede in der Schneedecke in unterschiedliche Formen und verändern ihre Stabilität. Die Schneemächtigkeiten variieren in den Alpen mit der Höhenlage und der Lage zum

Alpenrand. In Gebieten mit Stauniederschlägen sind die Schneemächtigkeiten höher als im eher trockenen Zentralalpenraum. In den Höhenlagen der Gletscher erreicht die Schneehöhe ihr Maximum im Mai, während in den Tallagen zu dieser Zeit schon der Frühling einkehrt. Von der Schneemächtigkeit hängt auch die Schneedeckendauer ab. Sie ist ein bestimmendes Element für alpine Betätigungsfelder und maßgeblicher Standortfaktor im Lebensraum.

Permafrost

Der Begriff Permafrost bezeichnet Böden (oder Fels), deren Temperaturen ganzjährig tiefer als 0 °C sind und in denen enthaltenes Porenwasser als Eis vorliegt, auch wenn im Sommer die oberste Schicht des Permafrostbodens meist aufgetaut ist. Diese Auftauschicht kann mehrere Dezimeter stark sein, darunter bleibt der Boden allerdings dauerhaft gefroren. Der Permafrost in den Alpen ist unterschiedlich nach Höhe und Exposition verteilt. Fleckenhaft (1–10 % der Fläche) findet man Permafrost oberhalb von etwa 2.400 Metern in Nordhängen, diskontinuierlichen Permafrost (50–90 % der Fläche) oberhalb von etwa 2.800 Metern. Oberhalb von etwa 3.300 Metern sind auch südexponierte Hänge dauerhaft mit Permafrost unterlagert.

Permafrost trägt maßgeblich zur Verwitterung und Formgebung des Hochgebirges bei. Das Tauen und Gefrieren von Wasser verändert das Bodenvolumen, Korngrößen werden sortiert, Bodenbereiche durch Frostexpansion gehoben und abgesenkt, in steileren Hängen beginnt der Boden dadurch langsam talwärts zu fließen. Wasser kann in gefrorenen Böden nicht versickern, das erhöht die Wahrscheinlichkeit von Rutschungen bei Starkniederschlägen. Durch die kälteren Oberflächentemperaturen von Permafrostböden im Vergleich zu nicht gefrorenen Böden bleibt früh im Herbst gefallener Schnee länger erhalten und kann zu nachteiligem Schneedeckenaufbau für Wintersportler*innen führen („Altschneeproblem"). Im Fels wirkt Permafrost allgemein stabilisierend, auch wenn es saisonal durch oberflächliches Tauen zu Steinschlag kommt. Ein landschaftsbestimmendes Permafrostphänomen sind Blockglet-

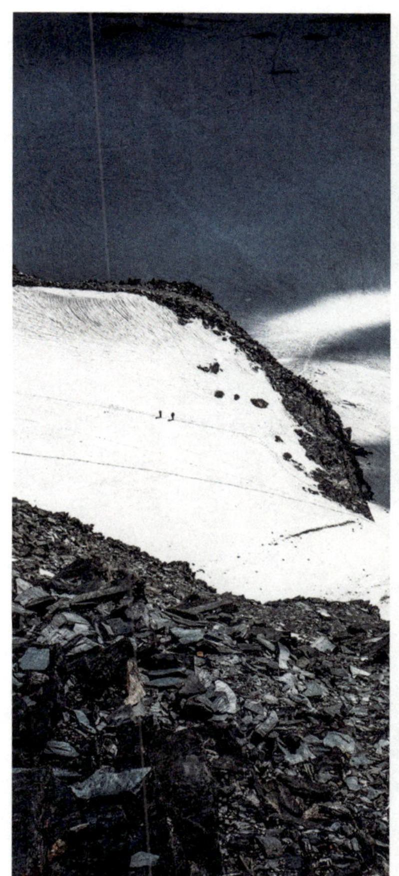

scher. Dabei handelt es sich um Schuttmassen mit einer wenige Meter dicken Blockschicht über Feinmaterial, dessen Porenvolumen mit Eis gefüllt ist. Durch die Schwerkraft kriecht diese Schutt-Eis-Matrix talwärts und bildet Loben mit ähnlichem Aussehen wie vorstoßende Gletscherzungen.

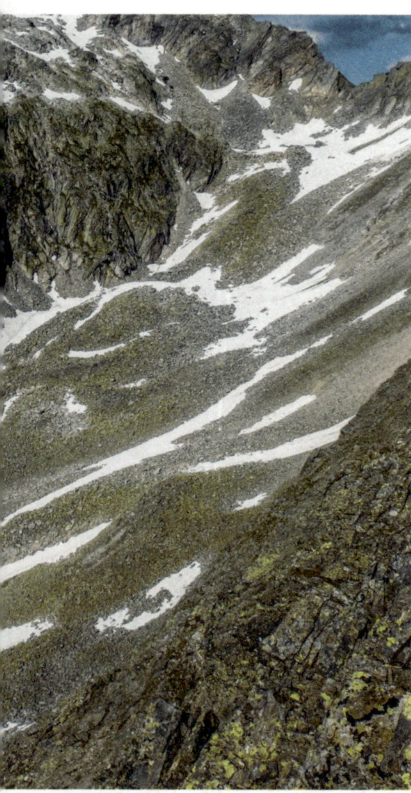
Der Dösener Blockgletscher in der Ankogelgruppe.

Die Stirn von aktiven (vorstoßenden) Blockgletschern bildet eine 10–20 m hohe Böschung mit frischen Abbrüchen von oberflächlich aufgetautem Schutt. Fossile (alles Eis ist ausgeschmolzen) und inaktive (keine Bewegung) Blockgletscher, die unterhalb der aktuellen Permafrostgrenze liegen, weisen auf kältere klimatische Verhältnisse in der Vergangenheit hin.

Gletscher

In den Alpen gibt es etwa 3.500 Gletscher mit einer Gesamtfläche von etwa 2.090 km² und einem Volumen von etwa 121 km³ (Stand 2017). Der größte Anteil entfällt mit 1.019 km² bzw. 71 km³ auf die Schweiz (vgl. Zekollari, Huss, Farinotti 2019). In Österreich sind etwa 346 km² (16 km³) vergletschert, ähnliche Werte treffen für Italien und Frankreich zu. Die Gletscherflächen in Deutschland und Slowenien messen zusammen etwa 0.5 km².

Gletscher entstehen aus Schneeniederschlag, der während des Sommers nicht abschmilzt. Häuft sich im Laufe von etlichen Jahrzehnten immer mehr Schnee an, komprimiert er sich durch sein Eigengewicht schließlich zu Eis. Gleichzeitig fließt dieses Eis durch die Schwerkraft langsam talwärts in wärmere Regionen, wo es ohne den laufenden Nachschub von oben nicht dauerhaft existieren kann. Gletscher haben also in den oberen Bereichen ein Nährgebiet mit überwiegend Massengewinn und in den unteren Bereichen ein Zehrgebiet mit überwiegend Massenverlust. Die Gleichgewichtslinie trennt diese beiden Gebiete. Sie ist näherungsweise durch die Altschneelinie am Gletscher am Ende des Sommers zu erkennen. Der Massengewinn oder -verlust über die Gesamtfläche eines Gletschers im Verlauf eines Jahres wird als Massenbilanz bezeichnet.

Ist ein Gletscher mit dem Klima im Gleichgewicht (Massenbilanz ± 0), schmilzt unten die gleiche Masse an Eis ab, wie oben durch Schneefall neu gebildet wird. Aufgrund der Flächen-Höhen-Verteilung der Gletscher und der effektiven Schmelze in den untersten Bereichen müssen etwa 2/3 der Fläche eines Alpengletschers am Ende des Sommers zum Nährgebiet zählen, also noch mit Schnee aus dem vergangenen Winter bedeckt sein, um dieses Gleichgewicht zu erreichen.

Wird mehr Eis neu gebildet, als abschmilzt, liegt die Gleichgewichtslinie tiefer, das Eis fließt langsam nach unten und die Gletscherzunge stößt vor, sofern gletschergünstige Verhältnisse mehrere Jahre bis Jahrzehnte andauern. Umgekehrt, wenn die Gleichgewichtslinie nach oben wandert, schmilzt die Gletscherzunge zurück, weil zu wenig Eis nachgeliefert wird. Aufgrund der trägen Reaktion der Gletscher auf kurzfristige Schwankungen der Witterung zeigen einzelne Jahre mit positiven oder negativen Massenbilanzen keine Reaktion der Längenänderung.

Im Jahre 1891 begann der DuOeAV mit der systematischen Messung der Längenänderung von Gletschern. Diese Initiative besteht noch heute als Gletschermessdienst des Österreichischen Alpenvereins, in dem jährlich die Längenänderungen von knapp 100 Gletschern von Freiwilligen ehrenamtlich ermittelt werden. Im Unterschied zur zeitverzögerten Reaktion der Längenänderung ist die Massenbilanz eines Gletschers die unmittelbare Reaktion eines Gletschers auf das Klima. In Österreich werden derzeit auf 13 Gletschern Massenbilanzmessungen durchgeführt, am längsten (seit 1952) auf dem Hintereisferner (T). Das World Glacier Monitoring Service in Zürich dient als weltweites Datenzentrum zur Sammlung und Veröffentlichung von Gletschermessdaten.

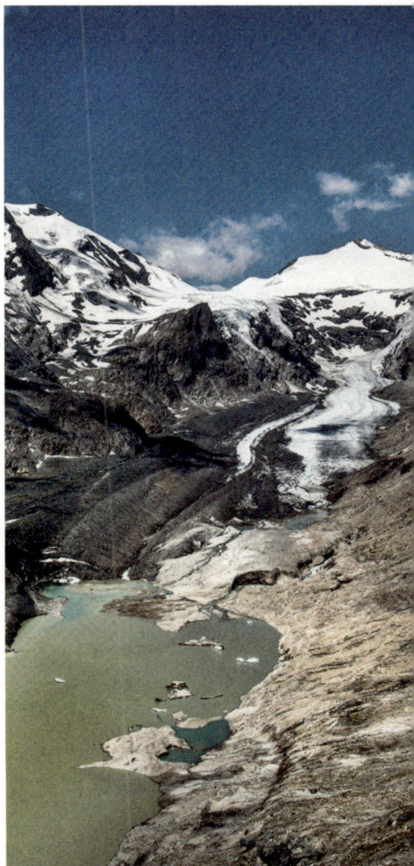

Klimawandel

Was ist das?

Das Klima der Erde hat drei äußere Einflussfaktoren:

Den Strahlungsantrieb, der durch die Sonne selbst, durch die Bahn der Erde um die Sonne und die Stellung der Erdachse definiert wird.

Den Vulkanismus, durch den Schwefelgase in die Atmosphäre gelangen, wo sie das Sonnenlicht reflektieren.

Die Treibhausgaszusammensetzung der Atmosphäre, die entscheidet, wie viel Wärmestrahlung (an der Erdoberfläche in Wärme umgewandelte Sonnenstrahlung) wieder in das Weltall abgestrahlt wird.

Diese Einflussfaktoren verzahnen sich im Erdsystem mit zahlreichen Rückkoppelungen in schnell (z.B. die Atmosphäre) oder träge (z.B. die Ozeane) reagierenden Systemen, entwickeln dadurch Schwankungen, verstärken sich oder schwächen sich gegenseitig ab. Von Klimawandel sprechen wir, wenn sich die Änderung des Erdklimas äußeren Einflussfaktoren zuschreiben lässt und sich die dadurch ergebenden Schwankungen außerhalb der Bandbreite des vorhergehenden Klimazustandes bewegen.

Wie mittlerweile hinlänglich bekannt und in der Wissenschaft unumstritten, ist der Grund des aktuellen Klimawandels die durch den Menschen verursachte Änderung der Treibhausgaszusammensetzung der Atmosphäre. Die Erde kann weniger Energie abstrahlen und erwärmt sich dadurch. Die Erwärmung der Atmosphäre stellt jedoch nur einen Bruchteil der Energie dar, die im gesamten Erdsystem aufgenommen wird. Der Großteil davon fließt in die Ozeane.

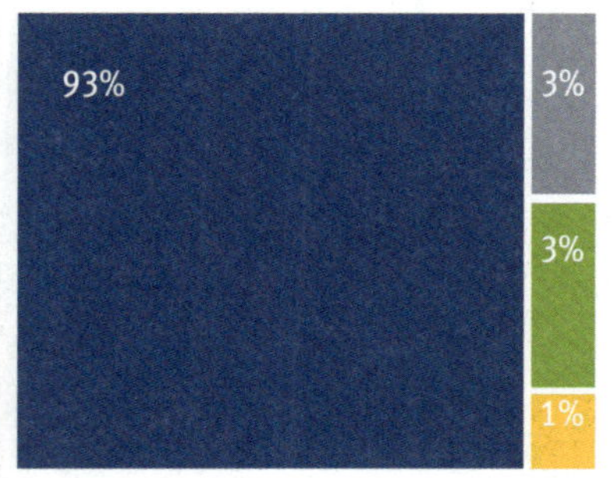

Wohin fließt die globale Erwärmung?
- 93% in die Ozeane,
- 3% in die Schmelze von Eis und lediglich
- 3% in die Landmassen,
- 1% in die Erwärmung der Atmosphäre.

Alles schon einmal da gewesen?

Nun hört man oft den Satz, das habe es alles schon einmal gegeben und der Klimawandel sei deshalb nicht weiter tragisch. Bei näherer Betrachtung stellt sich diese Behauptung aber als falsch heraus. Das Einzige, was daran stimmt, ist, dass es früher schon Klimawandel gegeben hat. Die Ursachen, Dynamiken und Folgen des aktuellen Klimawandels sind jedoch gänzlich andere:

- Noch nie hat eine auf diesem Planeten lebende Spezies einen Klimawandel verursacht.
- Noch nie ging in der Geschichte der Menschheit eine Erwärmung so schnell vor sich.
- Noch nie hat ein Klimawandel mehr als 8 Mrd. Menschen betroffen.
- Noch nie seit seiner Entwicklung vor knapp 200.000 Jahren musste sich der Mensch mit einer Klimaentwicklung auseinandersetzen, für die er von der Evolution nicht ausgestattet ist.
- Noch nie hatte die Menschheit eine Chance, einen Klimawandel einzudämmen und dabei an sich selbst zu wachsen.

Es ist ein Trugschluss, von Auswirkungen ähnlicher, früherer Klimazustände (z.B. kleine Gletscher, hohe Waldgrenze) dieselben Dynamiken und Ursachen für heute abzuleiten. Vielmehr müssen wir uns dem aktuellen Klimawandel widmen, die Ursachen erforschen, die Risiken erkennen und rechtzeitig Gegenmaßnahmen einleiten.

Auswirkungen

Analog dazu, wie sich der Lawinenlagebericht für eine Gebirgsregion nur schwer auf einen Einzelhang übertragen lässt, ist das Verständnis der Auswirkungen des Klimawandels global sehr gut, regional aber mit größeren Unsicherheiten belastet (besonders für den Niederschlag). Für die Alpen können wir Folgendes festhalten:

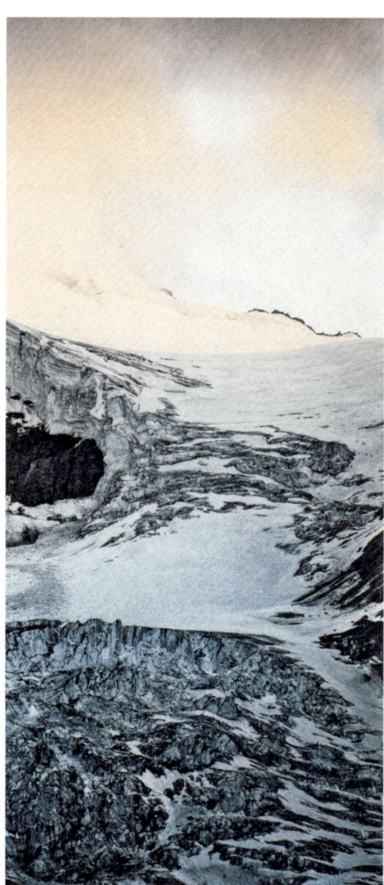

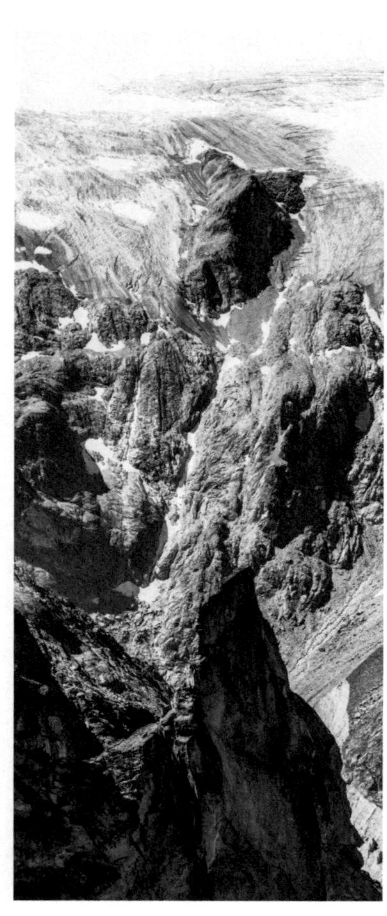

Schnee

Die Schwankungen im Winterniederschlag von Jahr zu Jahr werden zunehmen. Die Alpen befinden sich am Übergang vom mediterranen Klima, das zunehmend trockener wird, zum mitteleuropäischen Klima, das etwas feuchter wird. Somit wird einmal der trockenere, dann wieder der feuchtere Modus dominieren. Aufgrund der Erwärmung wird generell die Schneemächtigkeit und die Schneedeckendauer in allen Höhenlagen, besonders aber unterhalb von etwa 2.000 Metern stark abnehmen, da ein zunehmender Teil des Niederschlages als Regen fällt. Aufgrund des gestiegenen Energieangebotes in der Atmosphäre ist mit zunehmenden Starkniederschlagsereignissen auch im Winterhalbjahr zu rechnen. Unsere Winter werden von Jahr zu Jahr und auch innerhalb eines Jahres kontrastreicher, überlagert von Starkniederschlägen, die je nach Höhenlage Naturgefahren des Schnees oder Wassers mit sich bringen können.

Permafrost

Die Erwärmung der Alpen führt zu steigenden Permafrosttemperaturen bis hin zu zunehmendem Verlust von Permafrost. Je mächtiger die Auftauschicht, desto geringer wird der Anteil des gefrorenen Bodens. Hänge und Flanken werden dadurch instabiler. Die Reaktion der Blockgletscher auf den Klimawandel ist allgemein träge und unsicher. Derzeit wird eine leichte Zunahme in den Fließgeschwindigkeiten beobachtet. Es besteht allerdings die Möglichkeit, dass ihr Eisanteil ausschmilzt und sie dadurch ihre Speicherfunktion im Wasserkreislauf verlieren.

Gletscher

Bis zum Ende des 21. Jahrhunderts werden die Alpengletscher zum größten Teil verschwunden bzw. aufgrund der zunehmenden Schuttbedeckung nicht mehr als Gletscher erkennbar sein. Schon heute sehen wir, dass in einzelnen Jahren (2003, 2006, 2007, 2015, 2017, 2018) die Gletscher keine Nährgebiete mehr aufweisen. Am Hintereisferner (T) waren im Mittel der letzten 20 Jahre lediglich 27 % seiner Fläche am Ende des Sommers mit Schnee bedeckt. Für einen Gleichgewichtszustand bedeutet das grob, der Hintereisferner dürfte nur 2,4 km² messen, misst heute aber noch 6,1 km². Er ist also um 3,7 km² (60 %) zu groß für das heutige Klima. Aufgrund der fehlenden Massenrücklagen zeigen die Gletscherlängenänderungen seit den 1980er Jahren durchwegs starke Rückzugsraten. Auch die Massenbilanzen sind durchwegs negativ und resultieren gemittelt über die gesamte Gletscherfläche in einem Eisdickenverlust von etwa 1 m pro Jahr.

Die Gletscher sinken ein und hinterlassen z.T. steile Karwände mit unbefestigtem Schutt oder lockerem Gestein. Klassische Anstiege auf Hütten oder Gipfel können dadurch unpassierbar werden. In Jahren mit starker Schmelze treten Spaltenzonen auf, wo bisher einfache Gletscherüberquerungen möglich waren. Der Verlust der Gletscher spiegelt sich auch in der Menge, dem Zeitpunkt und den biogeochemischen Eigenschaften des Abflusses alpiner Flusseinzugsgebiete wider. Mit abnehmender Gletscherfläche verschiebt sich das Maximum des jährlichen Abflusses vom Sommer in das Frühjahr. Bei zunehmender Schmelze steigt zwar kurzfristig der saisonale Abfluss. Wird die Gletscherfläche aber immer kleiner, so sinkt auch der Beitrag der Gletscher zum Gesamtabfluss. Das Maximum des Abflusses wird „Peak Water“ genannt. In den Alpen haben wir diesen Zenit in den 2010er Jahren überschritten.

Der menschliche Anteil am Massenverlust der Gletscher in den Alpen beträgt 95 % (Marzeion, Cogley, Richter, Parkes 2014). Wir wissen auch, dass mit jedem zusätzlich in die Atmosphäre eingebrachten Kilogramm CO_2 das verbleibende Eis um 15 kg vermindert wird. Ein Kilogramm CO_2 entspricht dem Ausstoß eines gängigen Mittelklassewagens mit Verbrennungsmotor bei einer Fahrt von 5 km. Würden alle DAV- und ÖAV-Mitglieder innerhalb eines Jahres jedes Wochenende 100 km mit dem Auto zum Bergsteigen fahren, dann ergäbe sich emissionsbedingt ein Schmelzbetrag von 10 % des Volumens des Hintereisferners. Die tatsächliche Gesamtwirkung dieses CO_2-Eintrages in das Klimasystem ist allerdings um das 33-Fache höher.

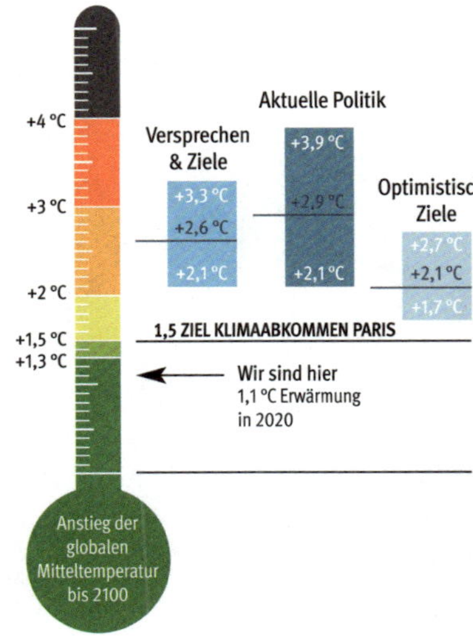

Das 1,5-°C-Ziel wird mit den derzeitigen Maßnahmen nicht erreicht.
© Climate Action Tracker

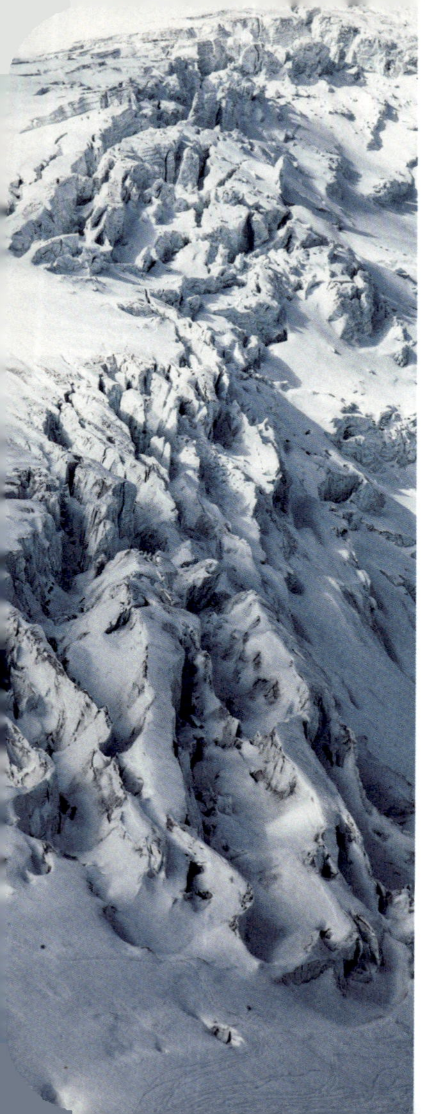

Schlussbetrachtung

Wir stecken also schon mitten im Klimawandel. Wir haben nur noch die Wahl zwischen einem Klimawandel „by desaster“ oder „by design“. Für die zweite Option muss die globale Erwärmung bis zum Ende des Jahrhunderts bei +1,5 °C im Vergleich zu vorindustrieller Zeit gestoppt werden. Derzeit halten wir bei +1,1 °C, unser Spielraum ist somit so gut wie aufgebraucht. Die gute Nachricht ist: Noch ist das 1,5-°C-Ziel erreichbar, wenn wir unsere Treibhausgasemissionen bis 2030 halbieren und bis 2050 auf Null reduzieren (vgl. IPCC 2018). Das Ziel ist klar, der Weg in Diskussion. Wir müssen ihn allerdings gemeinsam beschreiten, es hilft kein gegenseitiges Anschwärzen, kein Ländermatch, nicht Konkurrenz, sondern Kooperation und vor allem Reduktion. Denken wir daran, dass die Generation der heutigen Kinder die erste ist, die die Auswirkungen des Klimawandels voll spüren wird, gleichsam aber auch die letzte sein wird, die noch etwas dagegen unternehmen kann.

Bergsteigen intensiviert das Erlebnis auch durch bewussten Verzicht (z.B. auf verschiedene Annehmlichkeiten im Alltag). Ein logischer nächster Schritt zu umweltverträglicherem Bergsteigen ist, in der Tourenplanung auch eine emissionsfreie Anreise zum Berg ernst zu nehmen und auch mal auf eine Tour zu verzichten. Diesen Respekt haben sich die Berge verdient.

Der Österreichische Gletschermessdienst

Den Beginn des Gletschermessdienstes des Österreichischen Alpenvereins markiert ein im Jahr 1891 vom damaligen DuOeAV an seine Mitglieder in der Mitgliederzeitschrift ergangener „Aufruf", die Längenänderung von Gletschern in den österreichischen Alpen jährlich zu messen.

Diese Initiative erhielt guten Zuspruch und gewann mit der Zeit gehörig an Dynamik, sodass in den 1980er Jahren mehr als hundert Gletscher Österreichs unter Beobachtung standen – aktuell sind es rund 90, also etwa 8 % aller rund 1.190 aktuell vorhandenen Gletscher mit einer Größe von zumindest 0,01 km². Heute besteht der Gletschermessdienst aus einem Netzwerk von 23 Ehrenamtlichen, die jeweils für definierte Gebiete zuständig sind und dort zwischen einem und rund einem Dutzend Gletscher jährlich nachmessen, Veränderungen dokumentieren und darüber Berichte verfassen. Diese Gebietsberichte werden von Gerhard Lieb und Andreas Kellerer-Pirklbauer-Eulenstein, die aktuell den Gletschermessdienst leiten, zu einem Gesamtbericht zusammengeführt, der jeweils im Heft 2 des Alpenvereins-Mitgliedermagazins „Bergauf" erscheint. Die Ergebnisse werden an internationale Datenbanken wie das World Glacier Monitoring Service weitergeleitet und sind somit auch von internationaler Bedeutung.

Die Messung der Längenänderung erfolgt an den meisten Gletschern nach einem einfachen Prinzip, was erst das Entstehen einer so langen, zusammenhängenden Messreihe ermöglichte: Von festen, markierten Punkten im Gletschervorfeld wird am Ende des Sommers in einer konstanten, der Fließrichtung des Gletschers entgegengesetzten Richtung die Distanz zum Eis gemessen. Ist diese gegenüber dem Vorjahr größer geworden, spricht man von Gletscherrückzug, ist sie konstant geblieben, von stationärem Verhalten, und bei Verringerung der Distanz von einem Gletschervorstoß. An den meisten Gletschern erfolgen die Messungen von mehreren solchen Punkten und die Errechnung des Änderungsbetrages durch Mittelbildung. An wenigen weiteren Gletschern erfolgt die Berechnung der

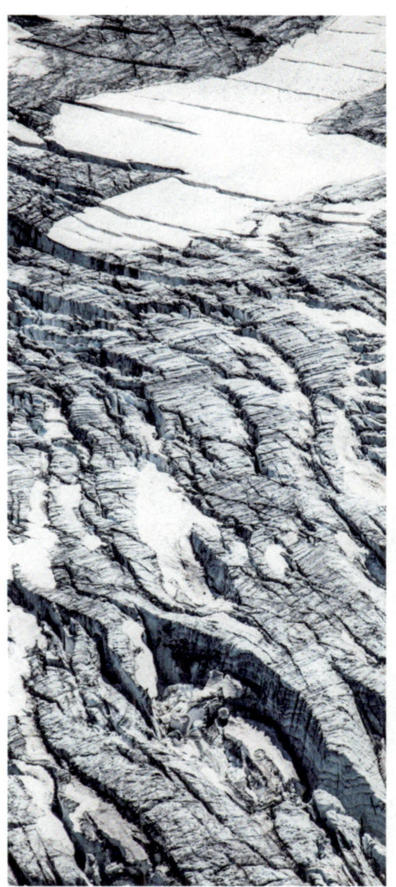

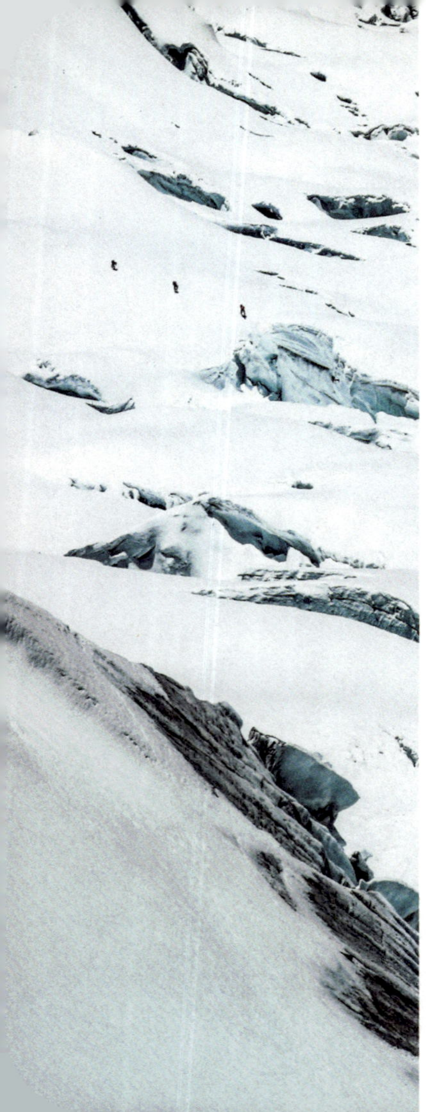

Längenänderung durch geodätische Verfahren (GPS, Theodolit) oder durch die Verwendung von Drohnenaufnahmen, die Basisdaten zur Bestimmung der Längenänderungen liefern.

Die Grafik zeigt, dass über den gesamten Zeitraum des Bestehens des Messdienstes die Gletscher im Rückzug zahlenmäßig zumeist deutlich in der Mehrheit waren. Klar erkennbar sind aber auch die gletschergünstigen Perioden um 1920 und 1980, als mehr als die Hälfte der Gletscher – vor allem kleinere, die schneller auf bessere Ernährungsbedingungen reagieren – vorgestoßen sind. Seit den 1990er Jahren gibt es jedoch überhaupt nur mehr in wenigen Einzeljahren vorstoßende Gletscher. Auch das gesamtösterreichische Mittel der Rückzugswerte ist auf zwischen 10 und 20 m pro Jahr angestiegen. Mit anderen Worten: In nur 10 Jahren weicht aktuell im Mittel jeder Gletscher um 100–200 Meter zurück, was für die kleineren „ewigen" Eismassen das Ende ihrer Existenz näher rücken lässt, sofern sie nicht ohnehin schon verschwunden sind.

An einigen wenigen Gletschern, etwa der Pasterze am Großglockner, dem größten Gletscher Österreichs mit einer Fläche von rund 15,5 km², werden zusätzlich zur Längenänderung auch die Höhenänderung und die Bewegung der Gletscheroberfläche gemessen. Auch die Ergebnisse dieser Messungen bestätigen das Gesamtbild: Seit der Mitte des 19. Jahrhunderts sind die Gletscher auf etwa ein Drittel ihrer ursprünglichen Fläche zusammengeschrumpft, nur in den 1920er Jahren und zwischen 1965 und 1985 gab es – wie in der Grafik gut erkennbar – größere Anteile von vorstoßenden Gletschern. Seit etwa 1990 hat sich hingegen der Gletscherschwund noch deutlich beschleunigt und wird sich in diesem Ausmaß auch in Zukunft fortsetzen. Extrapoliert man die gegenwärtige Tendenz der Entgletscherung in Österreich in die Zukunft, so kann man in den 2070er Jahren von einem weitgehend gletscherfreien Österreich ausgehen.

In der Grafik wird mit der Temperaturreihe des Observatoriums auf dem Sonnblick (3105 m, Hohe Tauern) ein wichtiger Teilaspekt der Begründung für diese Entwicklung sichtbar. Die globale Erwärmung, die zu einem sehr großen Teil auf menschlichen Einfluss zurückzuführen ist, ist in den Alpen stärker als im globalen Mittel und beträgt allein im dargestellten Zeitraum am Sonnblick rund 2 °C. Eine ambitionierte Klimapolitik könnte mittelfristig den Anstieg der Kurve abflachen und zumindest den einen oder anderen hoch gelegenen Gletscher doch noch retten.

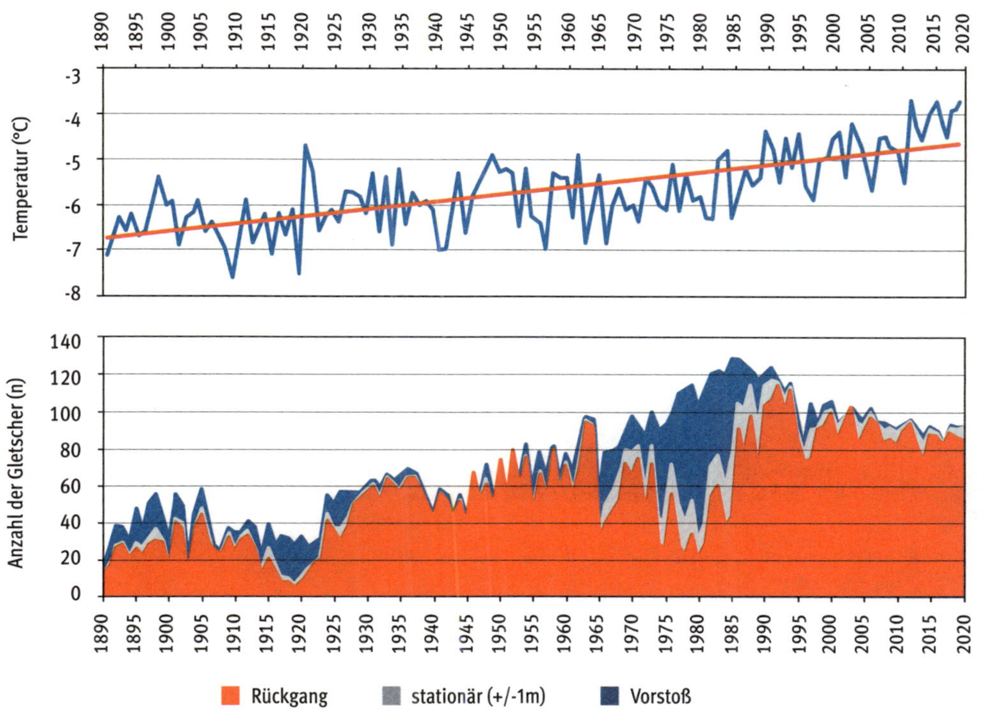

Die Entwicklung der Jahresmitteltemperatur am Hohen Sonnblick zwischen 1890 und 2020.

Die Anzahl der vorstoßenden (blau), stationären (hellgrau) und zurückschmelzenden (rot) beobachteten Gletscher zwischen 1890 und 2020.

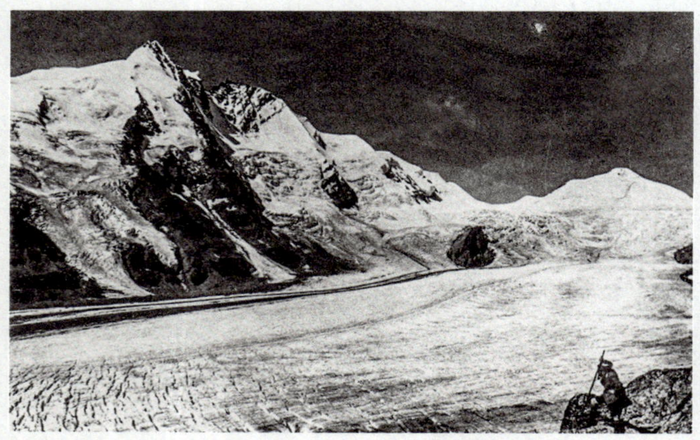

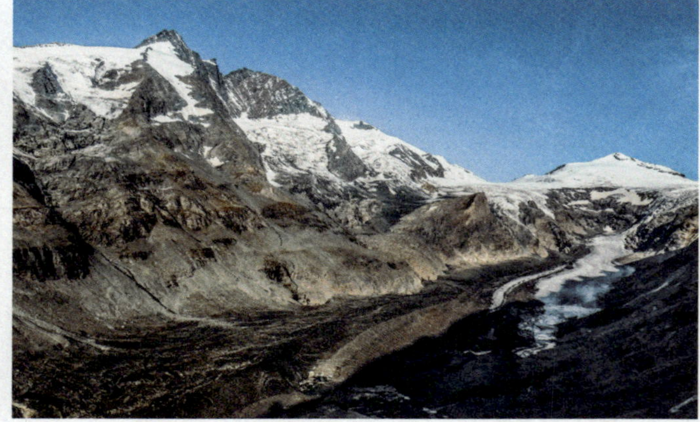

Bildpaare wie dieses verdeutlichen die Landschaftsveränderungen im Hochgebirge durch den Gletscherschwund.

Pasterze von der Franz-Josefs-Höhe um 1920 (Archiv Lieb) und 2021. Foto: Lieb

Antworten und Anpassungsstrategien

Wie reagieren wir auf den Klimawandel? Wie wirken sich diese Reaktionen auf die Natur aus? Wo liegt im Bergsport das größte CO_2-Einsparpotential? Die nächsten Seiten geben Antworten auf diese Fragen.

Erneuerbare Energien

Um die Auswirkungen des Klimawandels in Grenzen zu halten, indem das 1,5-°C-Ziel angestrebt wird, sind ambitionierte Anpassungen in vielerlei Hinsicht erforderlich. Zu diesen Anpassungen zählt u.a. auch die Energiewende. Die beste Energie ist diejenige, die wir nicht verbrauchen. Denn jede Energieform – ob erneuerbar oder nicht – greift in die Natur ein. Die Wasserkraft ist die bedeutendste erneuerbare Energiequelle im Alpenraum – in Zukunft wird in Gebirgsregionen auch die Windkraft eine Rolle spielen. Aber was sagt eigentlich die Natur zu den erneuerbaren Energien?

Wasserkraft

Die Wasserkraftnutzung befindet sich im Spannungsfeld unterschiedlicher Interessensgruppen und Zielsetzungen. Mitunter stehen sich Ziele der Energie- und Klimapolitik und Vorgaben aus Natur- und Gewässerschutz gegenüber. Die Wasserkraft wird als nachhaltig und ökologisch verkauft, ist sie das denn wirklich?

Zur Wasserkraftnutzung wird Wasser aufgestaut oder umgeleitet und der natürliche Fluss des Wassers wird geändert. Dämme, Stauseen oder Kanäle verändern Natur und Landschaft. Die Wasserkraft greift damit in aquatische Lebensräume ein. Sie trägt zur Verschlechterung des ökologischen Zustandes von Fließgewässern und zum Artensterben bei. Die Verbauung unserer Flüsse ist Hauptursache dafür, dass 60 % der heimischen Fischarten gefährdet oder vom Aussterben bedroht sind.

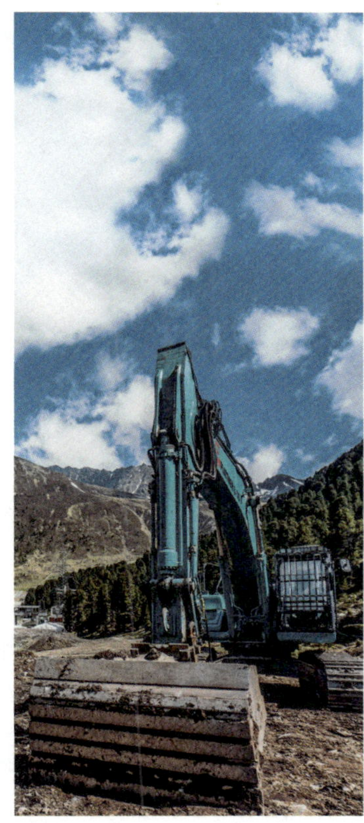

Bauarbeiten für das neue Wasserkraftwerk im Längental in Tirol.

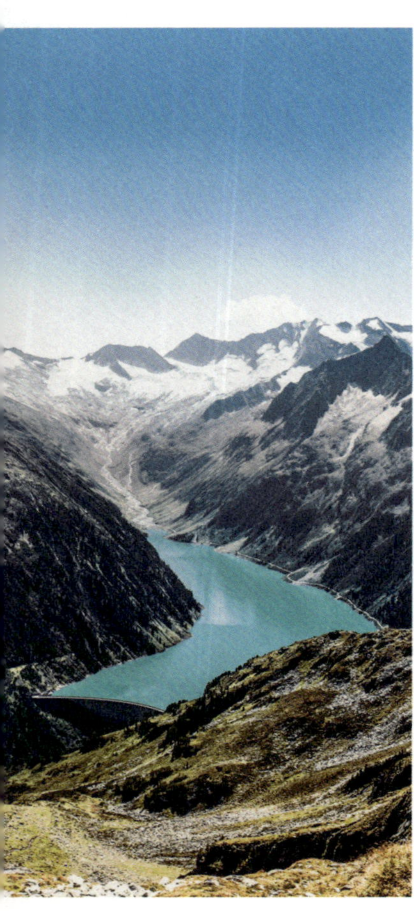

Viele Wasserkraftanlagen in Österreich sind veraltet bzw. erfüllen die ökologischen Mindeststandards noch immer nicht. Anstatt ausnahmslos alle bestehenden Kraftwerke zu sanieren und effizienter zu machen, wird weiterhin auf den Bau neuer Anlagen gesetzt. Oft wird an den ökologisch wertvollsten und letzten wilden Fließgewässern geplant und auch vor Schutzgebieten nicht Halt gemacht. Auch der Mensch leidet unter dem Verlust natürlicher Flusslandschaften, denn mit der Verbauung geht ein Verlust unserer Wasserressourcen und unserer Naherholungsräume einher.

Im Gegensatz zu Laufkraftwerken entlang großer Flüsse beanspruchen Stauseen im Gebirge riesige zusätzliche Flächen, wodurch weitere Lebensräume verloren gehen. Der Flächenverbrauch für den Bau der riesigen technischen Bauten inklusive der schwerlasttauglichen Zufahrtsstraßen und sonstiger technischer Infrastruktur zur Anbindung ans Stromnetz ist hoch. Zur Befüllung der Speicherteiche werden häufig alpine Fließgewässer aus benachbarten Tälern abgezweigt und durch Stollensysteme in den Speicher geleitet. Der Einfluss reicht somit weit über die Täler des eigentlichen Bauwerkes hinaus. Die Ableitung bewirkt eine Veränderung des Fließsystems und kann neben dem Verlust von Arten und Lebensräumen zu Wasserknappheit in der Landwirtschaft führen.

Pumpspeicherkraftwerke zählen zu den wenigen Möglichkeiten der Energiespeicherung. Neben dem zufließenden Wasser muss für die Speicherung allerdings erst Energie aufgebracht werden, um zusätzliches Wasser in die Höhe zu pumpen. Die dafür benötigte Energie wird meist durch günstigen Nachtstrom bereitgestellt, der selten aus erneuerbaren Ressourcen stammt – das wäre jedoch Voraussetzung, um von sauberer Energie aus Wasserkraft sprechen zu können.

Bei der Nutzung der Energie aus Wasserkraft geraten (gewässer-)ökologische Belange häufig ins Hintertreffen. Durch die Modernisierung und Effizienzsteigerung bestehender Kraftwerke könnte mehr Strom produziert werden, ohne zusätzliche Schäden an der Natur zu verursachen.

Windkraft

Der Ausbau der Windkraft hat sich bisher auf die östlichen Bundesländer bzw. das Alpenvorland und somit nicht auf das Gebirge konzentriert. Die einfach zu erschließenden Standorte im Flachland werden aber immer rarer und die Windkraft drängt immer weiter Richtung Westen und somit auch in die Höhe. Auch die Gebirgsregionen werden bald nicht mehr frei von Windrädern sein.

Die Voraussetzungen für die Errichtung von Windkraftanlagen sind im Gebirgsraum jedoch nicht zu vergleichen mit jenen im Flachland. Der Gebirgsraum verfügt über ein sensibles Ökosystem. Ist dieses einmal zerstört, ist es nicht mehr so einfach wiederherzustellen. Die zentrale Frage für Windkraftanlagen im Gebirgsraum ist die der Standortwahl. Wie bei einer Kosten-Nutzen-Rechnung muss das Ausmaß an Landschafts- und Naturzerstörung (Kosten) dem Energiegewinn (Nutzen) gegenübergestellt und bewertet werden. Worauf sollte hierbei besonders geachtet werden?

Als Argument für die Windkraft wird oft der geringe Flächenverbrauch erwähnt. Die Fundamentfläche eines Windrades beträgt lediglich 350–500 m². Das Baufeld eines Windrades inkl. der Kranstellfläche etc., also die Fläche, die überformt wird und für die ein tiefgründiger Bodenaustausch nötig ist, beträgt allerdings im Durchschnitt 4.000 m² – die Fläche für Zufahrtsstraßen und sonstige benötigte Infrastruktur noch nicht berücksichtigt. Windkraftstandorte erfordern schwerlasttaugliche Zufahrten, große, möglichst ebene Rangierflächen für die Errichtung sowie Trassen für die Stromableitung. In bisher unbelasteten Naturlandschaften entsteht erheblicher Verkehr für Errichtungs-, Wartungs- und Rückbaumaßnahmen. Durch diese Maßnahmen werden schützenswerte Lebensräume zerstört – die sensible alpine Flora und Fauna lässt sich nur bedingt wieder auf neue Lebensbedingungen ein.

Nicht zu unterschätzen sind auch die vertikalen Flächen, die durch die Rotoren in Anspruch genommen werden: Durch die derzeit größten Anlagen im Gebirgsraum von 233 m Gesamthöhe wirken je

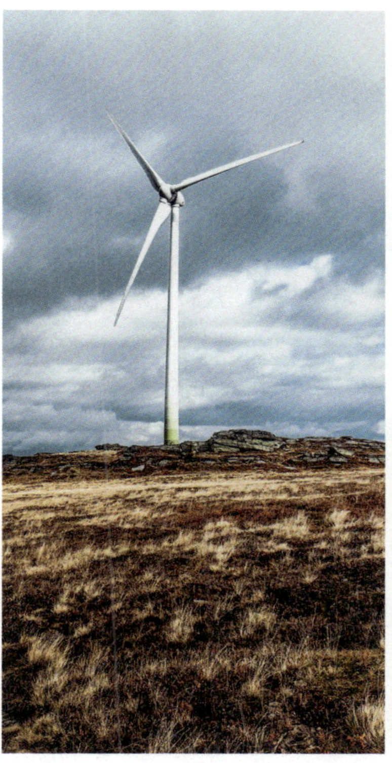

Windräder verändern das Landschaftsbild und stellen eine Barriere und Gefahr für Zugvögel, Fledermäuse und Insekten dar.

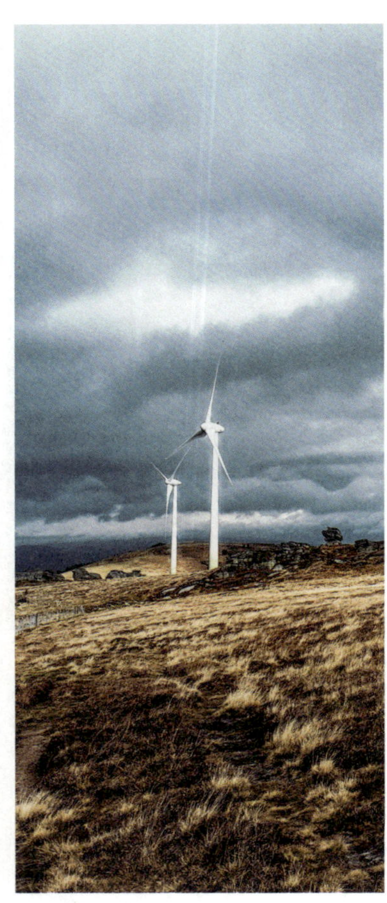

Windrad ca. 20 ha (= 40 Fußballfelder) als Barrikade für Zugvögel, was bei Aneinanderreihung mehrerer Anlagen im Idealfall zur Änderung von Flugrouten oder aber zur Tötung durch Rotorschlag oder indirekt durch die Druckwellen der Rotoren führt. Bei Umdrehungsgeschwindigkeiten von fast 500 km/h haben Vögel keine Chance.

Günstige Windbedingungen sind im Gebirge meist in Kammlagen und Gipfelnähe zu finden. Windkraftanlagen beeinträchtigen somit über große Entfernungen das als identitätsstiftend wahrgenommene alpine Landschaftsbild. Die Anlagen verändern nicht nur den Landschaftscharakter, sondern erzeugen durch die Dreh- und Stellbewegung der Rotoren, den Schattenwurf sowie die in der Nacht blinkenden Warnlichter Lärm und Unruhe in der Landschaft.

Auch wenn der Gebirgsraum keine Idealbedingung für die Errichtung von Windkraftanlagen darstellt, können dennoch geeignete Standorte gefunden werden. Für eine natur- und landschaftsverträgliche Standortwahl sind allerdings mehr Kriterien zu berücksichtigen als im Flachland. Eine günstige Windausbeute vorausgesetzt, machen Windräder im Gebirge für den Alpenverein dort Sinn, wo bereits möglichst viel Infrastruktur vorhanden ist und möglichst wenig zusätzliche Flächen überformt werden müssen. Neben den unterschiedlichen Schutzgebieten, die von der Windkraftnutzung ausgenommen bleiben sollten, muss bei der Standortwahl auf Lebensräume und Migrationsrouten von Vögeln, Fledermäusen und Wildtieren geachtet werden. Um den wertvollen Erholungsraum für den Menschen zu erhalten, sind Mindestabstände zu bewohnten Siedlungen und die Beeinträchtigung des Landschaftsbildes von Bedeutung.

Die beste Antwort auf die Energiekrise ist, den Energieverbrauch zu drosseln. Neben dem Strom- sektor ist das größte Energiesparpotential in unserem Mobilitätsverhalten zu finden. Hier sind Verhaltens- oder Gewohnheitsänderung gefragt.

Mobilität

Ein Blick auf den Energieendverbrauch zeigt, dass der Verkehr für mehr als ein Drittel verantwortlich ist. Obwohl sich in Bezug auf Energieeffizienz einiges verbessert, ist kein Abwärtstrend im Energieverbrauch absehbar. Vom Umdenken in unserem Mobilitätsverhalten ist bisher nichts zu erkennen, dabei wäre die Mobilität jener Bereich mit dem größten Einsparpotential in Bezug auf den CO_2-Ausstoß. Viele setzen ihre Hoffnung auf neue Technologien und alternative Treibstoffe und warten auf Innovationen. Das trägt dazu bei, dass es bis heute auf den Straßen so weitergeht, als gäbe es keine Klimakrise. Mobilität muss neu gedacht werden.

Auch in Bezug auf die Anreise zu Bergsportaktivitäten gibt es viel Luft nach oben. Die Hemmnisse bei der umweltfreundlichen Anreise sind bekannt: Tourenausgangspunkte sind oft abgelegen, nicht ans öffentliche Verkehrsnetz angebunden, wenn doch, nur an Werktagen oder zu bergsportuntauglichen Zeiten. Umsteigen mit Bergsportausrüstung ist mühsam, längere Anfahrtszeiten sind mit unserem Alltag schwer zu vereinbaren.

Das Wissen, dass der Ausstoß von 1 kg CO_2 für das Schmelzen von 15 kg Gletschereis verantwortlich ist, sollte zum Nachdenken anregen. Umgerechnet heißt das: Für eine einzelne Tour mit einer Anfahrt von 150 km schmilzt 1 m³ Eis. Für all unsere Touren übers Jahr verteilt kommt da so einiges an geschmolzenem Eis zusammen. Gibt es eine Möglichkeit, Bergtouren zu unternehmen, ohne selbst zur Gletscherschmelze beizutragen und auch in Zukunft noch Hochtouren unternehmen zu können? Die gibt es – dafür sollten wir allerdings unser Verständnis von Freiheit überdenken.

Wie gut kennen wir eigentlich die Berge in unserer näheren Umgebung? Kennen wir schon alle unterschiedlichen Touren auf unsere Hausberge? Nicht jeder Ausgangspunkt ist öffentlich erreichbar, aber

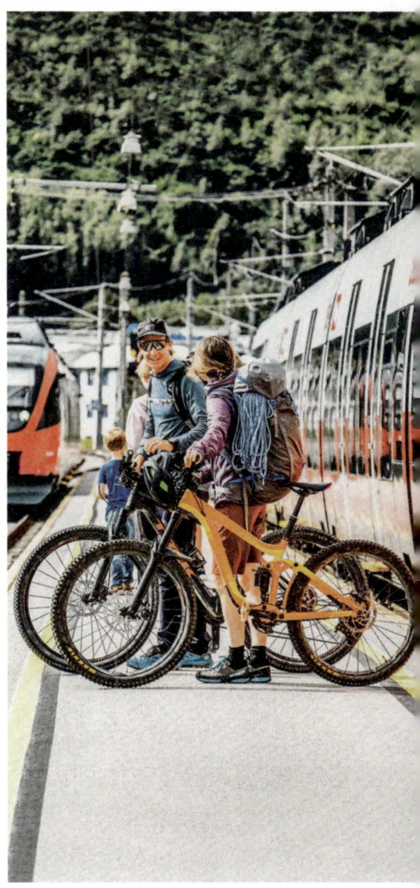

es gibt eine Vielzahl genauso schöner Touren, die ans Öffi-Netz angebunden sind. Wichtig bei der Planung von Öffi-Touren ist, dass nicht das Ziel, sondern die Frage der Erreichbarkeit am Anfang steht. Wer sich aber für eine nicht öffentlich angebundene Tour entscheidet oder auf den eigenen Pkw nicht verzichten will, kann das Auto voll auslasten und andere Bergsportler*innen mitnehmen. Ist die Anfahrt sehr lang, kann die Aufenthaltsdauer im Gebiet auf mehrere Tage ausgedehnt werden. Bei Mehrtagestouren hat man auch mehr Zeit für An- und Abreise mit klimafreundlichen Verkehrsmitteln. Das Abenteuer beginnt somit schon beim Einstieg in das Verkehrsmittel – zudem kann dadurch zur regionalen Wertschöpfung beigetragen werden.

Wie viel wiegt dein CO_2-Rucksack?

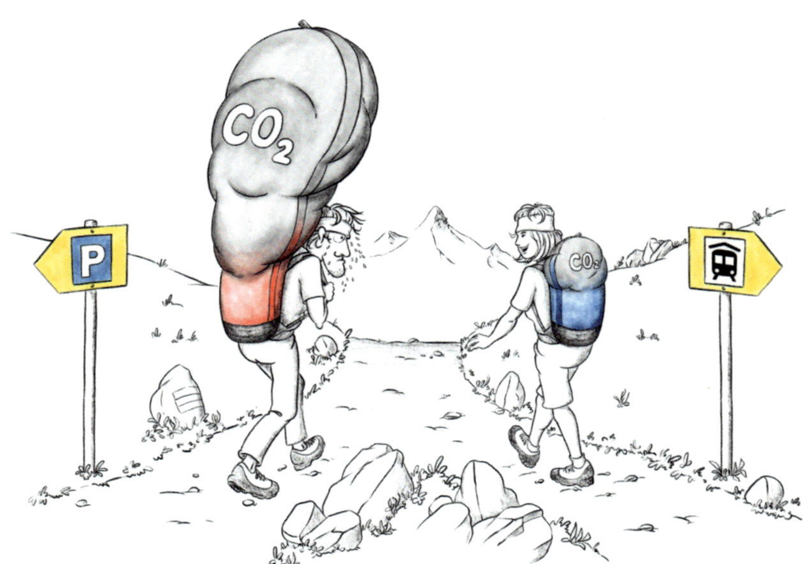

Eine entspannte Hin- und Rückfahrt ohne Staus und Parkplatzsuche, vielfältig nutzbare Reisezeit, Überschreitungen ohne zweites Auto und doppelte CO_2-Belastung, ein zusätzliches Bier nach der langen Tour, außerplanmäßige Routenänderung wie bspw. die Abfahrt über einen unverspurten Hang ins Nachbartal, ein privater Chauffeur alias Busfahrer..., das klingt doch nach Freiheit, oder? Vom einen auf den anderen Tag auf ihr Auto zu verzichten, werden nur die wenigsten Bergsportler*innen unter uns schaffen. Ab und zu unser neues Freiheitsgefühl zu leben, wäre aber ein guter Anfang.

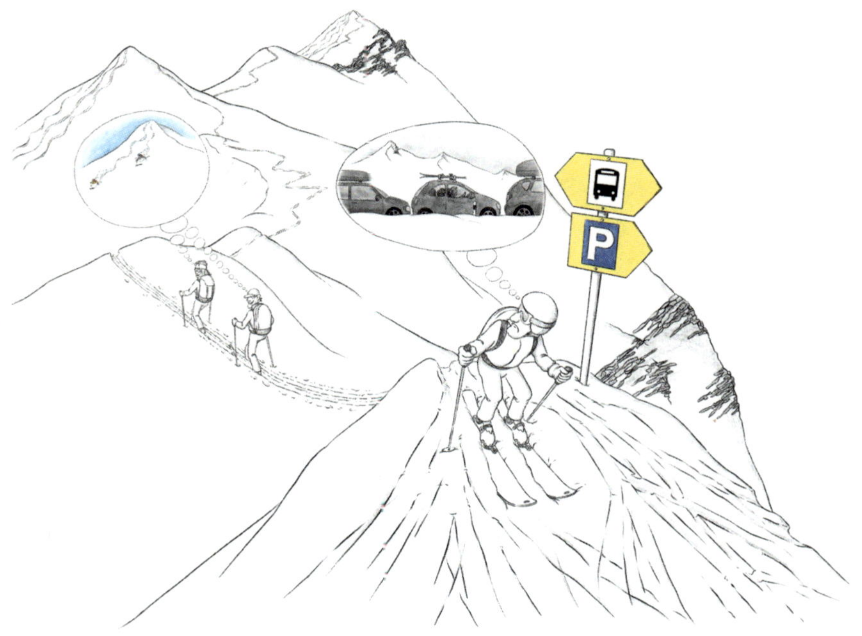

Auf den Komfort des Automobils zu verzichten, kann sich anfänglich als schwierig erweisen.

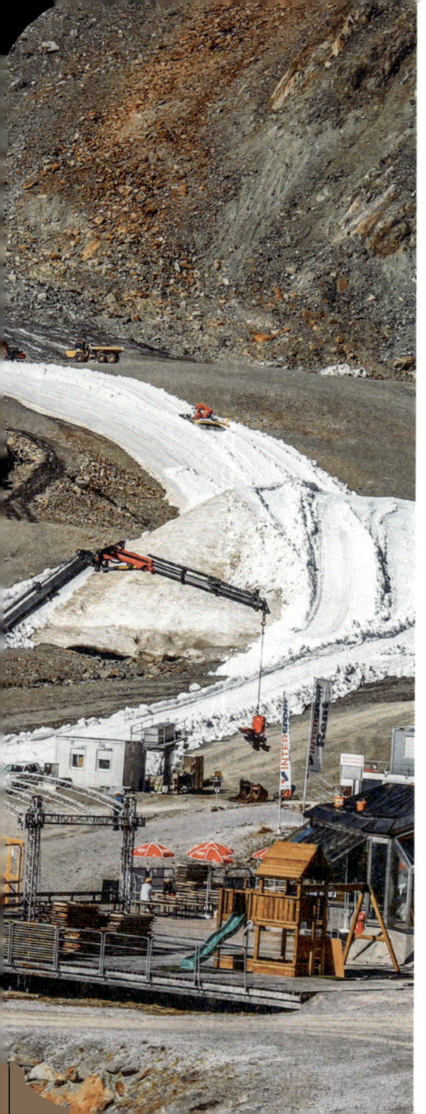

Technischer Schnee

Eine etwas andere Anpassungsstrategie an die steigenden Temperaturen sieht der Wintertourismus im technischen Schnee, auch Kunstschnee genannt. Dieser wird durch Wasser, Luft und im Idealfall durch erneuerbare Energien produziert. Also Natur pur, oder etwa nicht?

Technischer Schnee besteht aus einem Gemisch aus Luft und Wasser, das durch Druckanlagen von einem flüssigen in einen festen Aggregatszustand umgewandelt wird. Während Luft im Überfluss vorhanden ist, ist Wasser im Gebirge im Winter Mangelware und muss in Speicherteichen mit bis zu mehreren 100.000 m³ Fassungsvermögen gespeichert werden (es gibt bereits über 400 Speicherteiche in Österreich). Das Wasser wird dafür aus Flüssen und Quellen abgeleitet und aus talnahen Gewässern in die Höhe gepumpt. In Summe ist der Energie- und Ressourcenaufwand für die Produktion von künstlichem Schnee enorm hoch. Der Wasserverbrauch für die Beschneiung in den Alpen ist pro Saison in etwa dreimal so hoch wie der jährliche Wasserverbrauch der Millionenstadt München. Der Wasserhaushalt und die Zuteilung wertvoller Wasserressourcen wird dadurch beeinflusst. Für die Beschneiung einer Fläche von einem Hektar werden etwa 20.000 Kilowattstunden Energie benötigt. Auf ein Jahr gerechnet, entspricht das einem Energieverbrauch von 130.000 4-Personen-Haushalten.

Gleich wie die Anlagen zur Energiegewinnung erfordern die Baumaßnahmen für Beschneiungsanlagen Eingriffe in die Landschaft und die alpinen Ökosysteme. Neben den Speicherteichen inkl. technischer Gebäude wie Pumpstationen, Wasserentnahmeeinrichtungen etc. werden tausende Kilometer an Leitungen verlegt (allein in Tirol verlaufen 15.000 km Leitungen im alpinen Untergrund). In dem Zuge werden häufig Pisten angepasst und zu regelrechten Autobahnen planiert.

67 % der Pistenflächen in den Alpen werden künstlich beschneit (70 % in Österreich). Das sind ca. 5.600 km², also in etwa sechsmal die Fläche von Berlin. Die Pistenlänge von 25.700 km entspricht in etwa der Strecke von New York über Innsbruck bis Sydney.

Im Unterschied zu natürlichem Schnee hat technisch erzeugter Schnee eine andere Kristallstruktur. Wasseranteil und Dichte sind höher als bei Naturschnee, was Ersticken, Erfrieren und Absterben zahlreicher Pflanzenarten zur Folge hat. Durch die längere Ausaperungszeit verringern sich die Vegetations- und die ökologische Regenerationszeit. Die Erosionserscheinungen nehmen zu und auf manchen Pisten und rund um die Pistenflächen entstehen tote Landstriche.

Durch die Reduktion der Artenzahl und Häufigkeit von Bodenlebewesen durch den Pistenbau ist das Nahrungsangebot für Wildtiere eingeschränkt. Beschneiungsanlagen werden in der Nacht beleuchtet, was neben der Lärmbelästigung in der wildtieraktiven Zeit während der Dämmerung einen weiteren Störfaktor darstellt.

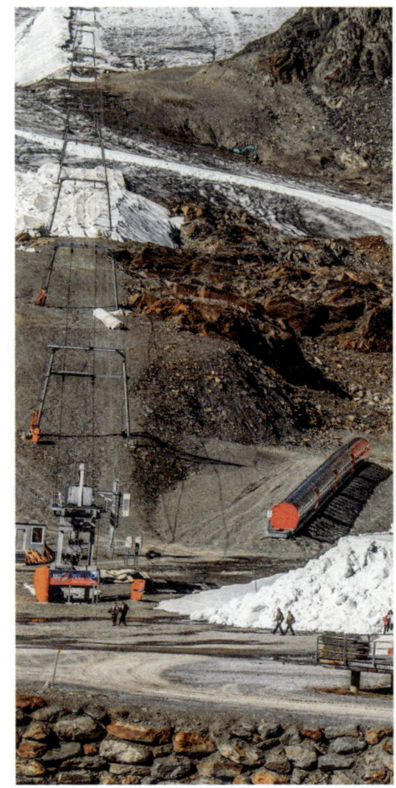

Rund zwei Drittel aller Pistenflächen der Alpen werden künstlich beschneit.

Schneedepots

Zusätzlich zur Erzeugung von Schnee durch sogenannte Schneeerzeuger (Kanonen oder Lanzen) gibt es eine weitere Methode zur künstlichen Schneeproduktion bzw. -erhaltung: Schneedepots. Unter einer Isolationsschicht aus Kunststoff oder aus natürlichen Materialien wie z.B. Hackschnitzeln wird Schnee aus der Wintersaison in Depots zusammengeschoben und kann dadurch übersommern. Unter Idealbedingungen können dadurch 87 % des Schnees ohne Zutun bis zum nächsten Winter erhalten bleiben. Der Schnee aus dem Vorwinter wird dann auf den Pisten verteilt und muss somit nicht erneut produziert werden. Das klingt nach einer nachhaltigen Lösung.

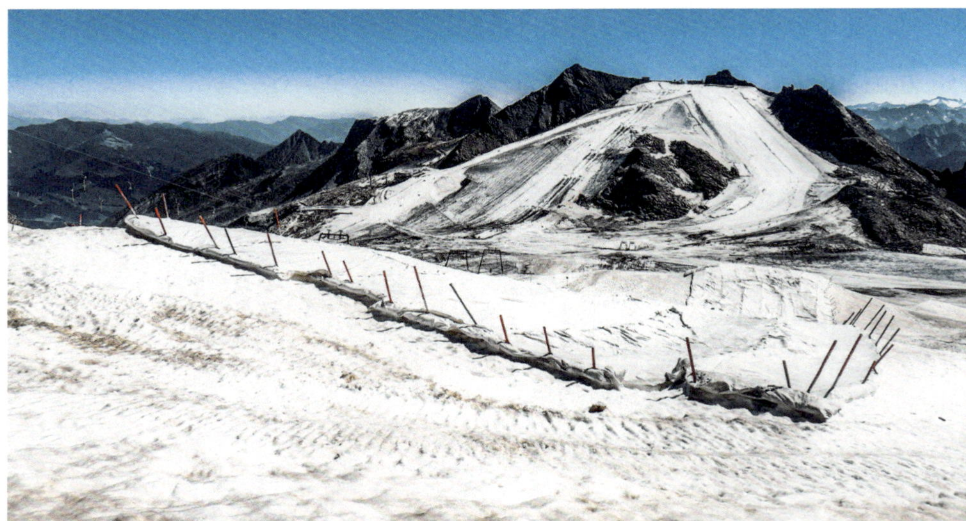

Kunststoffabdeckung eines Schneedepots.

Auf den ersten Blick wird durch Schneedepots weniger Energie für die Schneeerzeugung gebraucht, da vorhandener Schnee wiederverwendet werden kann. Das entspricht allerdings nur dann der Wahrheit, wenn Schneedepots ausschließlich aus Altschnee bestehen und der Schnee anstatt des erzeugten Schnees zu Saisonbeginn zum Einsatz kommen würde. In der Praxis ist es allerdings oft so, dass ein Teil des konservierten Schnees extra dafür produziert wird und dass der Schnee zur früheren Eröffnung der Wintersaison dient. Somit wird nicht weniger, sondern mehr Energie für mehr künstlichen Schnee benötigt.

Ein weiterer negativer Aspekt ist die Verunreinigung des Schnees und in weiterer Folge des Wassers durch Mikroplastik aus den Kunststoffabdeckungen. Abgesehen vom hohen Abfallaufkommen der Kunststoffabdeckungen, die alle 2–5 Jahre erneuert werden müssen, können nach Entfernung der Abdeckungen nicht unbeträchtliche Mengen an Mikroplastikrückständen gefunden werden. Unter den Abdeckungen der Depots auf den Gletschern konnten auf einer Schneeoberfläche von einem Quadratmeter Fasern von einer Gesamtlänge von bis zu 2 km gefunden werden, diese sind in etwa so dick wie ein Menschenhaar. Werden die Fasern vom Wind verweht oder vom Schmelzwasser weitertransportiert, werden sie durch mechanische Belastung zu Mikroplastik zerkleinert und gelangen so in den Nahrungskreislauf. 5 g ist die Menge, die ein Mensch in der Woche unbewusst an Plastik zu sich nimmt, das entspricht in etwa einer Bankomatkarte. Es gibt auch Abdeckungen aus Naturmaterialien, diese machen jedoch nur an bestimmten Standorten in bestimmten Höhenstufen mit guten Zufahrtsmöglichkeiten Sinn. Eine Weiterentwicklung des künstlichen Abdeckmaterials könnte dieses Problem minimieren.

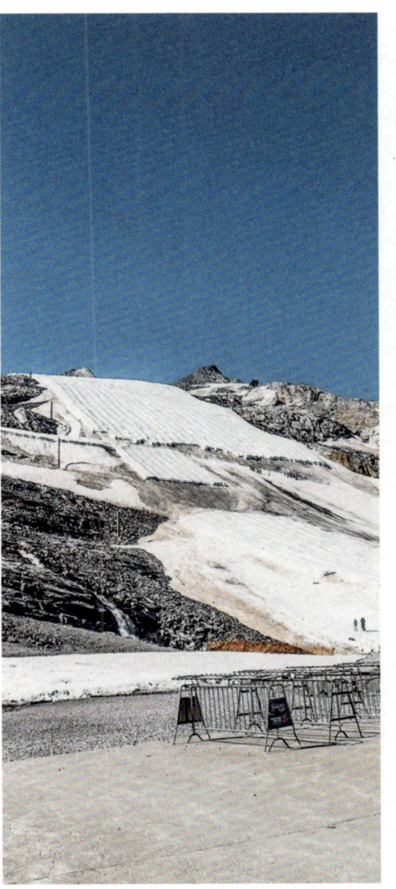

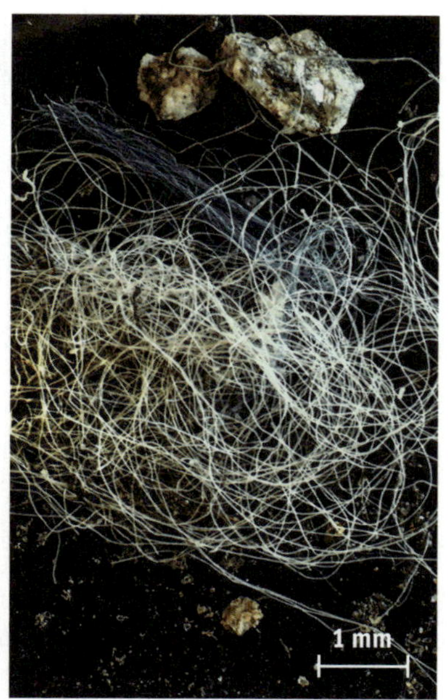

Mikroskopische Aufnahme von Faserrückständen aus einem Gletscherbach.

Ein weiterer negativer Aspekt der Schneedepots ist die Bodenversiegelung. Der Boden unterhalb des Depots ist mehr oder weniger das ganze Jahr von Schnee bedeckt. Wachsen oder leben kann auf diesen bedeckten Flächen nichts. Diese Flächen können somit einem durch Asphalt versiegelten Boden gleichgesetzt werden. Flächen, die für Depots Sinn machen, wären z.B. im Sommer nicht gebrauchte Parkflächen, die bereits versiegelt sind.

Schneedepots wären für die Umwelt weitgehend unproblematisch, wenn sie ausschließlich aus Altschnee bestünden, sie mit Naturmaterialien abgedichtet, nicht zur Saisonverlängerung beitragen und auf bereits versiegeltem Boden errichtet würden. Leider trifft meist keiner dieser Punkte zu. Skigebietsbetreiber*innen versuchen von der Diskussion über den Energieverbrauch für die Produktion von Schnee abzulenken, indem sie damit argumentieren, dass der ökologische Fußabdruck der Skiurlauber*innen nur zu 8 % der Schneeproduktion und Pistenpräparierung zuzuschreiben ist. Der viel größere Teil des Fußabdruckes, nämlich 75 %, wird von An- und Abreise verursacht ... aber das ist ein anderes Kapitel.

In Zeiten der Klimakrise ist das Skifahren ohne technische Beschneiung kaum mehr möglich. Sie kann aber nur eine kurzfristige Maßnahme sein, die zahlreiche negative Auswirkungen auf den Naturraum mit sich bringt, die kritisch zu hinterfragen sind. Jede bzw. jeder Wintersporttreibende hat die Entscheidungsmacht und die Verantwortung, die Freizeitaktivitäten nach den natürlichen Gegebenheiten zu richten. Im Sinne des naturverträglichen Bergsports könnten bei fehlendem Naturschnee einfach die Wanderschuhe geschnürt oder das Bike fit gemacht werden.

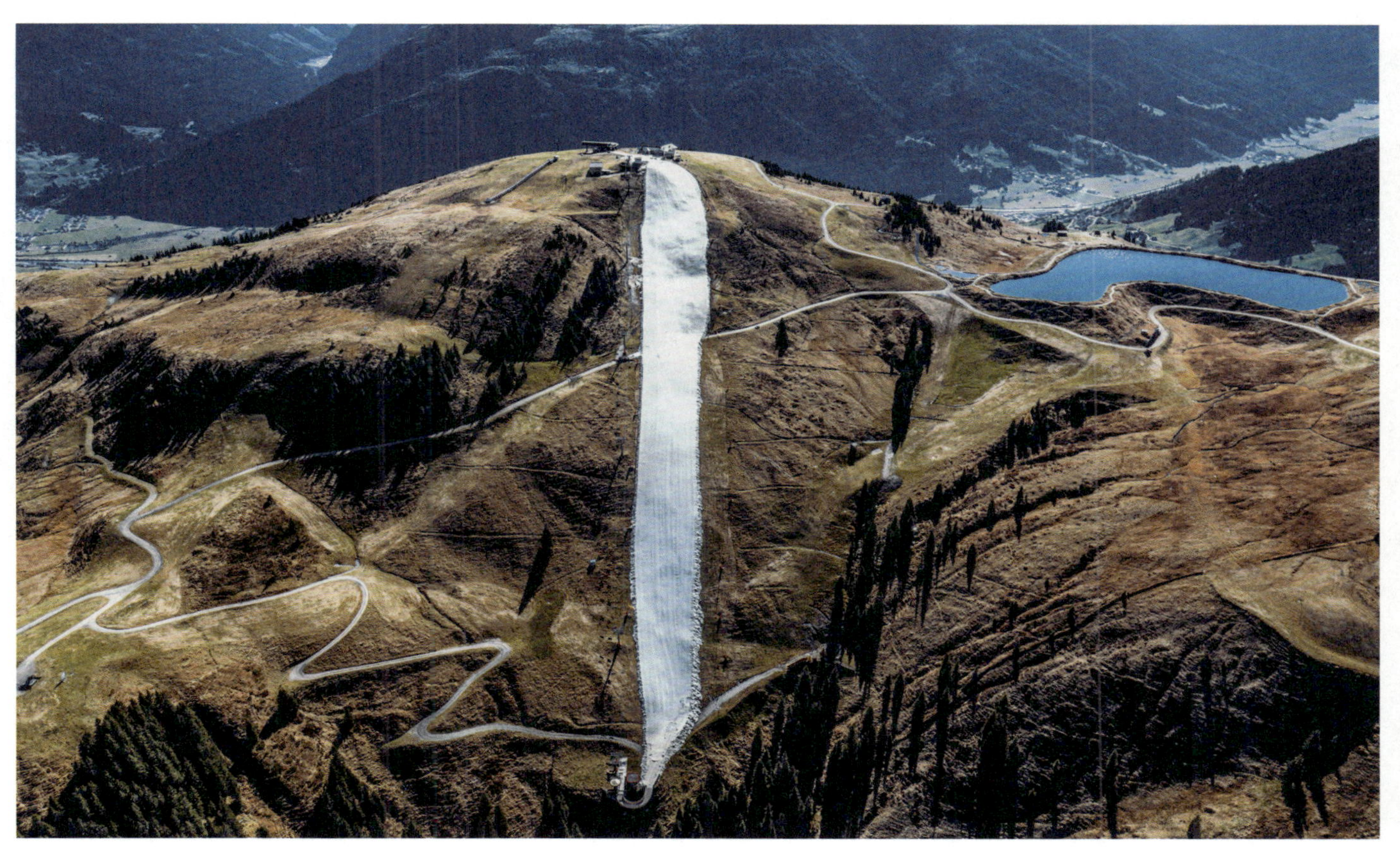

Ein aus Depotschnee erzeugtes Schneeband auf der Resterhöhe.

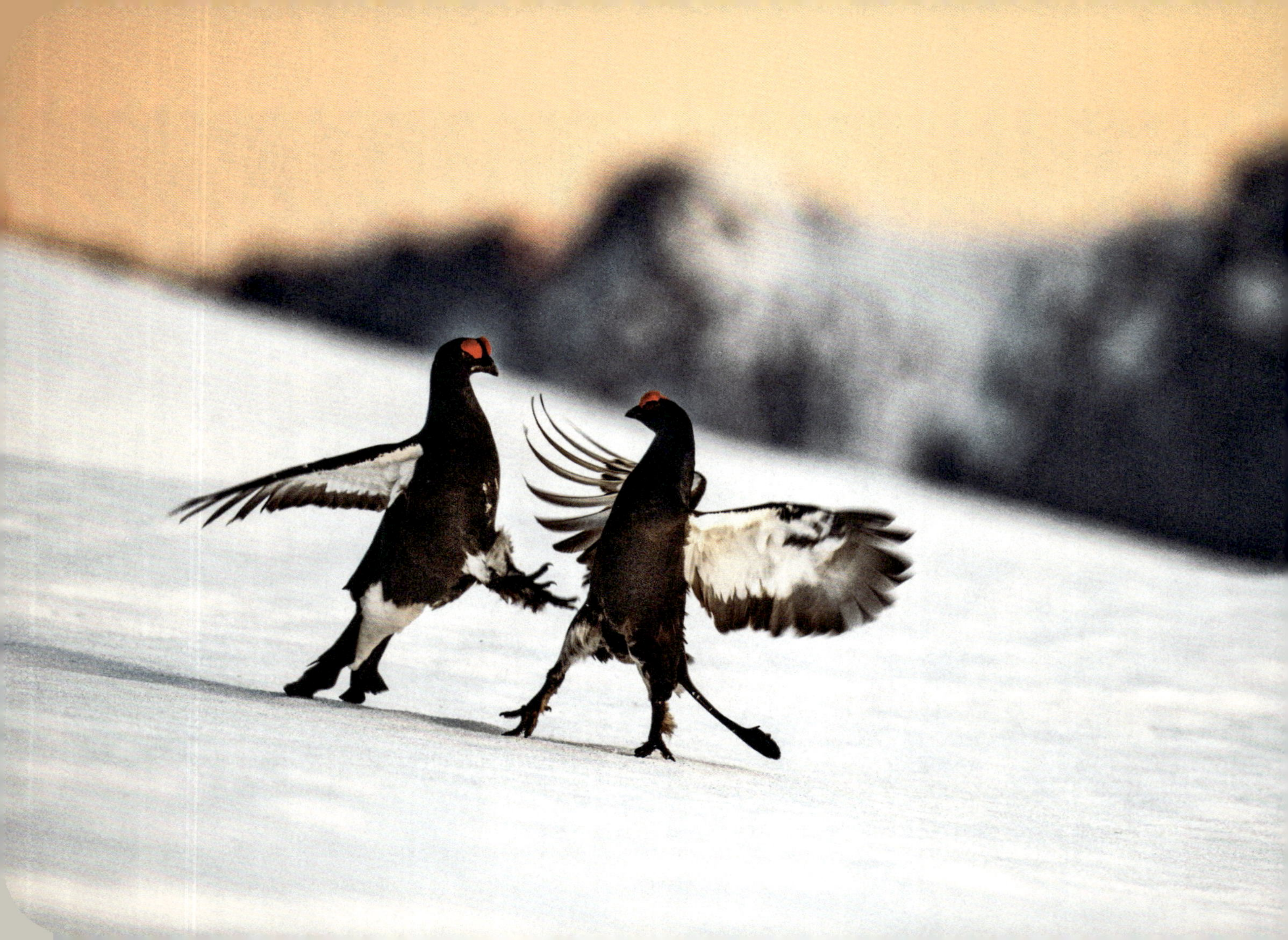

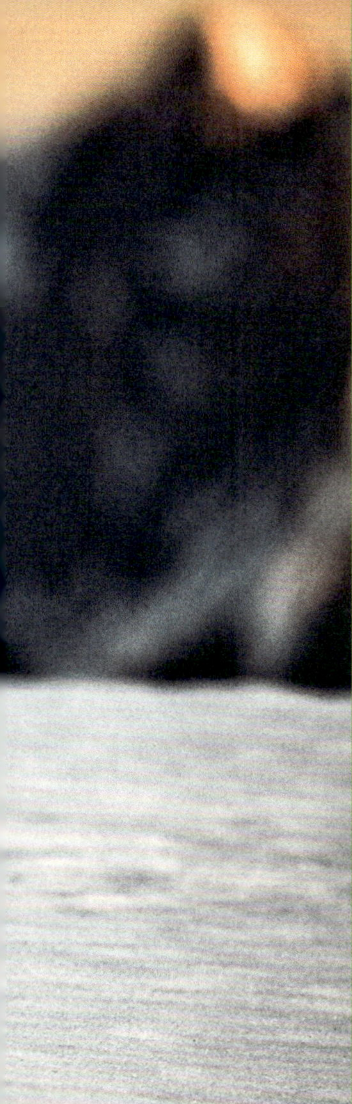

Lebensraum Gebirge

Einleitung

Über die Alpen sind etliche Eiszeiten hinweggegangen, haben die Berge mit kilometerdicken Eispanzern überdeckt und Täler geformt. Hier werden die Klimaereignisse des Planeten eindrücklich sichtbar. Das Hochgebirge reagiert zudem wesentlich empfindlicher als der Rest Europas auf scheinbar geringe Temperaturerhöhungen durch den Klimawandel. Die an die Bedingungen im Hochgebirge optimal angepassten Arten – Pflanzen wie Tiere – sind hochspezialisiert.

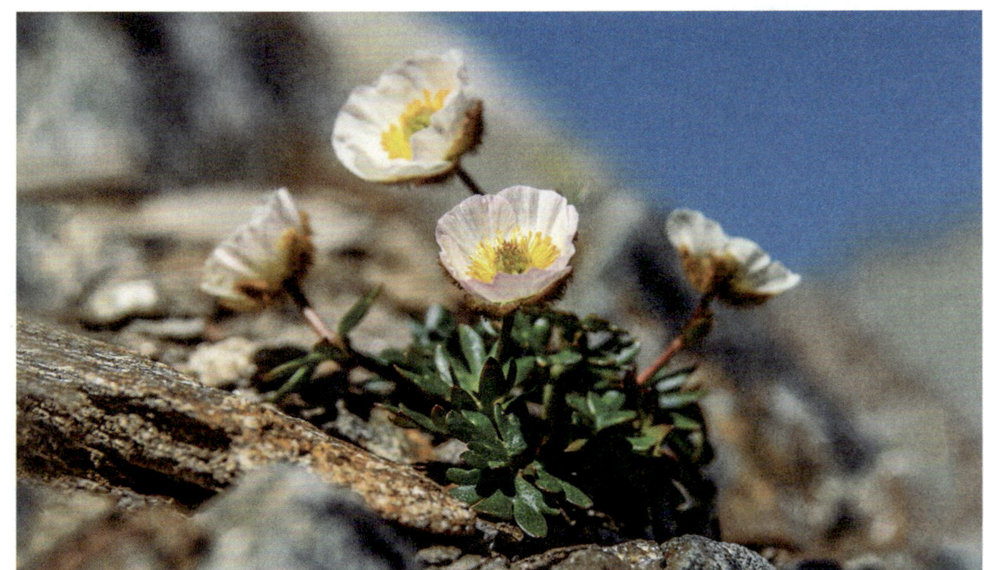

Der Klimawandel ist für viele Arten eine Bedrohung. So auch für den Gletscherhahnenfuß.

Sie sind aber auch unflexibel und vermögen sich an die sich relativ schnell ändernden Bedingungen nicht entsprechend anzupassen. Außerdem können sie mit Konkurrenz nicht gut umgehen. So wandern die Pflanzen kontinuierlich höher. Für sie werden Gipfel zu Biodiversitätsfallen: Am höchsten Punkt angekommen, gibt es kein „Hinauf" mehr und die Arten sterben ganz aus. Dieses Schicksal wird wahrscheinlich dem Gletscherhahnenfuß drohen.

Tiere, die ebenfalls an die Kälte angepasst sind, leiden unter der zunehmenden Wärme. Murmeltiere etwa verbringen immer mehr Zeit in ihren Bauen, um sich abzukühlen, und fressen in dieser Zeit nicht genug, um den Winter zu überstehen. Gämsen und Steinböcke werden anfälliger für Krankheiten wie etwa die Räude. Wenn der sensible Hochgebirgsraum von immer noch mehr Bergsteiger*innen und Wander*innen aufgesucht wird, nehmen auch die Bereiche zu, in denen Störungen passieren.

Auf den folgenden Seiten werden – unterteilt in die unterschiedlichen Lebensräume – zahlreiche Alpenarten näher vorgestellt. Einige davon sind streng geschützt, einige vom Klimawandel bedroht, manche leiden unter Bergsportler*innen, andere stört das alles weniger. Die einen blühen bunt, die anderen sind Kletterspezialisten, Tarnkünstler oder Überflieger. Sie alle tragen zur Vielfalt in den Alpen bei und bereichern somit jene Natur, die wir Menschen nicht nur als Erholungsort schätzen, sondern auf die wir letztlich auch angewiesen sind. Geschichten über ausgewählte Arten sollen dazu beitragen, die Natur der Alpen besser zu verstehen und zu wissen, worauf bei Aktivitäten am Berg geachtet werden soll, um negative Auswirkungen auf die Tier- und Pflanzenwelt zu vermeiden.

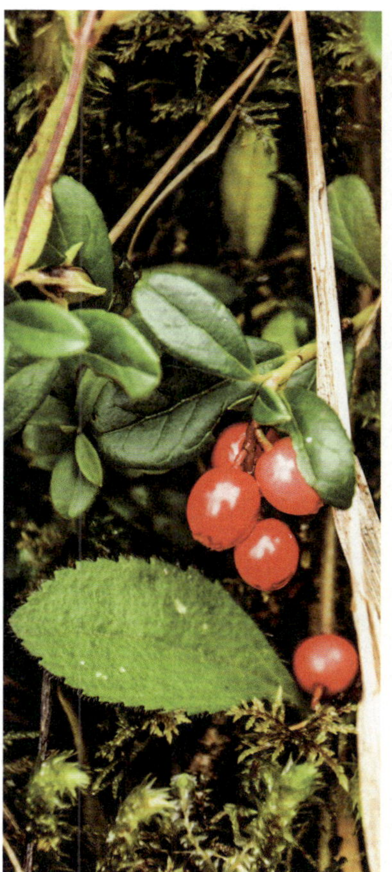

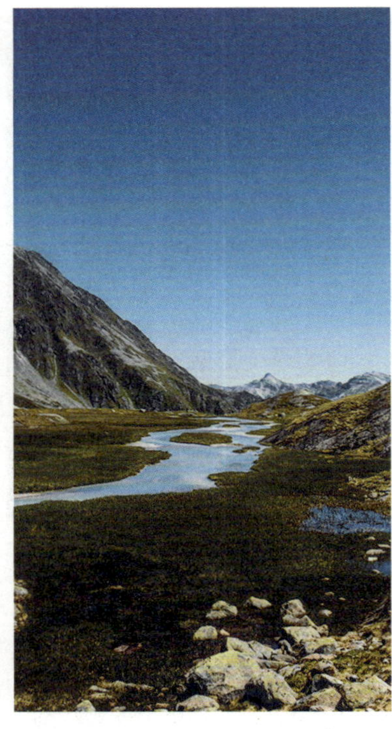

Manche karge Hochtäler der Alpen erinnern nicht von ungefähr an skandinavische Landschaften.

Die Höhenstufen der Alpen – eine Reise über die Nordhalbkugel

Die Alpen präsentieren auf kleinstem Raum alle wichtigen Vegetationszonen der Nordhalbkugel. So unglaublich das klingt, so richtig ist es.

Während der letzten Eiszeit ist eine Vielzahl an Arten aus arktischen und asiatischen Regionen in den alpinen Raum eingewandert. Da die Bedingungen denen in ihrer Heimat glichen, sind sie nach dem Zurückweichen der Eismassen im europäischen Hochgebirge verblieben. Darunter sind viele typische Alpenbewohner wie Steinbock und Gämse aus den Gebirgen Zentralasiens, ebenso das Edelweiß. Schneehasen, Schneehühner, Silberwurz und Gletscherhahnenfuß kamen ursprünglich aus arktischen Gefilden. Die Zirbe und die Lärche stammen aus Sibirien. Sie reihen sich an viele andere kälteangepasste Spezies. Deshalb gestaltet sich heute eine Bergtour vom Talboden in die Hochgebirgsregionen der Zentralalpen wie eine Reise vom Alpennordrand über den Polarkreis hinaus. So fühlt man sich in manchen kargen Hochtälern nicht von ungefähr an nordschwedisches Hügelland erinnert.

Diese Bergtour ist zudem sehr abwechslungsreich. Sie führt durch den geschlossenen Bergwald in lichtere Gebiete, in denen alte Zirben und Lärchen, von den Naturgewalten gezeichnet, wachsen. Über der Baumgrenze begegnet man Zwergsträuchern, zusammen mit den Gräsern verfärben sie sich im Herbst in verschiedenen intensiven Rottönen. Ein „Indian Summer" in den Alpen.

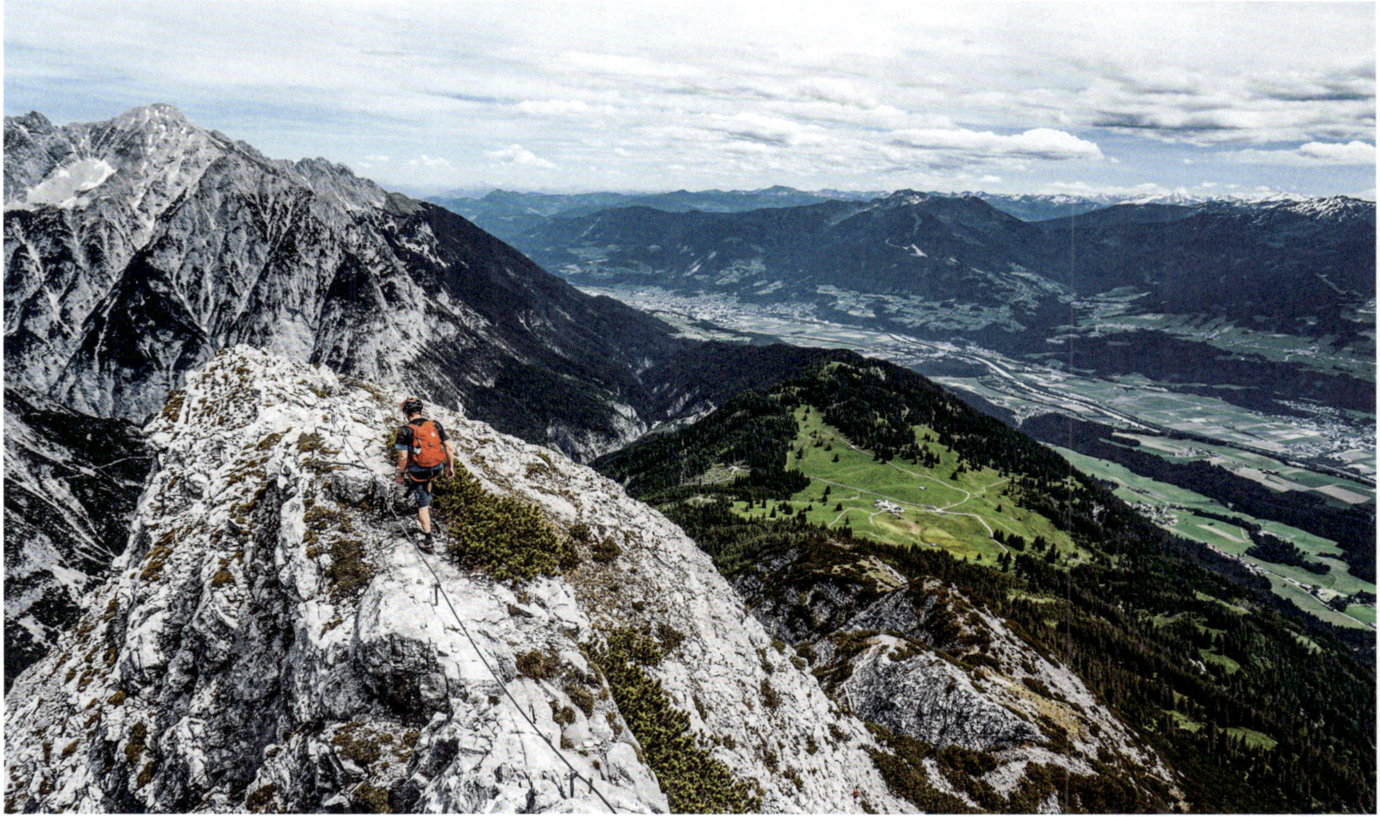

Bei einer Bergtour in den Alpen durchschreitet man verschiedene „Klimazonen“.

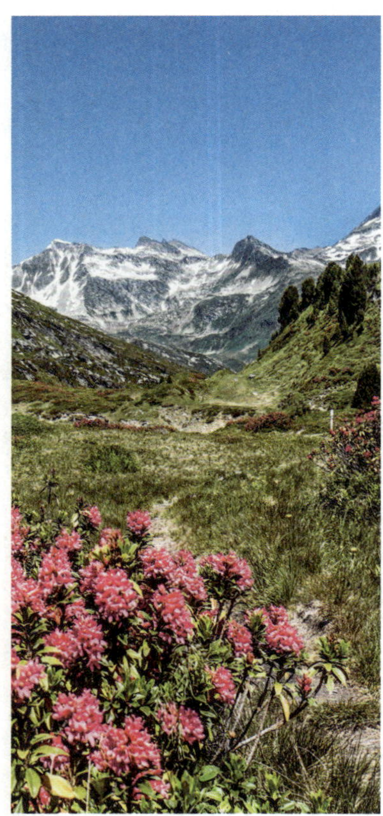

Alpenrosen in der Blüte.

Im Sommer präsentiert sich auf den Almflächen ein Blütenmeer aus Alpenrosen. In höheren und höchsten Lagen blühen Polsternelke, Edelweiß, Enzian, Gletscherhahnenfuß und viele andere Hochgebirgsspezialisten.

Das Klima entscheidet

In der anschaulichen Grafik (siehe S. 120) sehen wir, in welchen Höhen die verschiedenen Stufen mit ihren charakteristischen Arten vorzufinden sind. Bei der Festlegung der Grenzen auf eine bestimmte Höhe spielen die großklimatischen Verhältnisse und die Exposition eine entscheidende Rolle. So wird zwischen Nord-, Zentral- und Südalpen unterschieden. Die jeweiligen Alpenrandlagen, die im Norden vom Atlantik und im Süden vom Mittelmeer beeinflusst werden, sind niederschlagsreicher mit ausgeglicheneren Temperaturen als die Zentralalpen. Diese weisen ein kontinentales Klima auf, sind trockener und die Temperaturdifferenzen innerhalb eines Jahres sind größer. Maßgeblich für die Ausbildung bestimmter Höhenstufen sind folgende Parameter: Abnahme der Temperatur, Verkürzung der Vegetationsperiode, Änderung der Niederschlagsmenge, Strahlungsbilanz und Windgeschwindigkeit.

Innerhalb der Höhenstufen gibt es allerdings auf kleinstem Raum verschiedene Verhältnisse durch kleinklimatische Unterschiede und vor allem Bodenbeschaffenheit und Bodenrelief. Die abgebildeten Grenzen müssen daher in Einzelfällen nicht zwangsläufig zutreffen. Auch nicht wundern, wenn man eine typische Hochgebirgspflanze an einem Bachufer im Tal wiederfindet. Es handelt sich um sogenannte Alpenschwemmlinge, die von der Höhe herabgespült wurden und in kargen Uferbereichen auskeimen konnten.

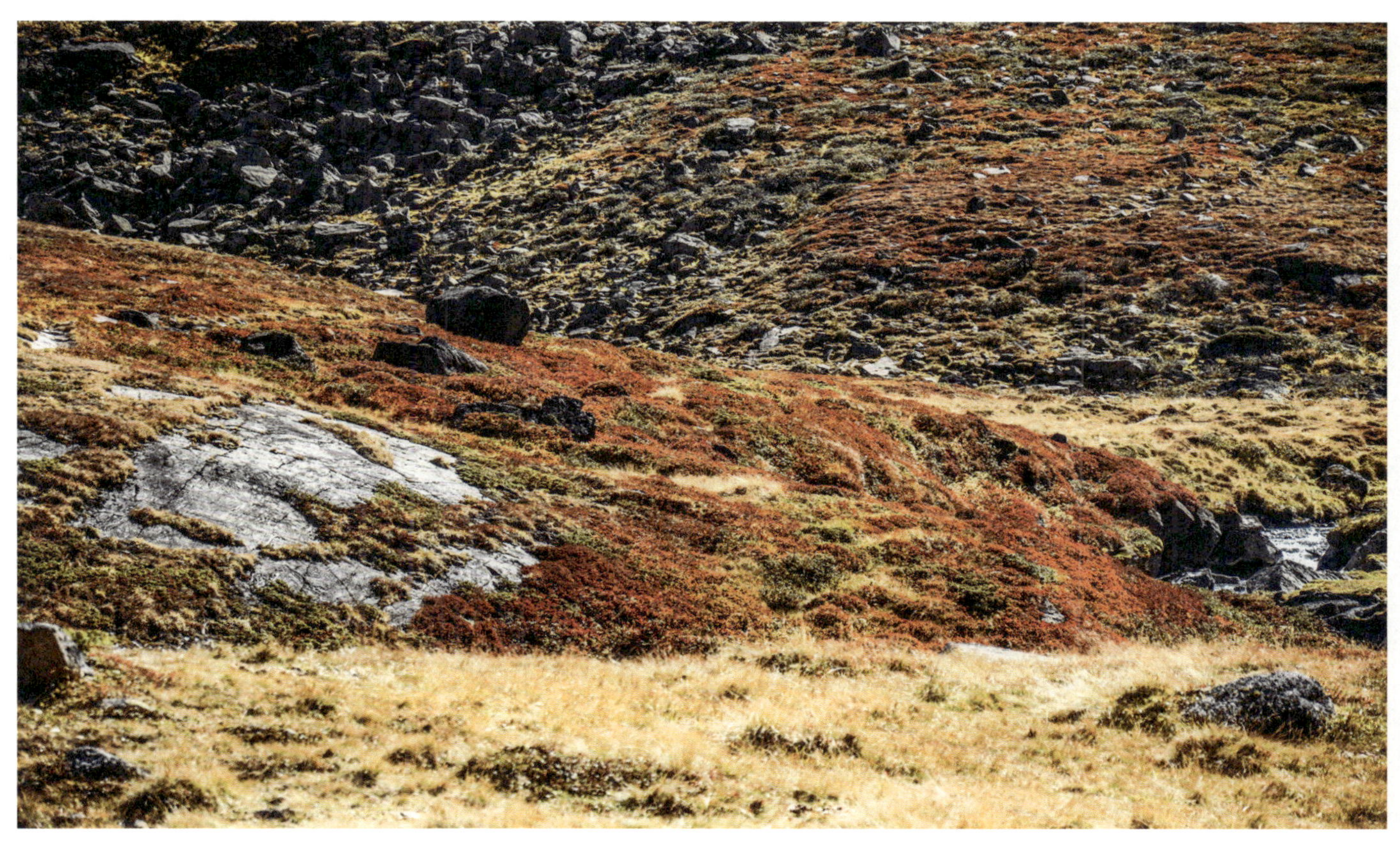

Die Herbstverfärbung der Pflanzen führt zu einem „Indian Summer“ in den Alpen.

Die unterschiedlichen Höhenstufen der Alpen

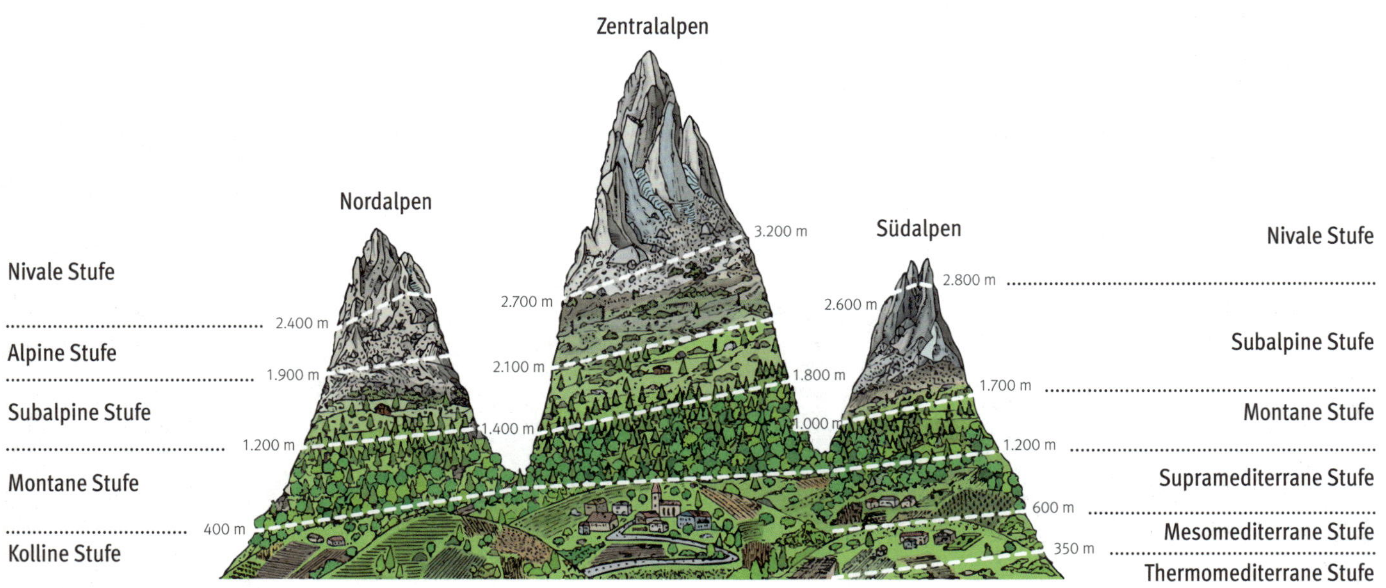

Kolline Stufe (Hügelregion)

Hier gedeihen wärmeliebende Laubwälder, vor allem mit Eichen. In dieser Region sind Kulturlandschaften, Äcker und Wiesen angelegt.

→ **subtropisch-gemäßigte Klimazone, in den Südalpen mediterrane Klimazone**

Montane Stufe (Bergwaldstufe)

Hier beginnt der untere Bergwald mit einem Mischwald aus Rotbuchen, Fichten, Tannen und Waldkiefern.

→ **gemäßigte Klimazone**

Subalpine Stufe

Der hier wachsende obere Bergwald besteht aus Grünerlen und Nadelhölzern wie Zirbe, Lärche und Latsche. Diese Stufe bildet den Übergangsbereich von Nadelwäldern (vor allem Fichten-Lärchen-Wäldern und Lärchen-Zirben-Wäldern) hinauf zur Krummholzzone und der Kulturlandschaft der Bergmähder.

→ **Übergang gemäßigte zu subpolarer Klimazone**

Alpine Stufe

Die alpine Stufe beginnt oberhalb der klimatischen Waldgrenze. Charakteristisch für den Bereich sind Krummseggenrasen, Zwergstrauchheiden, Krummholz-Sträucher, Alpenrosen und Gämsheide. In steilen, exponierten Lagen im Kalkgestein bilden Latschen zusammen mit der Bewimperten Alpenrose einen fast undurchdringlichen Gürtel.

→ **subpolare Klimazone**

Nivale Stufe (Dauerschnee)

Die Abgrenzung zur alpinen Stufe wird über die lokale Schneefallgrenze definiert. Hier wird der Untergrund großflächig von Schnee und Eis bedeckt. Die Vegetation bildet ein Mosaik aus Moosen, Flechten, Schuttvegetation, Felsspaltenpflanzen, alpinen Rasen und Polsterpflanzen. Charakterpflanzen sind Gletscherhahnenfuß, Gletscher-Petersbart und Hauswurz.

→ **polare Klimazone**

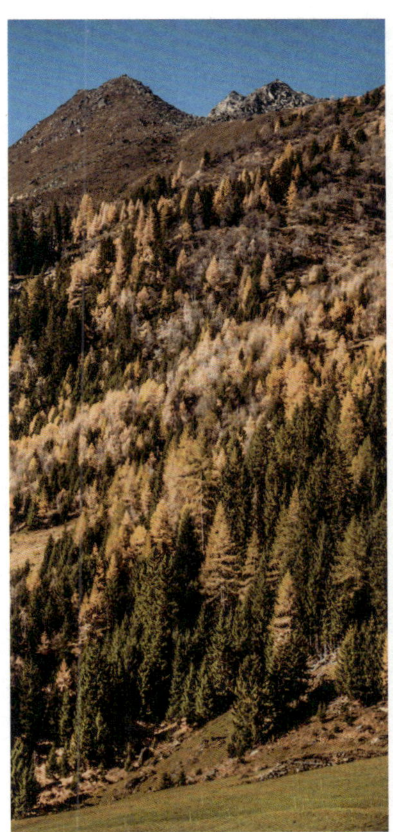

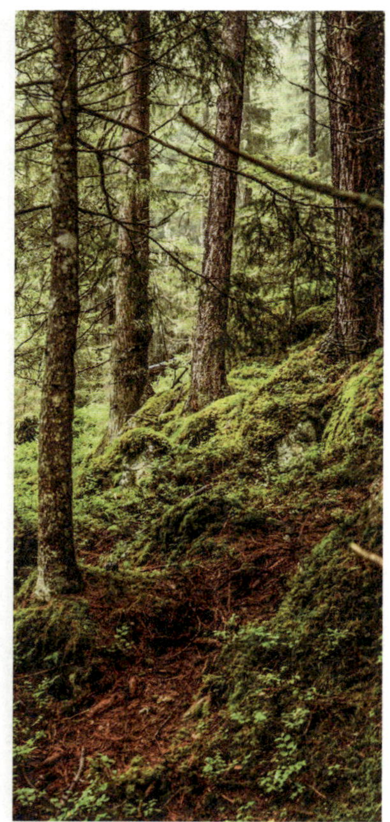

Montaner Fichtenwald

Lebensraum Wald

Wälder sind so vielfältig wie die weit verzahnten ökologischen Wechselbeziehungen zwischen ihren verschiedenen Arten. Die Artzusammensetzung richtet sich nach geografischen und klimatischen Gegebenheiten und nach dem Gesteinsuntergrund, auf dem sie wachsen. Einzelne Waldtypen gehen mit steigender Höhe fließend ineinander über. Hier sollen einige typische und einige besondere Waldtypen beschrieben werden.

Inneralpin und auf der Alpennordseite mit kontinentalem Klima wächst in einer Höhe von etwa 800 bis 1.700 Metern montaner Fichten-Mischwald. Hier dominiert die anspruchslose Fichte. Mit dabei können Bergahorn, Buche, Tanne und Lärche sein. Bei den für sie optimalen Bedingungen ist die Fichte sehr konkurrenzstark. Wo genug Licht auf den Boden fällt, findet sich dichter Unterwuchs. An steilen Hängen erfüllt die Fichte eine Schutzfunktion gegen Lawinen und Muren.

Am Alpenrand, und hier vor allem in den Nordwestalpen und den Nördlichen Kalkalpen, tritt zwischen 1.300 und 1.800 Metern subalpiner Bergmischwald auf. Das Klima ist ozeanisch geprägt mit schneereichen, aber dennoch relativ milden Wintern. Vorherrschend sind Bergahorn, Buche und vereinzelt Fichten mit einer üppigen Krautflur. Ein prominentes Beispiel ist der Große Ahornboden im Alpenpark Karwendel – attraktiv vor allem im Herbst mit der gelbroten Verfärbung der Ahornblätter.

Inneralpin treffen wir ab etwa 1.600 Metern auf den subalpinen Fichtenwald: Das ist der Typ „romantischer Bergwald", manchmal mit steilen, unzugänglichen Schluchten. Die Baumriesen sind oft mit langen Bartflechten behangen. Der Unterwuchs ist mit Zwergsträuchern wie Heidel- und Preiselbeeren, vielen Moosen und Farnen üppig. Zwischen den Fichten tauchen Lärchen und Vogelbeeren auf. Mit zunehmender Höhe setzt sich die Lärche immer mehr durch und wird häufiger, denn sie benötigt viel Licht. Ihre dicke Rinde schützt den Baum gut gegen Steinschlag und schlechte Witterung. So kann sie auch Extremstandorte besiedeln. Sie kann zusammen mit der Fichte die Baumgrenze bilden. Oder aber – meist auf Silikat – es kommt ab etwa 1.800 Metern die frostharte Zirbe dazu. Dann spricht man vom Lärchen-Zirben-Wald, der auf etwa 2.300 Metern die Baumgrenze bildet. Die Zirbe (Arve) kann sowohl im Kalk als auch im Silikat siedeln. In den Kalkalpen kommt sie aber kleinflächiger vor. Die Baumart ist extrem frosthart und verträgt Temperaturen von bis zu minus 40 Grad. Zirben wachsen sehr langsam und können bis zu 1.000 Jahre alt werden. Sind die Baumriesen gefallen, verrottet ihr harzreiches Holz nur sehr langsam. Verbreitet werden die Nüsschen der Zirbenzapfen vom Tannenhäher (siehe S. 141). Ein letzter Waldrest aus Lärchen und Zirben, bevor die baumlosen Höhen beginnen, bietet Schutz gegen Lawinen und Erosion. Im Winter bietet er Tieren, die oberhalb der Baumgrenze leben, Schutz und Lebensraum.

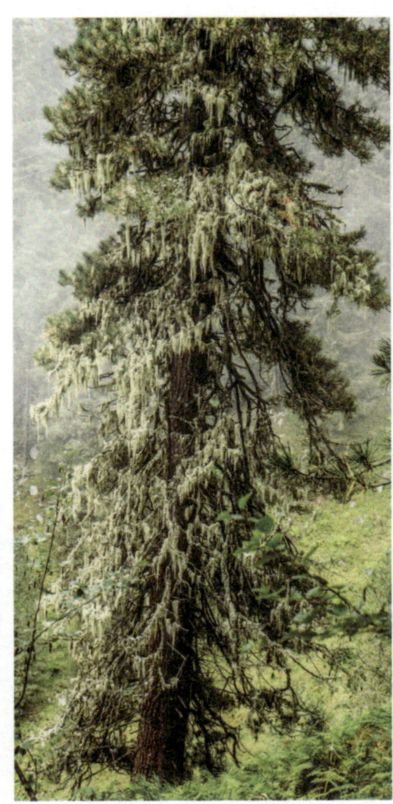

Mit langen Bartflechten behangene Fichte in einem subalpinen Fichtenwald.

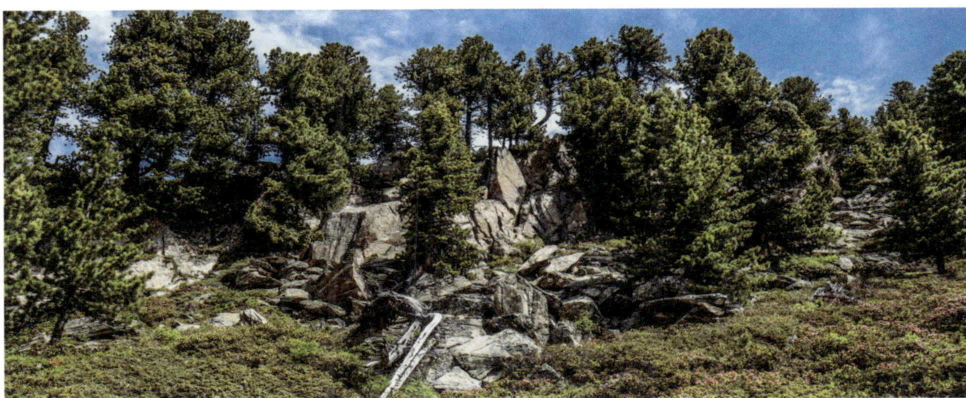

Die Zirbe (Arve) ist sehr widerstandsfähig und wächst hoch hinauf.

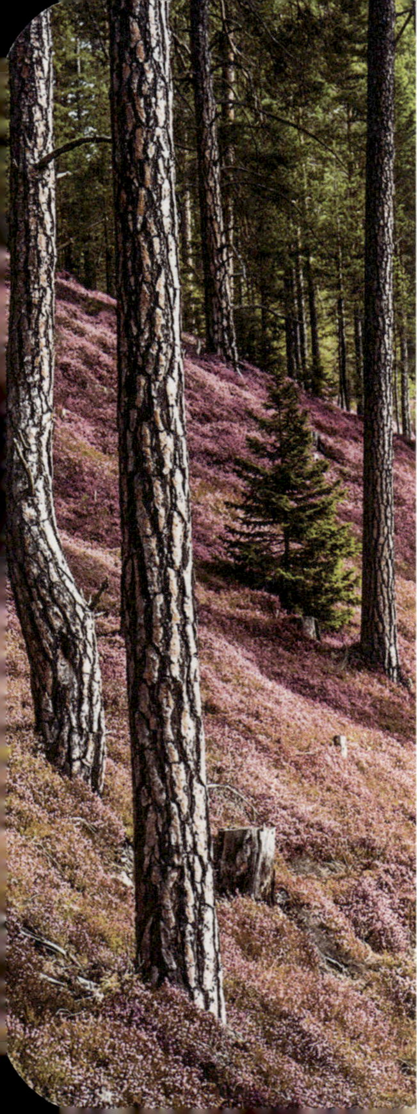

Besondere Waldtypen

Kiefernwälder

In inneralpinen Tälern und an Südhängen gedeihen auf trockenen, kargen Kalkböden Kiefernwälder. Selbst auf und zwischen steilen Felsen findet man die Waldkiefer, die auch Rotföhre genannt wird. Sie ist sowohl gegen Frost als auch gegen Hitze unempfindlich. Dieses anspruchslose Pioniergehölz verfestigt und stabilisiert die steilen Hänge mit seinen Pfahlwurzeln und dem mächtigen Seitenwurzelwerk. Ihr Wuchsbild ist je nach Umweltbedingungen sehr unterschiedlich, auch ihr Wurzelwerk kann je nach Bodenbeschaffenheit stark variieren. Die langen Nadeln sind oft in sich verdreht, die kleinen, kugeligen Zapfen an der Basis meist schief. Verlassen die unzähligen Pollen die Blütenstände, spricht man von einem regelrechten „Schwefelregen“. Da die Kronen meist sehr aufgelockert wachsen, dringt ausreichend Licht in die unteren Etagen und lässt viele krautige Arten gedeihen. Zahlreiche Blütenpflanzen, unter ihnen etliche Orchideen-Arten, nutzen den starken Lichteinfall. Gleich nach der Schneeschmelze überziehen die leuchtend roten Blüten von Heidekrautgewächsen den Untergrund.

Grauerlenwälder

Im Gebirge bilden Grauerlen entlang von Bächen und Feuchtgebieten kleine Auwälder. Als Pionierbaumart können sie mit Überschwemmungen und instabilen Bodenverhältnissen sehr gut umgehen. Sie gehören zusammen mit verschiedenen Weiden-Arten zu den ersten Pflanzen, die nach einem Hochwasser Schotter- und Sandbänke besiedeln. Den Boden befestigt die Erle durch ihr ausgeprägtes Herzwurzelsystem selber. Um in nährstoffarmen Böden gedeihen zu können, lebt sie in Symbiose mit stickstoffbindenden Bakterien. Diese bilden an ihren Wurzeln kleine Knöllchen.

Gleich nach der Schneeschmelze färben die Blüten der Heidekrautgewächse den Boden von Kiefernwäldern leuchtend rot.

Die Mikroorganismen können Luft-Stickstoff binden und dem Baum als Nährstoff zur Verfügung stellen. Von der Wurzel wird dieser in die Blätter transportiert und gelangt nach dem Blattfall wieder in den Boden. Damit produziert die Grauerle auf einstigen Schotter- und Sandböden nährstoffreichen Humus.

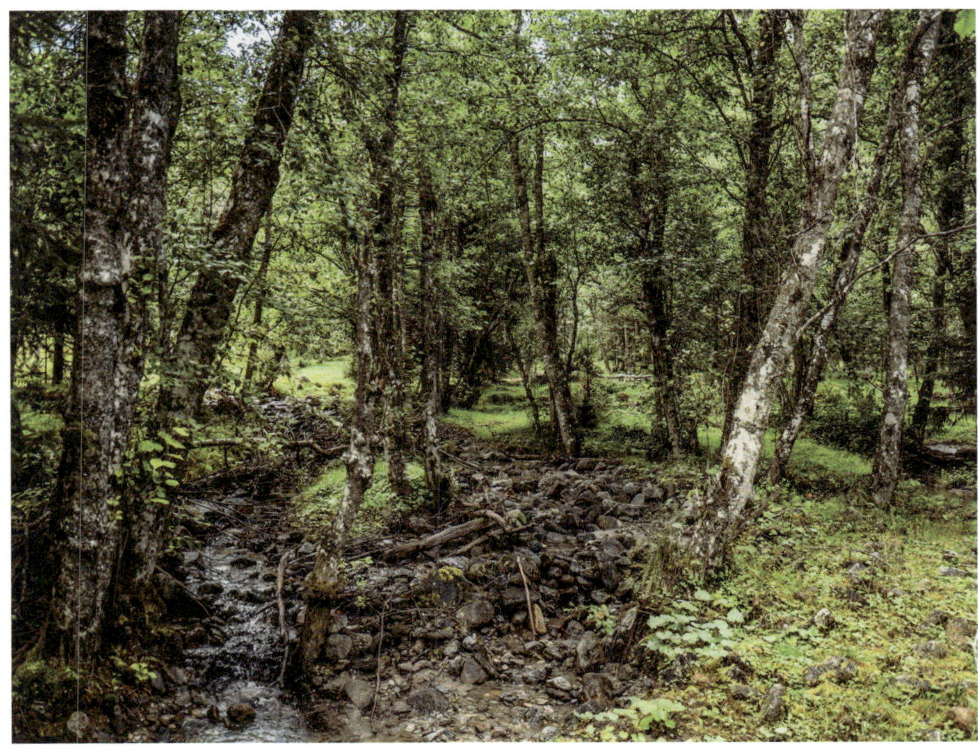

Grauerlen sind typische Bäume entlang von Bächen und Feuchtgebieten.

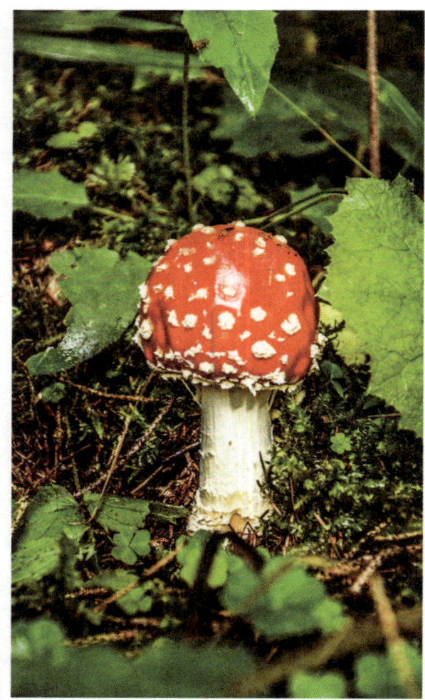

Pilze erfüllen im Wald eine wichtige Aufgabe: Sie zersetzen totes Material und sorgen dafür, dass gebundene Nährstoffe wieder verfügbar werden. Im Bild ein für den Menschen giftiger Fliegenpilz.

Pilze

Was sind Pilze überhaupt und welche Funktionen erfüllen sie im Wald? Die oberirdischen Teile des Pilzes – Stiel und Hut –, die man auf dem Waldboden sieht, bilden nur den Fruchtkörper. Er entlässt Sporen, damit sich der Pilz fortpflanzen kann. Die wahre Größe der Pilze liegt unter der Oberfläche. Sie sind wie Pflanzen an einen Ort gebunden. Im Gegensatz zu Pflanzen können sie aber keinen Zucker herstellen. Ihre Zellwände sind aus Chitin, woraus etwa auch Insektenpanzer bestehen. Mit diesen Eigenschaften versehen, zählen sie weder zu den Pflanzen noch zu den Tieren. Sie bilden eine ganz eigene Organismengruppe. Ihre Hauptaufgabe im Wald ist das Zersetzen von totem Material, damit die gebundenen Nährstoffe wieder verfügbar werden. Durch ihr weitreichendes Pilzgeflecht – unter der Fläche eines Fußabdrucks im Waldboden verbergen sich etwa 500 Kilometer Pilzfäden – vernetzen sie einen ganzen Wald. Ihre unterirdischen Fäden stehen mit Baumwurzeln in Verbindung und sorgen so für die Weiterleitung von Nahrungsstoffen. Eine Partnerschaft, oft mit einer bestimmten Baumart (Fichte-Steinpilz), wird Mykorrhiza genannt. Von seinem Baumpartner erhält der Pilz Zucker aus den Wurzeln. Er liefert im Gegenzug Nährstoffe. Die so versorgten Bäume sind gesünder, wachsen besser und sind resistenter gegen schädliche Umwelteinflüsse als Bäume ohne Pilzpartner.

In Österreich gibt es rund 17.000 verschiedene Pilzarten. Sie haben sehr unterschiedliche Ansprüche. Findet sich in einem Wald Holz in unterschiedlichen Entwicklungsstadien, vom Jungholz bis zum letzten Zersetzungsstadium, ist auch das Pilzvorkommen entsprechend artenreich. Pilze bieten aber auch Nahrung und Besiedlungsraum für viele Tierarten. Rehe zum Beispiel fressen gerne Pfifferlinge, auch Schnecken ernähren sich von Pilzen. Spezielle Käfer, manche Mücken- und Fliegenarten siedeln im Pilzinneren. Aber Vorsicht: Nicht alle Pilze, die von Tieren gefressen werden, tun auch uns Menschen gut.

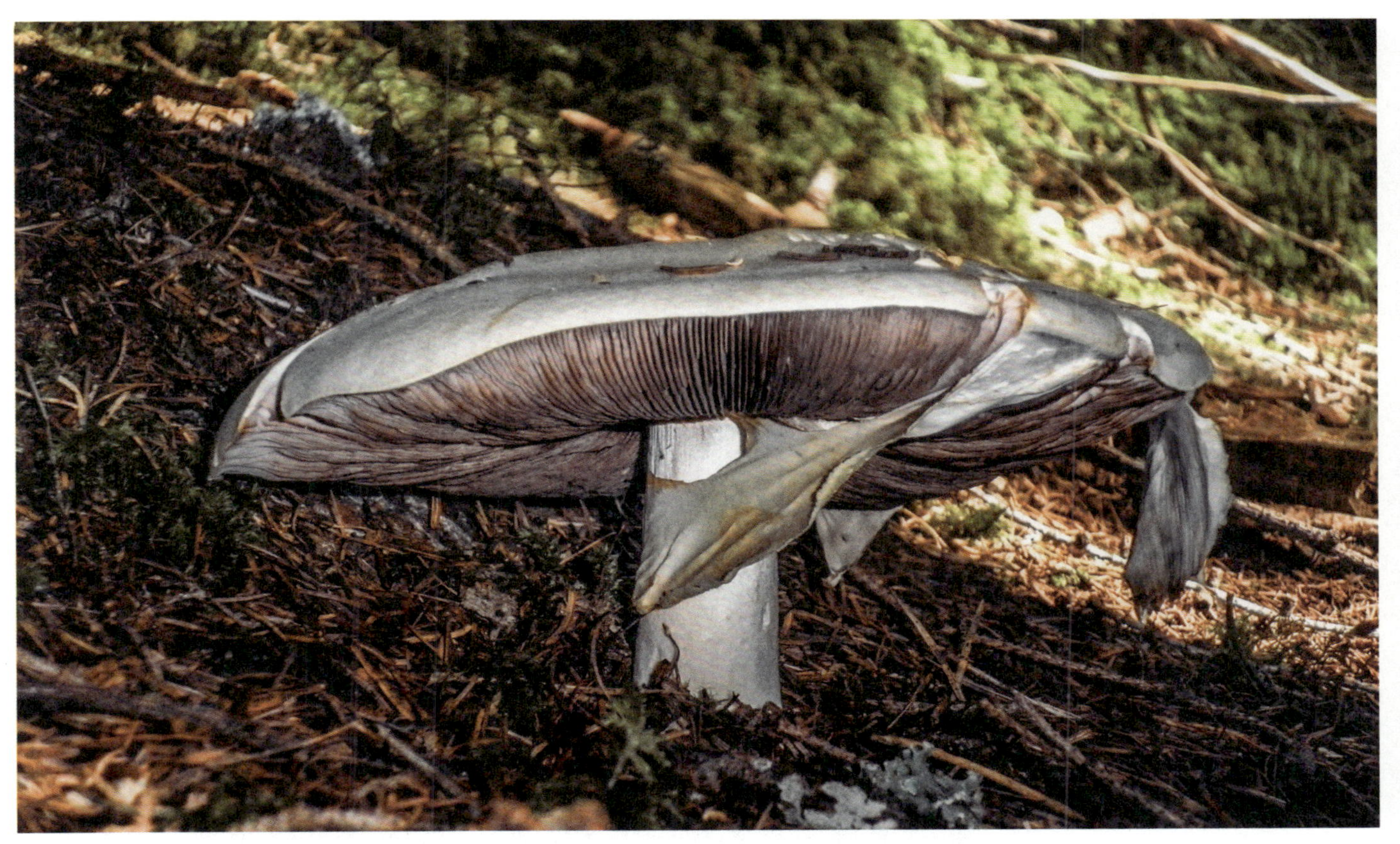

Weder Pflanze noch Tier: Pilze sind eine eigene Organismengruppe. Sie wachsen unterirdisch, an der Oberfläche ist nur der Fruchtkörper zu sehen.

Totholz (Biotopholz)

Ein gesunder Wald, in dem gute Recyclingsysteme Platz finden, schließt auf jeden Fall Totholz oder, wie man es auch bezeichnet, Biotopholz mit ein. Biotopholz sagt schon alles. Denn diese abgestorbenen Baumteile beherbergen viel neues Leben. Als erste Nutzer von Totholz sind die Pilze zu nennen. Von den etwa 5.000 Waldpilzen lebt rund die Hälfte im und am Holz.

Das Pilzgeflecht wächst ins Holz und baut es ab. Dadurch wird es etwa für Insekten erst verwertbar und kann zum Lebensraum zahlreicher Arten werden. So besiedelt rund ein Viertel der heimischen Käferarten absterbende oder tote Bäume. Viele, die ausschließlich auf Totholz leben, sind aufgrund Lebensraummangels vom Aussterben bedroht.

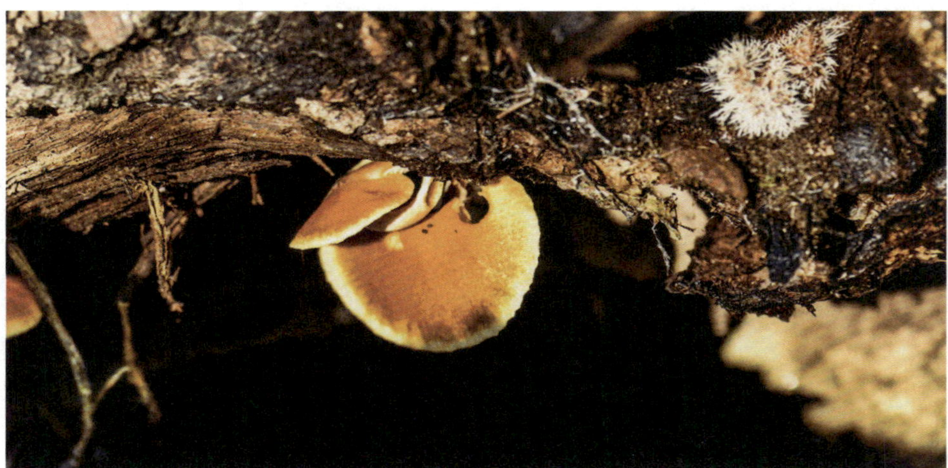

Rund die Hälfte aller Waldpilze lebt im und am Holz.

Ein Beispiel ist der Hirschkäfer, der große abgestorbene Bäume als Lebensraum benötigt. Käferbohrlöcher wiederum dienen Wildbienen und Grabwespen als Nistplatz. Auch Schmetterlinge, Ameisen, Fliegen und Mücken finden sich unter den Totholzbewohnern. Zusätzlich tummeln sich sogenannte Raubparasiten wie etwa die Erzwespe im Totholz. Ihre Larven ernähren sich von den Maden der Bockkäfer. Andere, wie die Holzschlupfwespe, legen ihre Eier in den Maden von Holzwespen ab. Auf die Maden haben es auch einige Vögel abgesehen. Bekanntestes Beispiel sind die Spechte. Sie tragen maßgeblich zur Reduktion zahlreicher forstwirtschaftlicher Schädlinge bei. Morsches Totholz lockt auch Blindschleichen, Molche und andere Amphibien an, die hier Verstecke suchen und auch überwintern. Auch sie ernähren sich von den hinter der Rinde verborgenen Lebewesen.

Neben der Förderung von Biotopholz werden in der heutigen Forstwirtschaft bei Baumentnahmen oder Rodungen Äste und Zweige auf dem Waldboden liegen gelassen. Das sieht auf den ersten Blick unaufgeräumt aus, hat aber gute Gründe: Die Äste verrotten und geben dem Boden die im Baum enthaltenen Nährstoffe zurück. Zudem fungiert die Auflage als Feuchtigkeitsspeicher, verleiht dem Hang Stabilität und wirkt Schneerutschungen entgegen.

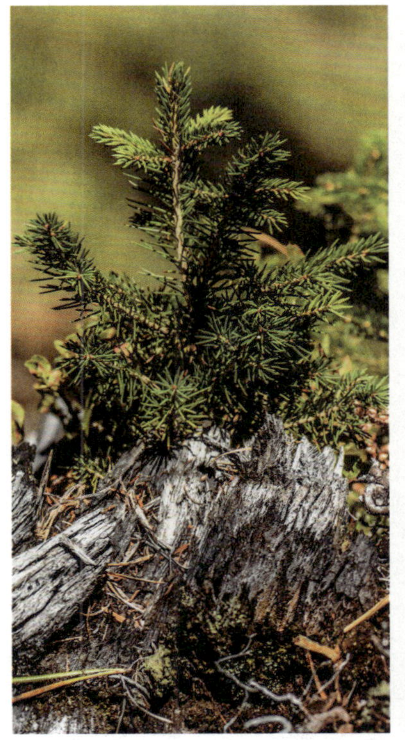

Totholz beherbergt viel neues Leben, deshalb wird es häufig auch Biotopholz genannt.

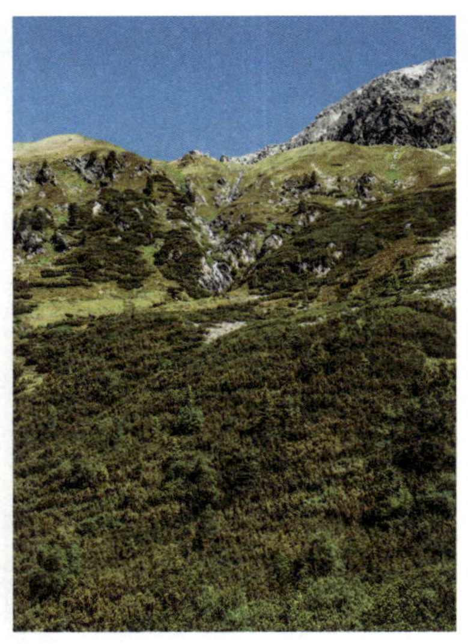

Waldgrenze/Krummholzzone

Die Waldgrenze der Alpen ist meist nicht mit einer bestimmten Höhenlinie anzugeben. Denn sie ist etwa durch Lawinenstriche, Kare oder Felsrippen in der Vertikalen unterbrochen. Eine Rolle für ihre Lage spielen außerdem lokales Klima und Exposition.

Den Übergang vom Waldbereich zu alpinen Rasengesellschaften bildet zwischen 1.500 und 2.300 Metern Höhe die Krummholzzone. Sie ist im Herbst besonders gut auszumachen. Dann nämlich, wenn sich die kleinen Blätter der Sträucher besonders von Heidelbeere, Rauschbeere, Krähenbeere und anderen kräftig rot verfärben. In der alpinen Höhenstufe hängt die Ausprägung der Arten und ihre Zusammensetzung hauptsächlich von der Dauer der Schneebedeckung ab. Entsprechend den morphologischen Gegebenheiten bildet sich ein abwechslungsreiches Kleinrelief. Alpenrosen siedeln in Schneemulden, Heidelbeeren dagegen wuchern an den Hängen und die widerstandsfähige Gämsheide hält die Stellung auf den Windkanten. Alpenrosen stoßen als Reste von Lärchen-Zirben-Wäldern oder Fichtenwäldern bis in die Krummholzzone vor.

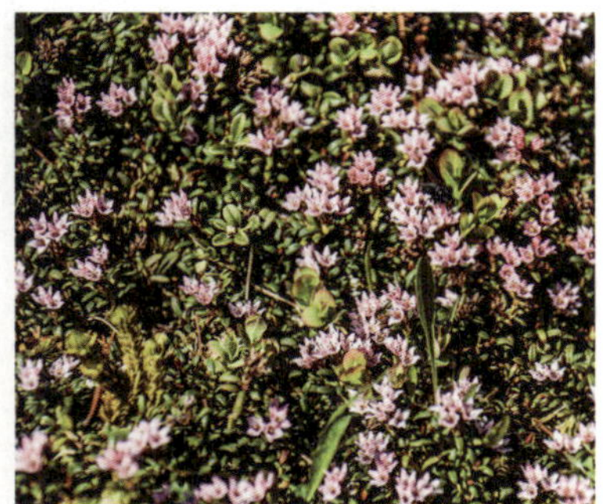

Die Gämsheide besiedelt häufig windexponierte Kuppen, sogenannte Windkanten, bis 3.000 Meter. Um mit der kurzen Vegetationszeit zurechtzukommen, legt sie ihre Blüten bereits im Vorjahr an, sodass sie im Frühjahr gleich losblühen kann. Im Winter dient sie als energiereiche Nahrung für Gams, Steinbock und Schneehuhn – davon leitet sich ihr Name ab.

An Extremstandorte angepasst, erträgt die strauchförmige Latsche Trockenheit und Hitze im Sommer sowie tiefe Temperaturen im Winter gleichermaßen. Die reich verzweigten, elastischen Äste vertragen große Mengen an Schnee. Ihr krummer Wuchs mit niederliegenden bis bogig aufsteigenden Stämmen begünstigt diese Eigenschaft zusätzlich. Schutzfunktion bieten die Latschen durch ihre weit verzweigten, tief reichenden Wurzeln, die vor allem in steilen Hängen der Bodenbefestigung dienen. Dichte Bestände fungieren auch als Steinschlagsperren. Legföhren können ein Alter von über 100 Jahren erreichen.

Wälder prägen die Landschaften der Alpen und erfüllen dabei sehr wichtige Aufgaben für die Bewohner. Sie speichern Kohlendioxid und geben Sauerstoff ab. Sie verfestigen den Boden und halten Wasser zurück. Auch langfristig sind Waldböden regelrechte Wasserspeicher. Wasser, das Wälder durchfließt, wird zudem gefiltert und gereinigt.

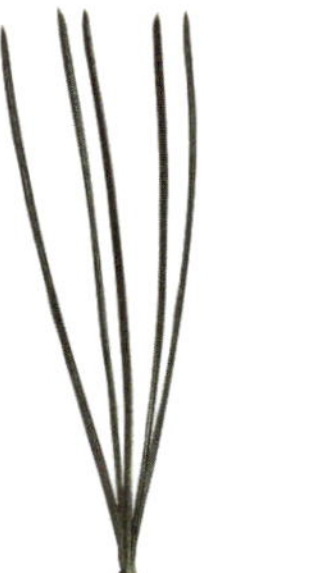

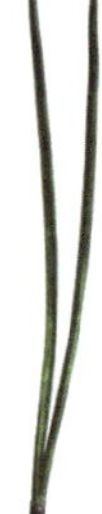

Latschen sind typische Bewohner der Krummholzzone. Bei einer gewissen Größe können sich Zirben und Latschen ähnlich sehen. Dabei lässt sich anhand der Nadeln schnell feststellen, um welchen Baum es sich handelt: Bei der Zirbe stehen die Nadeln in Fünferbüscheln, bei der Latsche hingegen paarweise ab.

Die Rostblättrige Alpenrose besiedelt silikathaltige Böden (z.B. Granit, Gneis), während ihre Schwesterart, die Bewimperte Alpenrose, auf kalkhaltigen Böden wächst.

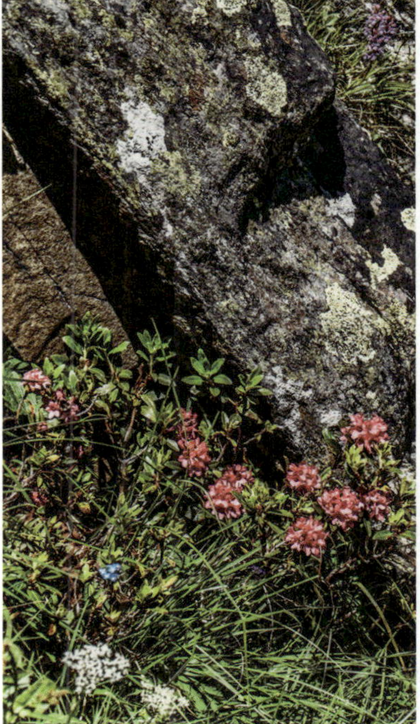

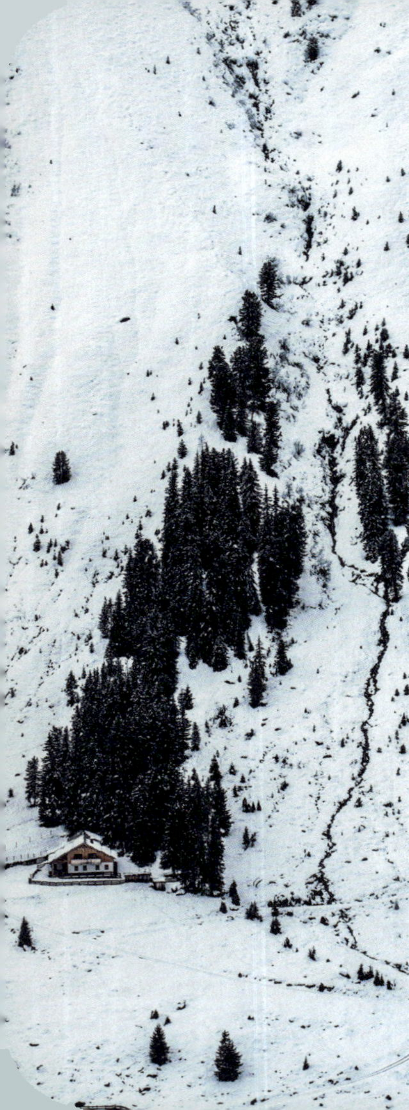

Schutzwälder

Österreichs Wälder sind zu rund 30 Prozent Schutzwälder. Durch ihr Wasserspeichervermögen dämmen sie die Folgen von Starkregen ein und mildern dadurch Murenereignisse ab. Wälder in Steillagen sorgen wie ein Gerüst für den Verbleib des Schnees an den Hängen und schützen so vor Lawinen. Dichte Wälder mit viel Unterwuchs bremsen herabstürzendes Gestein ab. Und schließlich festigt dichtes, gesundes Wurzelwerk die Hänge und sorgt dafür, dass viel Wasser, und damit Gewicht, aus den Hängen geleitet wird.

Schutzwälder werden in zwei Kategorien eingeteilt:

- **Standortschutzwälder**

Standortschutzwälder sind Wälder, deren Standort durch Wind, Wasser oder Schwerkraft gefährdet ist und die diesen Standort schützen.

- **Objektschutzwälder**

Objektschutzwälder sind Wälder, die Menschen, Siedlungen und Infrastrukturanlagen vor Naturgefahren wie Lawinen, Muren oder Steinschlag schützen.

Im Protokoll „Bergwald" der Alpenkonvention ist festgehalten, dass Schutzwälder den wirksamsten, wirtschaftlichsten und landschaftsgerechtesten Schutz gegen Naturgefahren leisten und ihre Erhaltung deshalb von besonderer Bedeutung ist. Da nur intakte Wälder ihre Schutzfunktion erfüllen können, ist es wichtig, dass Bergsportler*innen nicht in Jungwuchsflächen vordringen. Speziell mit Ski- und Snowboardkanten kann dort Schaden angerichtet werden.

Wälder bieten Lebensraum für unzählige Tiere und Pflanzen und Erholungsraum für den Menschen. Forstwirtschaftliche Wälder liefern Holz. Der Wald stellt somit ein vielfältiges Repertoire an Ökosystemleistungen zur Verfügung. Um den steigenden Temperaturen gerecht zu werden, ändert die Forstwirtschaft ihre Strategien. Artenreiche Mischwälder werden anstelle von eintönigen Monokulturen gepflanzt, die zum Beispiel auch anfälliger gegen Windwurf sind. Laubbäume werden auch in höheren Lagen aufgeforstet, da sie mit der zunehmenden Trockenheit besser umgehen können als zum Beispiel die Fichte.

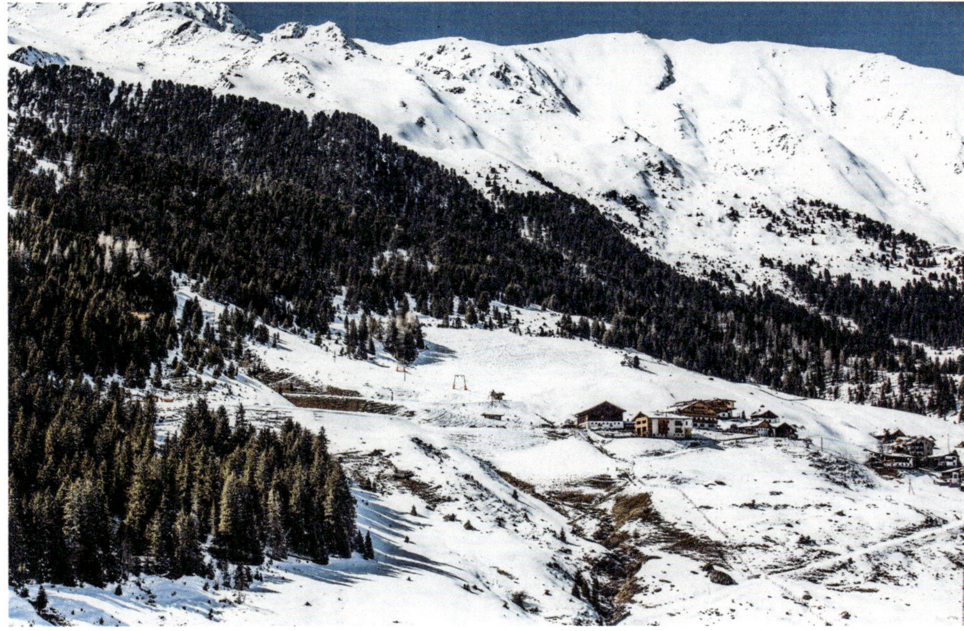

Wälder erfüllen eine wichtige Schutzfunktion.

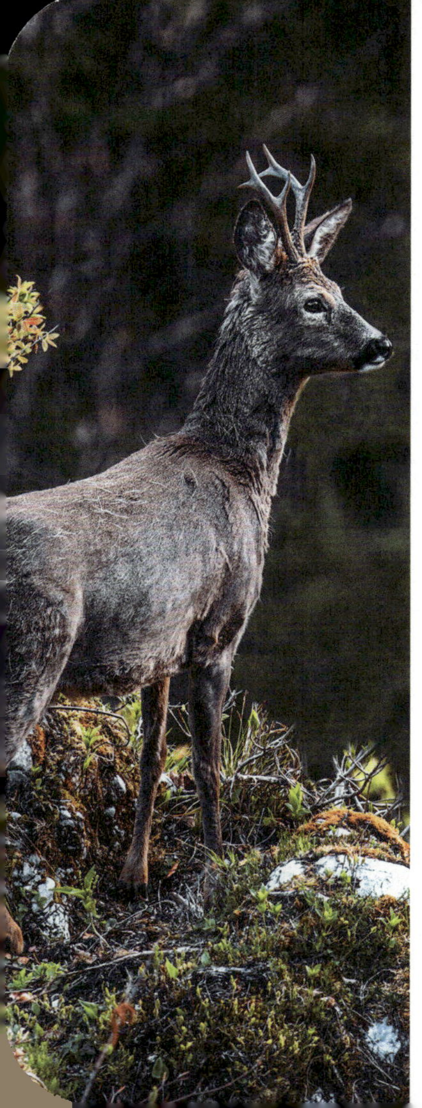

Tiere im Wald

Einige typische Waldbewohner sollen im Folgenden vorgestellt werden:
Vorab eine Bemerkung zu den Raufußhühnern. Diese Gruppe umfasst das Birkhuhn, das an der Waldgrenze lebt, das Auerhuhn und das Haselhuhn, die beide im Waldbereich vorkommen, sowie das Schneehuhn, das die Hochgebirgsregionen bewohnt. Allen ist gemeinsam, dass ihre Füße bis zu den Zehen befiedert sind, ebenso ihre Nasenlöcher. Dadurch sind sie an die harschen Bedingungen im Gebirge optimal angepasst. Birk- und Auerhuhn wird bei Lenkungsmaßnahmen im Winter besonderes Augenmerk geschenkt, da sie immer seltener werden. Der Winter ist für diese Tiere die schwerste Zeit. Sie halten keinen Winterschlaf und können aus ihrer kärglichen Kost kaum Energie gewinnen. Gegen Störungen sind sie besonders empfindlich.

Der Alpenraum ist für die bedrohten Arten einer der letzten Rückzugsräume in Europa. Hauptursachen des Rückgangs sind neben der Bejagung Lebensraumverlust und Störungen im Winter und während der Balz. Für das Auer- und Birkwild stellen auch Liftseile ein Problem dar, weil die Gefahr besteht, dass sie dagegenfliegen. Aufgrund dieser Gefährdungsursachen finden sich alle Raufußhuhnarten, mit Ausnahme des Alpenschneehuhns, auf der Roten Liste der gefährdeten Vogelarten.

Das Birkhuhn – Waldgrenzgänger

Ein typischer Bewohner des Waldgrenzbereichs und der Almflächen ist das Birkhuhn (Spielhuhn). Es braucht halboffene Landschaften mit Zwergsträuchern und lockerem Baumbestand. Diese bieten sowohl Deckung und Ruheplätze als auch Nahrung für diese Raufußhühner. Auf Flächen mit niedrigem Bewuchs findet im Frühling die spektakuläre Arenabalz der Birkhühner statt. Dabei balzen die Hähne auf traditionellen Balzplätzen und die Weibchen suchen sich den besten Hahn aus. Danach sind die Weibchen mit Brüten und Jungenaufzucht auf sich allein gestellt.

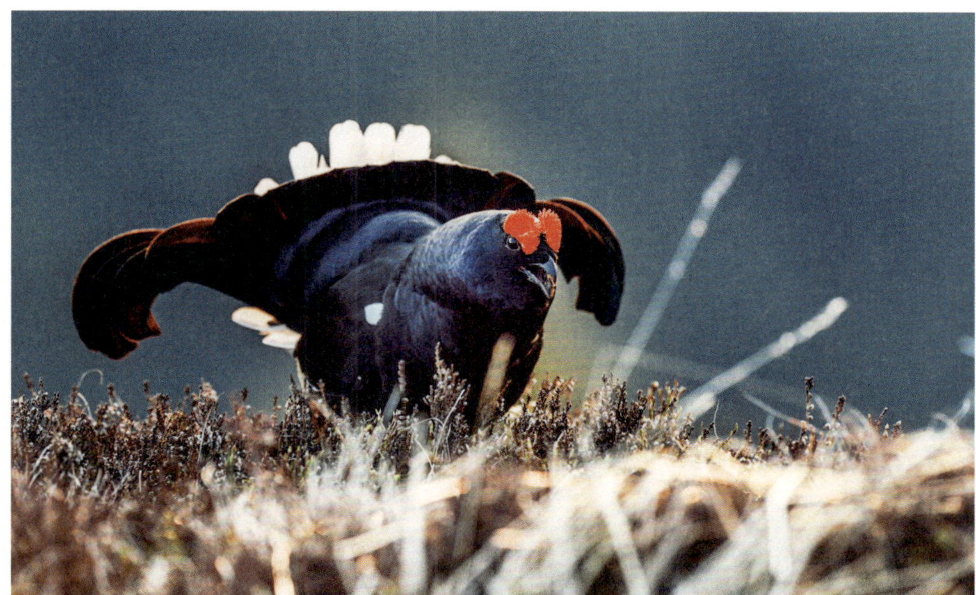

Die roten Wülste oberhalb der Augen, auch „Rosen" genannt, schwellen während der Balzzeit an. Sie sind ein Merkmal aller Raufußhühner. Am stärksten ausgeprägt sind sie bei den Birkhähnen.

Um für die Tierwelt berechenbar zu sein, sollte man auf den Wegen bleiben und Hunde an der Leine führen.

Vorsicht bei Sommertouren

Wenn die Wanderzeit im Gebirge beginnt, sind die Birkhuhn-Küken bereits geschlüpft. Droht den Hühnervögeln Gefahr etwa durch Wander*innen oder vor allem freilaufende Hunde, gibt die Henne ein Signal, worauf sich die Küken zerstreuen und regungslos im Unterwuchs verharren, bis Entwarnung kommt. Besonders bei schlechtem Wetter kann das fatale Folgen haben, da die Küken noch auf regelmäßiges Wärmen (Hudern) durch die Henne angewiesen sind. Um für die Tierwelt berechenbar zu sein, empfiehlt es sich, auf den Wegen zu bleiben und Hunde an der Leine zu führen.

Im Bereich der Waldgrenze ist zur Winterzeit besondere Vorsicht und Rücksicht geboten.

Vorsicht im Winter

Den Winter verbringen Birkhühner in Schneehöhlen, die sie oft nur zur Nahrungsaufnahme verlassen. Meist fressen sie in den frühen Morgen- und Abendstunden an nahen Sträuchern und Gebüschen. Deshalb ist im Bereich der Waldgrenze zu diesen Zeiten besondere Vorsicht und Rücksicht geboten. Ein Birkhuhn, das gestört wird, verharrt bis zur sprichwörtlich letzten Sekunde in der Deckung. Bleibt ihm keine andere Wahl, fliegt es auf. Das verbraucht enorm viel Energie, die es durch die karge Winterkost nicht wieder aufnehmen kann. Im besten Fall leidet der Fortpflanzungserfolg im kommenden Frühjahr. Im schlimmsten Fall stirbt es. Raufußhühner sind im Allgemeinen sehr störungsempfindlich und sensibel. Bei zu häufigen Störungen verlassen sie das Gebiet ganz.

Das Auerhuhn – unser größtes Waldhuhn

Mit bis zu 95 Zentimetern Größe ist der imposante Auerhahn unser größter Hühnervogel. Die Art stellt relativ hohe Ansprüche an ihren Lebensraum: Er sollte ein Mosaik aus lichten Altholzbeständen, Lichtungen, Verjüngungsflächen und dichter Kraut- und Strauchschicht bieten. Ihre Nahrung, die hauptsächlich aus Knospen, Nadeln, Trieben, Heidelbeeren und Insekten besteht, suchen die Hühnervögel vor allem an der Grenze zwischen Baumbestand und Waldlichtungen mit ausreichender Bodenvegetation. Sie bewohnen nicht zu steile, sonnige Hänge. Das Erstaunliche beim Auerhahn ist, dass er trotz seiner beachtlichen Größe fast das ganze Jahr in den Tiefen der Wälder unsichtbar lebt.

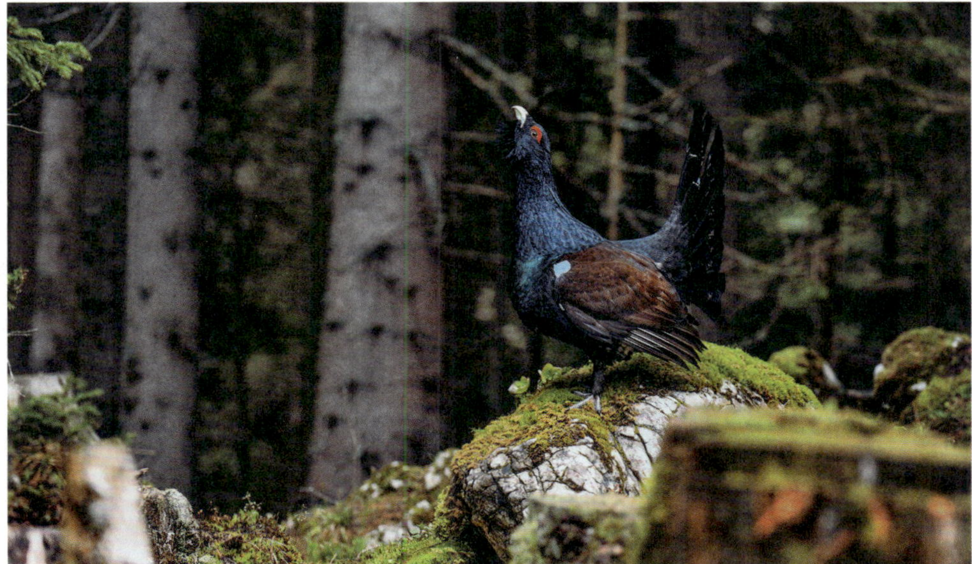

Das Auerhuhn ist das größte Huhn aus der Familie der Raufußhühner. Im Bild ein balzender Auerhahn.

Im Frühling beginnt die Balz der Auerhähne. Dabei kollern und fauchen sie am Boden, aber sie suchen für ihre Balzrituale auch hohe Bäume auf. Bei der Balz ist der Hahn so gut wie blind und balzt unter Umständen auch Menschen an. Dieses Verhalten findet man vor allem in Gebieten, in denen die Hähne keine Konkurrenten haben.

Besondere Rücksicht im Winter

Aus Rücksicht sollten keine Skitouren in der Dämmerung/Nacht unternommen werden.

Auerhühner, ebenso wie Birkhühner, halten keinen Winterschlaf. Sie verbringen die kalte Jahreszeit größtenteils ruhend in Schneehöhlen. Diese graben sie selber oder lassen sich in Vertiefungen einfach einschneien. Zur Nahrungssuche verlassen sie diese Verstecke meist in den frühen Morgenstunden oder am Abend. Die nährstoffarme Kost, die aus Nadeln von Fichten oder Föhren besteht, bringt kaum Energie. Nach einer Flucht vor Störungen kann das Energiedefizit so nicht mehr kompensiert werden. Die Tiere sterben schlimmstenfalls oder es ist zumindest der Fortpflanzungserfolg im folgenden Frühjahr gefährdet. Aus Rücksicht auf diese sensiblen Waldbewohner sollten keine Skitouren in der Dämmerung/Nacht unternommen werden.

Das Haselhuhn – scheu und heimlich

Neben Lawinenstrichen mit ihrer ausgeprägten Kraut- und Strauchschicht sowie vielen Büschen und kleinen Bäumen benötigt das Haselhuhn unterholzreiche Wälder mit ausreichend Deckungsmöglichkeiten. Im Sommer ernährt es sich von Blüten, Samen, Insekten und deren Larven. Im Winter frisst es Knospen und Kätzchen von Weichhölzern. Das standorttreue Huhn hält sich gerne an sonnenbeschienenen, warmen Hängen in der Nähe von Bächen auf. Sandige Stellen nutzt es für Sandbäder. Der etwa rebhuhngroße Vogel ist mit seiner bräunlichen Grundfarbe sehr gut an den Waldboden angepasst, so bekommt man ihn kaum zu Gesicht. Die Brutreviere der Haselhühner umfassen etwa 15 bis 30 Hektar. Gegen Mitte April bis Anfang Mai legt das Weibchen seine Eier in einer Bodenmulde ab. Im darauffolgenden Juli sind die Jungen bereits selbstständig, verbleiben aber bis zum Herbst als „Kette“ im Familienverband.

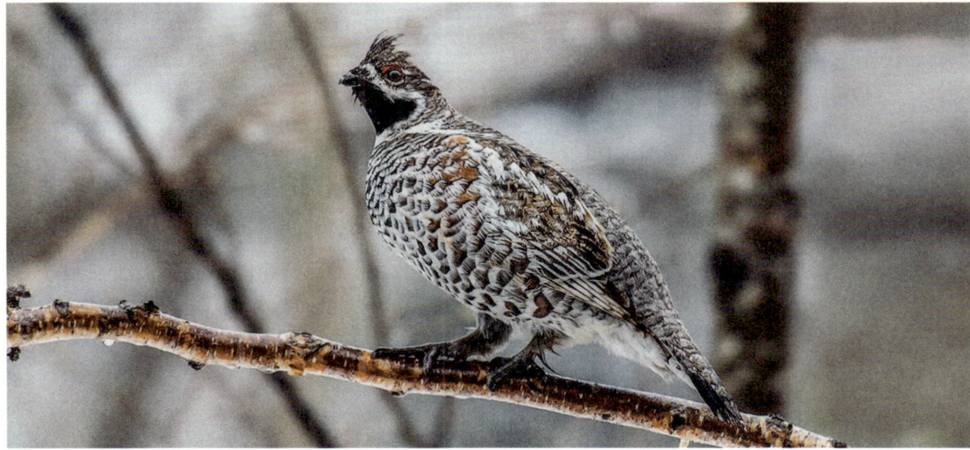

Das Haselhuhn ist standorttreu und befindet sich meist an sonnenbeschienenen, warmen Hängen in der Nähe von Bächen.

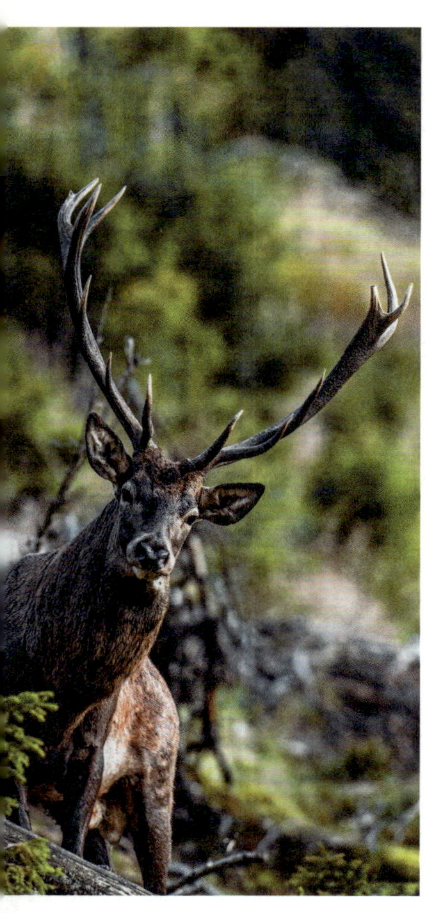

Rot- und Rehwild

In unseren Wäldern ist der Wildbestand an Rot- und Rehwild meist sehr groß. Der Rothirsch ist eines der größten Wildtiere der Alpen. Er lebt in Gruppen in eher kleineren Gebieten und ernährt sich im Winter von Knospen, Zweigen, Flechten, Rinde und Nadelbaumtrieben. Das Reh ist die kleinste heimische Huftierart. Es kommt bis zur Waldgrenze vor. Beide Arten pflegen eine sehr versteckte Lebensweise im Wald. Ihre Nahrungszeit ist morgens und abends.

Rot- und Rehwild im Winter

Bei Lenkungsmaßnahmen werden neben Raufußhuhn-Habitaten auch Wildfütterungen und Winterlebensräume von Rot- und Rehwild berücksichtigt. Diese Tiere sind zwar nicht so empfindlich wie Raufußhühner. Dennoch sind sie im Winter wegen der knappen Nahrung und der kalten Temperaturen auf viel Ruhe angewiesen, um Energie zu sparen. Rothirsche etwa senken bei Nahrungsknappheit ihre Körpertemperatur und Stoffwechselrate. Allein deshalb ist es so wichtig, dass es Ruhestunden für das Wild gibt, damit die Nahrungsaufnahme nicht zu kurz kommt. Die Tiere sind aber zumindest so flexibel, dass sie ihre Nahrungssuche bei Störungen zum Beispiel auf ruhigere Stunden verlegen. Im Winter suchen sie gerne freigewehte Almflächen und Sonnenhänge auf, da dort mehr Nahrung zu finden ist als im verschneiten Wald. Stark beanspruchte Gebiete verlässt das Wild, kehrt aber wieder. Ein Problem dabei ist, dass sich die Tiere bei häufigen Störungen in tiefere Waldbereiche zurückziehen. Im Schutzwald kann das Wild dann durch Schälen der Baumrinden große Schäden anrichten.

Rothirsche werfen ihr imposantes Geweih jedes Jahr im Spätwinter/Frühjahr ab. Danach wächst der Geweihknochen mit bis zu 2cm pro Tag sehr schnell wieder nach. Bis etwa August hat sich das Geweih wieder vollständig nachgebildet.

Der Tannenhäher – Förster im Zirbenwald

In einem Zirbenwald hört man oft das auffällige Krächzen des Tannenhähers oder stößt auf aufgehackte Zirbenzapfen. Der Tannenhäher oder Zirbengratsch, wie der Rabenvogel auch lautmalerisch genannt wird, ist für die Zirbe unentbehrlich, denn er sorgt für ihre Verbreitung. Mit seinem kräftigen, spitzen Schnabel hackt er die Samennüsschen aus den harten Zapfen und legt zahlreiche Nahrungsdepots für den Winter an. Dabei überwindet er fünf Kilometer und mehr sowie bis zu 600 Höhenmeter. Dadurch sorgt er für eine weite Verbreitung der Baumart und kann so auch eine Wiederbewaldung erreichen. Bereits im August beginnt er mit der Anlage der Vorräte und nutzt sie schon am Ende der Sammelzeit im Oktober. In seinem Kehlsack transportiert der Häher dabei bis zu 70 von den schmackhaften Samen, um sie zu verstecken. Mit Hilfe seines hervorragenden Ortsgedächtnisses vermag er diese Nahrungsdepots selbst unter einer dicken Schneedecke wieder aufzuspüren.

Im Winter kann man auf solche aufgegrabenen Vorratskammern stoßen. Durch die spezielle Technik des sogenannten Zirkelns bohrt der Vogel mit seinem Schnabel ein Loch in den Schnee und drückt es auseinander. Manche Stellen aber vergisst der Vogel doch und dort ist das Weiterkommen der Zirbe vorerst gesichert. So verbindet Tannenhäher und Zirbe eine sehr enge Lebensgemeinschaft, die durch eine langandauernde Ko-Evolution entstanden ist. Die Arten sind so aufeinander abgestimmt, dass das Versteckverhalten des Vogels, in sehr strukturiertem Gelände mit niedriger Vegetation, genau den Standortansprüchen des Baumes entspricht. Der Nutzen durch den Vogel übertrifft bei weitem den Schaden, den er durch das Fressen der Samen verursacht. Man kann sagen, dass es ohne Tannenhäher in den Alpen keine Zirben mehr gäbe. Durch die Anlage der Verstecke oberhalb der Waldgrenze, hat die Zirbe zudem auch bei wärmerem Klima die Chance weiterzubestehen.

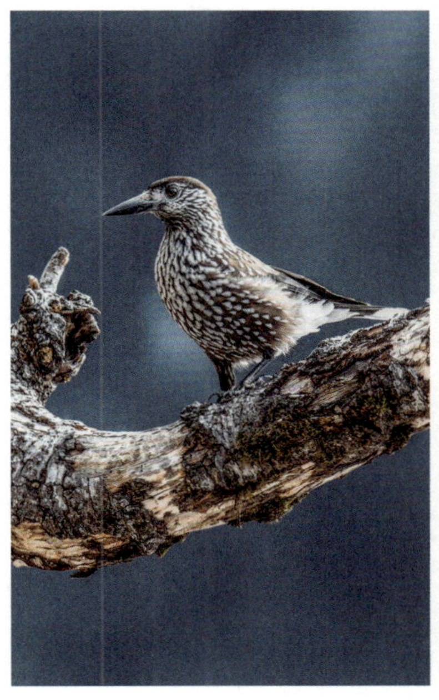

Der Tannenhäher sorgt für die Verbreitung der Zirbensamen. Pro Saison versteckt er bis zu 100.000 Samen in ca. 20.000 verschiedenen Verstecken. Im Winter greift er auf diese Vorräte zurück. Rund 80 Prozent seiner Verstecke findet er wieder. Aus den restlichen Samen können neue Zirben wachsen.

Der Schwarzspecht – begehrter Höhlenbauer

Im Wald finden sich einige Spechtarten, wie Buntspecht, Dreizehenspecht oder der Grünspecht, der sich gerne in Lärchenwiesen aufhält und dort Ameisenhaufen plündert. Der größte aller Spechte ist der Schwarzspecht mit einer Flügelspannweite von knapp 70 Zentimetern. Alle Spechte sind auf strukturreiche Wälder mit Alt- und Totholz angewiesen. Besonders im Frühling nimmt man diese Vögel durch ihr weit hörbares „Trommeln" wahr. Dann lässt der Schwarzspecht seinen harten Schnabel bis zu 20-mal in der Sekunde gegen das Holz schmettern. Mit diesem Balztrommeln signalisiert er einem Weibchen, dass es hier ein potenter Geschlechtspartner erwartet. Hat sich das Weibchen entschieden, beginnt der Bruthöhlenbau oder man bezieht die alte Höhle.

Die großen, ovalen Spechthöhlen sind in der Tierwelt heiß begehrt: Nicht weniger als 60 verschiedene Tierarten wollen hier gerne einziehen oder machen dem Baumeister die Höhle gar streitig. Rund 40 Vogelarten, angefangen von Meisen über Dohlen und Tauben bis hin zum Sperlingskauz, haben es auf Spechthöhlen abgesehen. Etwa 20 Säugetierarten z.B. Fledermäuse, Baummarder oder Wildkatze kommen dazu. Und gleich mehrere hundert Insektenarten von Wildbienen über Wespen bis zu Hornissen suchen nach Höhlen, um sich dort fortzupflanzen. Das Revier eines Paares umfasst eine Fläche von mehr als einem Quadratkilometer, es legt darin acht bis 10 Schlaf- und Nisthöhlen an. So nimmt der Specht in unseren Wirtschaftswäldern eine Schlüsselrolle ein, viele verschiedene Tierarten sind auf ihn angewiesen. In Altholzbeständen und Totholz findet er zahlreiche Insekten, zum Teil auch Forstschädlinge wie Borkenkäfer, die er durch seinen ausgeprägten Appetit in Schach hält.

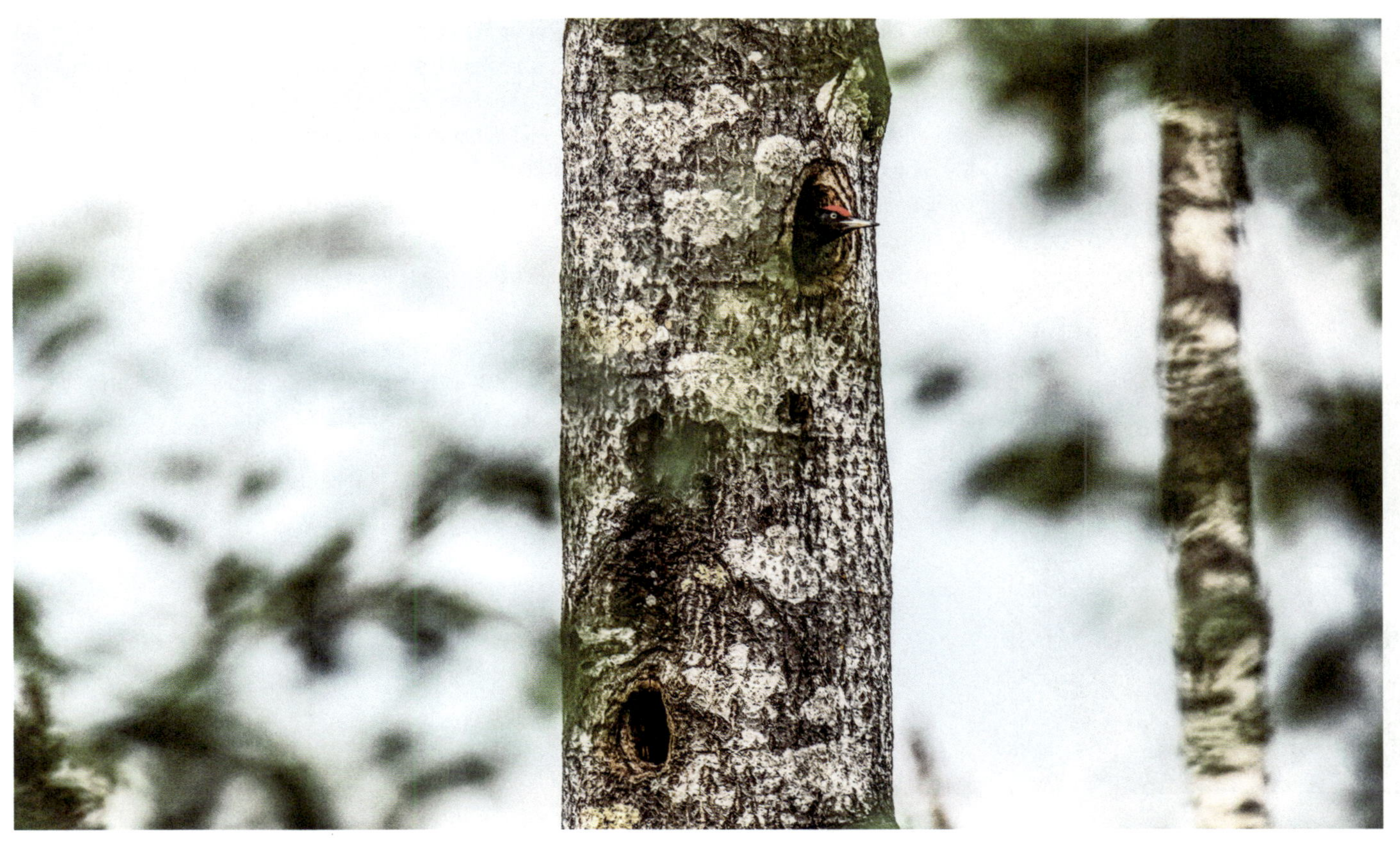

Der Schwarzspecht ist der größte aller Spechte. Seine Höhlen werden auch gerne von anderen Tierarten genutzt.

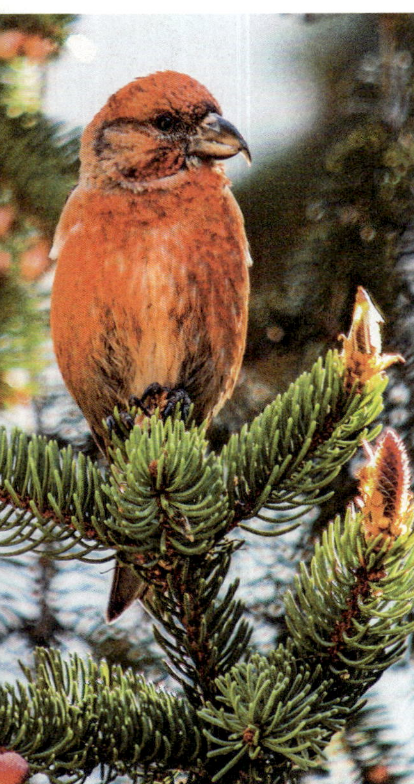

Der Fichtenkreuzschnabel bringt bereits im Winter seine Jungen zur Welt.

Der Fichtenkreuzschnabel – der Papagei im Wald

Diese großen Finken sind die Ersten, die in unseren heimischen Nadelwäldern mit der Brut und Jungenaufzucht beginnen, da sie nicht auf Insektennahrung angewiesen sind. So schlüpfen die Jungvögel bereits im Februar aus dem Ei. Zu diesem Zeitpunkt haben sie noch einen geraden Schnabel, als Nahrung erhalten sie schon Körner. Beim erwachsenen Vogel sind die Spitzen von Unter- und Oberschnabel übereinander gekreuzt und damit optimal für seine Nahrungsaufnahme geeignet. Durch Hin- und Herbewegung des Kopfes entfernt der Vogel die Schuppen von Fichten- und Lärchenzapfen, um an die Samen zu gelangen. Nebenbei vollführt er papageienartige Kletterkunststücke.

Diese Vögel sind nicht an einen Standort gebunden. Fällt die Samensaison schlecht aus, ziehen sie in großen Gruppen, manchmal auch in Massen, in reichere Nahrungsgründe. Sehen kann man sie nur selten, denn sie halten sich fast nur im Wipfelbereich der Nadelwälder zwischen 700 und etwa 1.800 Metern Seehöhe auf. Dabei meiden sie den dichten Wald und bevorzugen offenes Gelände, das etwa durch Windwurf oder Lawinen geschaffen wurde. Die Sanierung und Aufforstung und damit der Fortbestand der Bergwälder erhält uns auch diese außergewöhnliche Vogelart.

Die Rote Waldameise – fleißig und bärenstark

Ameisenhügel sind meist in sonnenbeschienenen Bereichen über Baumstümpfen angelegt und können eine beachtliche Höhe erreichen. Bis zu anderthalb Meter hoch ragt der Bau aus der Erde, doch der weitaus größere Teil liegt darunter. Er bietet Platz für mehrere hunderttausend Tiere. Im Frühling kriechen die ersten Arbeiterinnen, aus ihrer Kältestarre erwacht, von ihren tief gelegenen Kammern ans Tageslicht und beginnen, Baumaterial für ihr neues Nest zu sammeln.

Sie vermögen das 40-Fache ihres Körpergewichts zu tragen. So werden sie in wenigen Wochen wieder einen ansehnlichen Berg an Nadeln und Zweigen aufgeschlichtet haben. In den Kammern und Gängen des Baus sind die Arbeiterinnen unermüdlich damit beschäftigt, sich um die Königin, deren Eier, Larven und Puppen zu kümmern. Außerhalb des Baus begeben sie sich auf Futtersuche. Das ganze Volk vertilgt pro Tag bis zu hunderttausend Insekten – darunter viele potentielle Schädlinge. Der Schutz des Baus obliegt den Soldaten, die sich mit Ameisensäure effektvoll zur Wehr setzen können. Die Kommunikation unter den Ameisen ist hochentwickelt: Durch bestimmte Laute, Bewegungsweisen und Botenstoffe erkennen sie einander nicht nur, sondern können auch Nachrichten weitergeben.

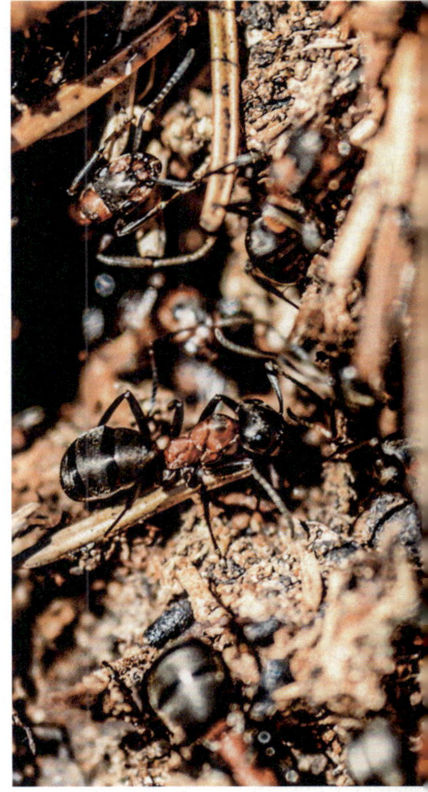

In nur einem Ameisenhügel tummeln sich mehrere hunderttausend Ameisen.

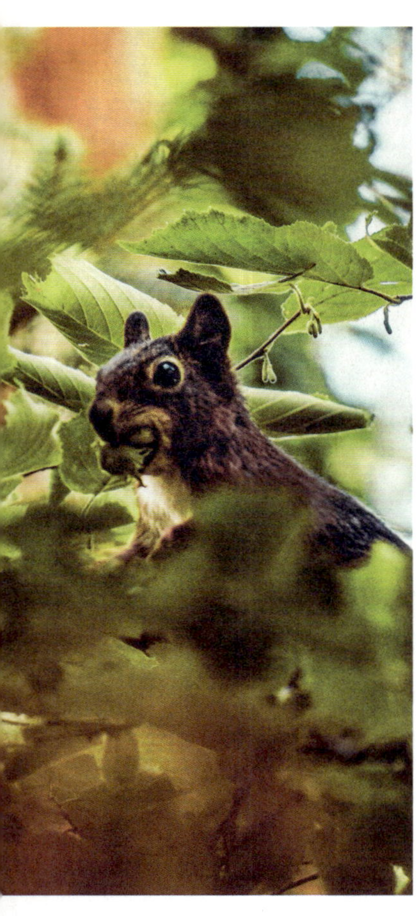

Eichhörnchen – niedliche Hektiker

Wo sich viele Eichhörnchen tummeln, gibt es oft auch viele Füchse. Denn das Raubtier, das in der Farbe meist den Eichhörnchen ähnelt, räumt mit dem Marder, einem der Hauptfeinde der possierlichen Hörnchen, auf. Gegen Marder und Habicht nützen auch beachtliche Geschwindigkeiten von über 20 Kilometern pro Stunde und Zweimetersprünge nicht viel. Für die Balance und als Steuerhilfe dient den Tieren in ihrem Baumlebensraum der fast körperlange buschige Schwanz. Der markante Körperanhang hilft außerdem bei der Kommunikation und als kuschelige Schlafdecke gegen Kälte. Eichhörnchen sind überwiegend rötlich gefärbt, doch die Fellfarbe kann variantenreich bis ins Dunkelbraune und Schwarze wechseln. Einzig der Bauch ist immer weiß gefärbt. Ihr Hauptlebensraum sind Nadel- und Mischwälder mit altem Baumbestand in allen Höhenlagen.

Die Zeit von Jänner bis in den Sommer hinein ist der Paarung gewidmet. Während einiger Monate kann man die flinken Nager dann bei ihren wilden, akustisch untermalten Verfolgungsjagden in den Bäumen beobachten. Oft wird ein Weibchen dabei von mehreren Männchen verfolgt. Die Paarung selbst kann bis zu dreimal im Jahr erfolgen. Im Spätsommer und Herbst beginnt die Vorbereitung auf den Winter. Dann werden Nahrungsdepots angelegt für schlechte Zeiten. Da Eichhörnchen keinen Winterschlaf halten, ergänzen sie ihre Samenmahlzeiten mit den Vorräten des Sommers. Ihre Gedächtnisleistung und der ausgeprägte Geruchssinn lassen sie die meisten Verstecke wiederfinden. Doch aus den vergessenen können Baum- und Strauchsamen auskeimen. So lassen die kleinen Nager mit der Zeit Baumriesen wachsen und schaffen Lebensräume für kommende Eichhörnchen-Generationen.

Das Eichhörnchen trägt zur Verbreitung von Baum- und Strauchsamen bei.

Der Rotfuchs – flexibler Kulturfolger

In höheren Lagen, insbesondere in Hüttennähe, ist der Rotfuchs nicht selten. Diese Tiere sind, was ihre Lebensräume angeht, sehr flexibel und anpassungsfähig. Ob Großstädte, Parks oder eben alpines Gelände, überall findet sich der drahtige Jäger zurecht, vorausgesetzt es gibt Nahrung und Möglichkeiten, Baue anzulegen. Dafür nutzen die Füchse im Hochgebirge etwa Spalten und Höhlen zwischen Steinblöcken. Der Mensch stört den an sich scheuen Fuchs kaum. Im Gegenteil, als Kulturfolger sucht er gerne dessen Strukturen auf, wie stillgelegte Steinbrüche, Ruinen und selbst noch bewohnte Häuser.

Sein breites Nahrungsspektrum reicht von Hausabfällen und Aas über Hasen, Jungvögel, Eier und Früchte bis hin zu Mäusen, seiner eigentlichen Hauptbeute. Auf die Jagd geht der Fuchs in der Dämmerung und nachts. Tagsüber ruht er häufig an regen- und windgeschützten Plätzen wie Felsüberhängen und Mulden. An seine Lebensbedingungen und den Lebensraum ist auch sein Sozialverhalten angepasst. So schließt er sich unter bestimmten Bedingungen zu Familiengruppen zusammen. Füchse waren stark von der Tollwut betroffen und sind jahrelang durch ausgelegte Impfköder einer Schluckimpfung unterzogen worden. Seit Österreich im Jahr 2008 für tollwutfrei erklärt wurde, und bereits in den Jahren davor, haben die Fuchspopulationen stark zugenommen. Zu seinen Feinden in freier Wildbahn zählen Steinadler und Uhu.

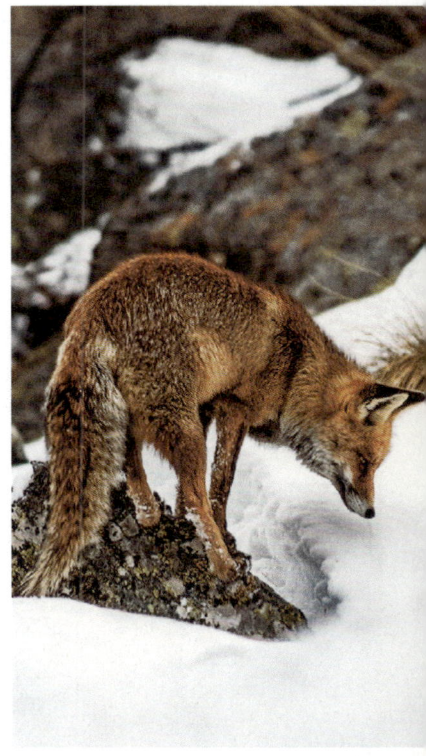

Der Rotfuchs ist nicht heikel – weder in Bezug auf seine Beute, noch auf seinen Lebensraum.

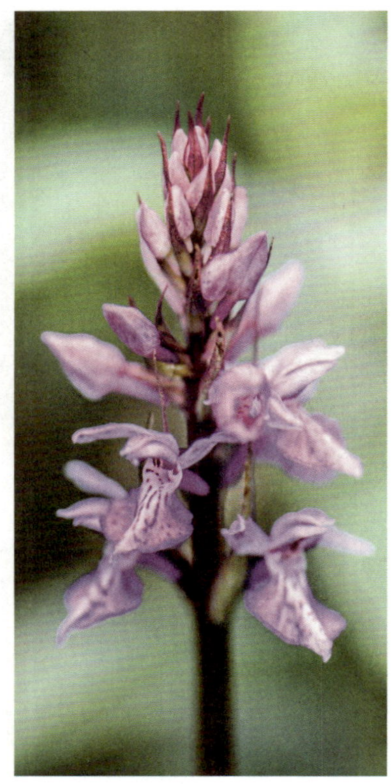

Das seltene Knabenkraut.

Pflanzen im Wald

Orchideen

Weltweit gibt es rund 24.000 Orchideen-Arten, die von den Baumriesen der Regenwälder bis zur arktischen Tundra viele Lebensräume besiedeln. Doch jede Art hat ihre ganz besonderen Ansprüche. Und alle sind Teil eines Beziehungsnetzes zu anderen Organismen. Einige Arten dieser enorm erfolgreichen Familie gibt es auch in unseren Wäldern. Vom seltenen Brandknabenkraut über den extravaganten Frauenschuh, unsere größte Orchidee, bis zur unscheinbaren Nestwurz – alle fallen sie durch ihre eigenartige Schönheit auf. Ihre große Artenvielfalt und weite Verbreitung verdanken sie gleich einer ganzen Palette an Strategien. Am Beginn ihres Lebens werden die Wurzeln aller Arten von einem Pilz genährt. Diese ungleiche Partnerschaft besteht das ganze Leben der Orchidee hindurch, auch wenn sie längst selber für ihre Nährstoffe sorgen kann. Welchen Nutzen der Pilz tatsächlich aus diesem Zusammenleben zieht, hat man bis heute nicht erforschen können. Viele Arten haben sich zudem auf eine bestimmte Bestäuberart spezialisiert. So lockt etwa die heimische Fliegen-Ragwurz durch ihr Aussehen und spezielle Duftstoffe Grabwespenmännchen an. Die Pflanze ahmt in vollkommener Perfektion ein Grabwespenweibchen nach. Die Männchen, fest in dem Glauben, auf ein Weibchen getroffen zu sein, nehmen durch ihre Begattungsbewegungen auf der Pflanze Pollen auf, den sie dann zur nächsten Fliegen-Ragwurz tragen und sie damit befruchten. Nektar als Lohn hat die Schöne nicht zu vergeben. Auf diese Weise betrügt ein Drittel aller Orchideenarten ihre gutgläubigen Bestäuber. Bei uns findet man sie in lichten, trockenen Wäldern.

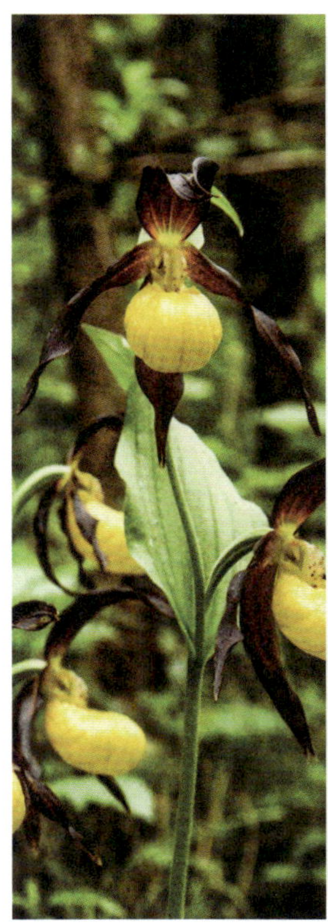

Gelber Frauenschuh

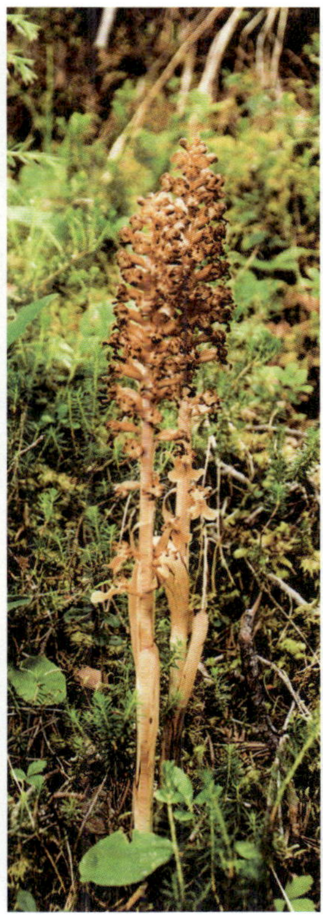

Vogel-Nestwurz

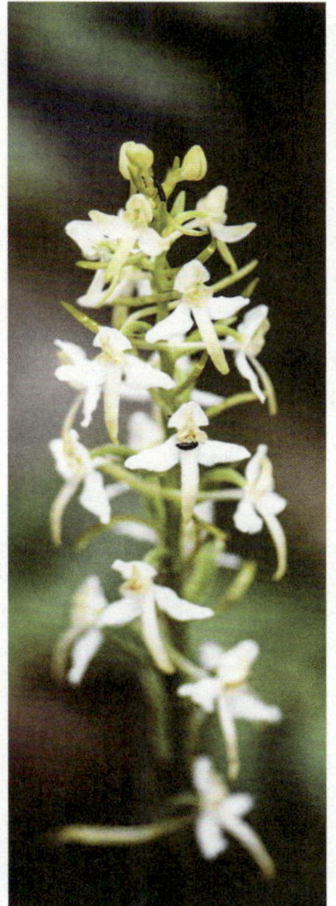

Weiße Waldhyazinthe

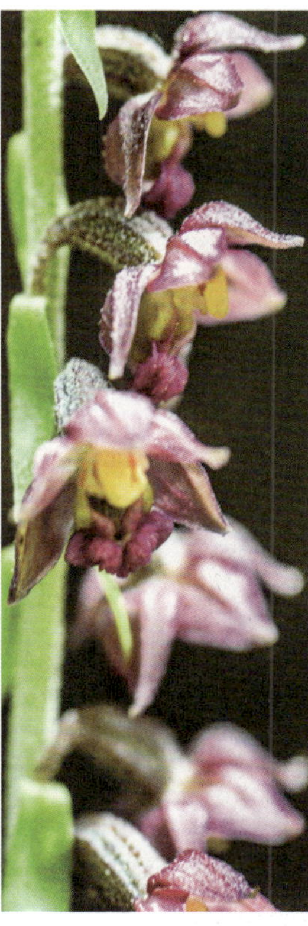

Breitblättrige Stendelwurz

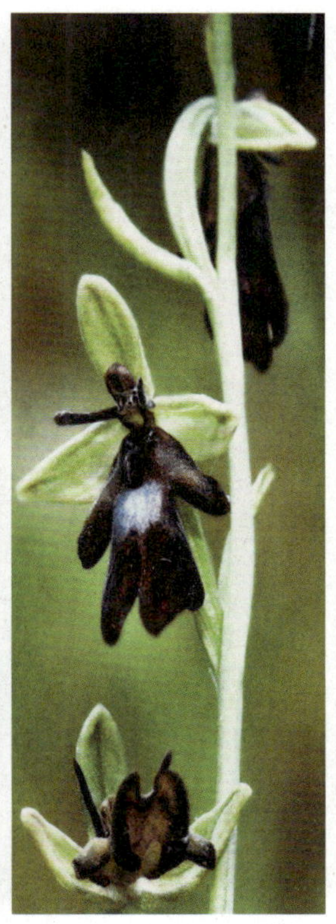

Fliegen-Ragwurz

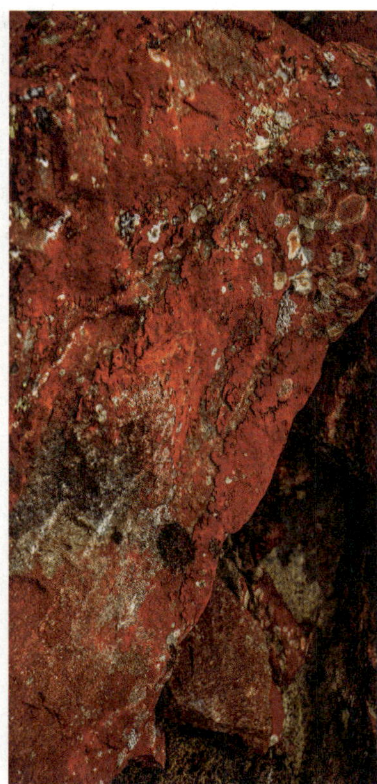

Luftalgen betreiben – wie alle Algen – Photosynthese und produzieren Sauerstoff.

Algen, Flechten oder Moose?

Algen

Manch einer mag sich schon über leuchtend rostrote Überzüge auf Felsen in Bachnähe Gedanken gemacht haben. Diese stammen meist von mikroskopisch kleinen Grünalgen der Gattung Trentepohlia, die Steine und Baumstämme wie feine Samtrasen bewachsen und intensive Farbstoffe eingelagert haben. Sie gehören zur Gruppe der Luftalgen. Da Algen ursprünglich im Wasser beheimatet sind, ist die Gruppe der Luftalgen im botanischen Sinn eine Rarität. Die meisten Vertreter dieser exklusiven Gruppe gedeihen in der feuchten Luft der Tropen. Hier, in den Alpen, bewachsen die Algen Standorte in schattiger Lage und Gewässernähe. Das für sie lebenswichtige Wasser bekommen sie durch Luftfeuchtigkeit, Regen und Nebel.

Flechten

Flechten haben viele unterschiedliche Erscheinungsformen: harte Krusten auf Felsblöcken, filigrane Bärte an Zweigen uralter Bäume oder raue Krusten an Baumstämmen. Es gibt sie in allen erdenklichen Farben. Viele Flechtenarten enthalten immunstärkende und antibakterielle Bestandteile, manche starke Gifte. Und sie besiedeln so gut wie alle Landlebensräume. So findet man sie auf Wetterseiten von Bäumen, am Boden, auf Totholz, auf Schupfendächern und Heuschobern oder unter Vogelhorsten. Was ist das Geheimnis dieser vielfältigen Alleskönner? Flechten werden durch eine Lebensgemeinschaft zwischen Pilzen – zumeist Schlauchpilzen – und Algen gebildet, hinzu kommen noch Bakterien und Hefepilze. Der Pilz bildet den „Wohnort", er bestimmt die Wuchsform und das äußere Erscheinungsbild. Zudem liefert er lebensnotwendige Mineralstoffe. Die Algen betreiben Photosynthese und sorgen so für die Nahrung in Form von organischen Verbindungen. Von ihrer Umgebung benötigt die Flechte also nur Kohlendioxid, etwas Feuchtigkeit und Sonnenlicht.

Bartflechten. In nebelreichen Wäldern der Alpen gedeihen zwischen 1.100 und 1.700 Metern Seehöhe die Bartflechten, die von den Zweigen alter Bäume herabhängen. Sie zählen, wie alle baumbewohnenden Flechten, zu den widerstandsfähigsten Organismen unseres Planeten. Ihre Aktivität hängt von der Feuchtigkeit ihrer Umgebung ab. Im trockenen Zustand sind sie gegenüber Hitze und Kälte unempfindlich. Austrocknungsphasen können sie deshalb meistens unbeschadet überleben. Die Flechte besitzt keine Gewebebarriere gegenüber ihrer Umwelt und nimmt die in der Luft enthaltenen Schadstoffe ungefiltert auf. Gerade auf diese reagiert sie sehr empfindlich, denn das physiologische Zusammenspiel der Partner ist gegenüber chemischen Veränderungen in der Umwelt sehr sensibel. Dadurch kann man sie als Bioindikatoren heranziehen, um die Wirkung von Luftschadstoffen auf das Ökosystem Wald zu beurteilen. Sie wachsen nur dort, wo die Luft gut ist. In den letzten Jahrzehnten sind diese Flechten vor allem im Bereich der Randalpen stark zurückgegangen.

Moose

In der Nähe von Bächen oder Wasserfällen, meist in Felsspalten in silikatischem Gestein, kann man das sogenannte Leuchtmoos finden. Es bildet schwefelgelbe Überzüge, die aus dem Schatten geradezu herausleuchten – und ist keineswegs eine Moosart. Das Leuchtmoos ist eine Flechte namens Psilolechia lucida.

Moose erkennt man meist leicht. Im Wald wachsen sie auf Baumstämmen und Totholz. Ihre oft kuscheligen Polster können ganze Felswände überziehen. Bodenmoose etwa findet man nur in Nadelwäldern. Schaut man genauer hin, kann man wunderschöne Formen erkennen. Diese sehr ursprünglichen Pflanzen haben es in sich. Denn sie wachsen langsam und sind stets in Gefahr, überwuchert zu werden. Deshalb bilden viele von ihnen pilzhemmende und schädlingsabwehrende Substanzen. Stoffe, die der Mensch schon in der Steinzeit zu nutzen wusste.

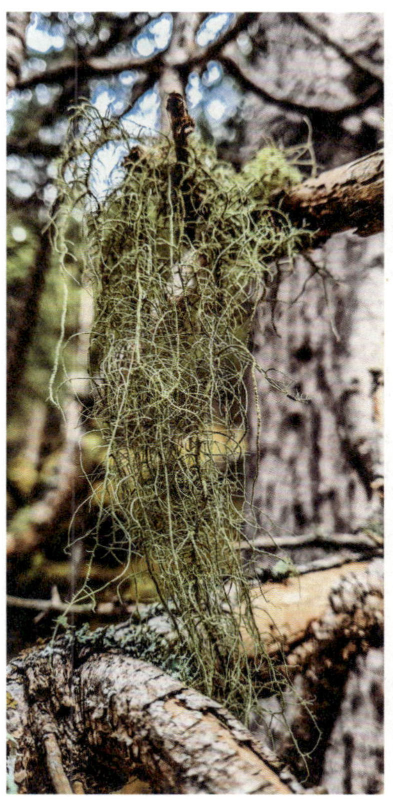

Flechten, im Bild die Bartflechte, reagieren empfindlich auf Schadstoffe in der Luft.

Die Funktionen von Moosen im Wald sind vielfältig: Ihre Zellen vermögen sehr viel Wasser zu speichern, das sie dann – zusammen mit Nährstoffen – langsam wieder an ihre Umgebung abgeben. Dadurch fangen sie extreme Regenereignisse ab, Nährstoffe werden nicht ausgeschwemmt und das ganze Ökosystem Wald profitiert davon. Sie bestimmen auch das Klima im Wald entscheidend mit, denn durch die verzögerte Wasserabgabe wird die Luft kühler und feuchter. Gleichzeitig filtern sie die Luft durch ihre feinen Strukturen und säubern sie von Verunreinigungen wie etwa Feinstaub.

Für die tierischen Bewohner des Waldes bieten die unscheinbaren Pflänzchen vielgestaltige Lebensräume. Hier tummeln sich Einzeller, Bakterien, Mehrzeller wie Räder- und Bärtierchen, aber auch Insekten und Spinnen leben im Moos, außerdem Amphibien und Reptilien, die sich in den dichten Polstern verstecken. Diese Bewohner dienen anderen wiederum als Nahrung. Und so hängt an diesen Moos-Lebensräumen ein ganzes Nahrungsnetz.

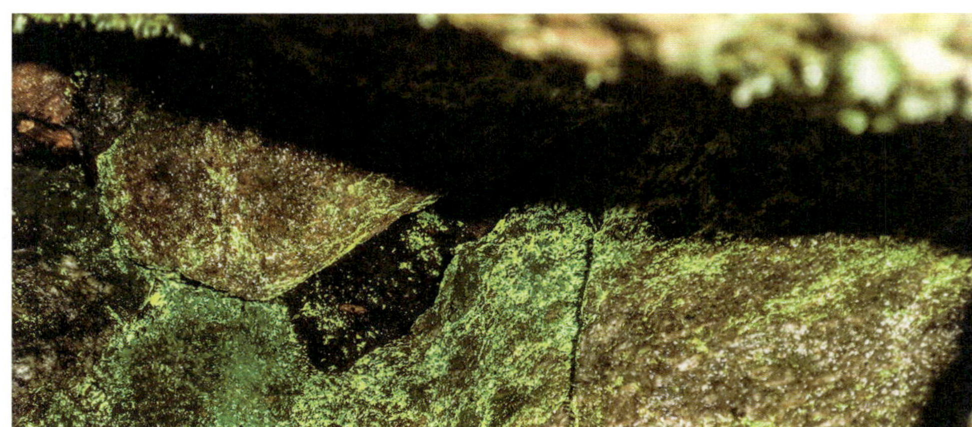

Das Leuchtmoos – kein Moos, sondern eine Flechte.

Lebensraum Fels

Ob im Hochgebirge oder im Waldbereich, Felswände bilden auffallende und markante Strukturen. Sie bieten je nach geografischen, geologischen und klimatischen Bedingungen spezielle Lebensräume, die von speziellen Pflanzen und Tieren besiedelt und bewohnt werden. Und Spezialisten haben meist die Eigenart, dass sie erstens selten sind und zweitens sensibel auf Störungen reagieren.

Vor allem für Felsenbrüter, die oft von gefährdeten Vogelarten repräsentiert werden, ist ein Schutz während der Brut- und Nestlingszeit, wenn die Jungen noch im Nest betreut werden, besonders wichtig. Zu diesem Zeitpunkt sind sie besonders anfällig gegen Störungen, die leicht zur Aufgabe der Brut führen können. Steinadler und Uhu etwa gelten dann als besonders sensibel.

Eine Annäherung an den Nestbereich kann die meisten Vögel schon zu dessen Verlassen bringen. Dabei können Eier zerstört werden oder Jungvögel aus dem Nest fallen. Sind die Altvögel durch Störungen oft und sehr lange abwesend, können die Eier absterben und Jungvögel unterkühlen. Auch Routensäuberungen, bei denen Pflanzenbestände entfernt werden, können Nester stören oder zerstören. Kletterfelsen unterhalb der Waldgrenze sind besonders betroffen, da sie im Frühjahr schneller schneefrei sind als in höheren Lagen. Die Fortpflanzungszeit beginnt, je nach Art, frühestens im Februar mit der Balz und zieht sich mit Nestbau und Jungenaufzucht bis in den Juli oder August, wenn die Jungvögel die Nester endgültig verlassen. Menschen, die im felsigen Gelände unterwegs sind, sollten diese Umstände im Kopf haben und auf alle Fälle auf ausgewiesene Sperrgebiete achten bzw. Lenkungsmaßnahmen respektieren.

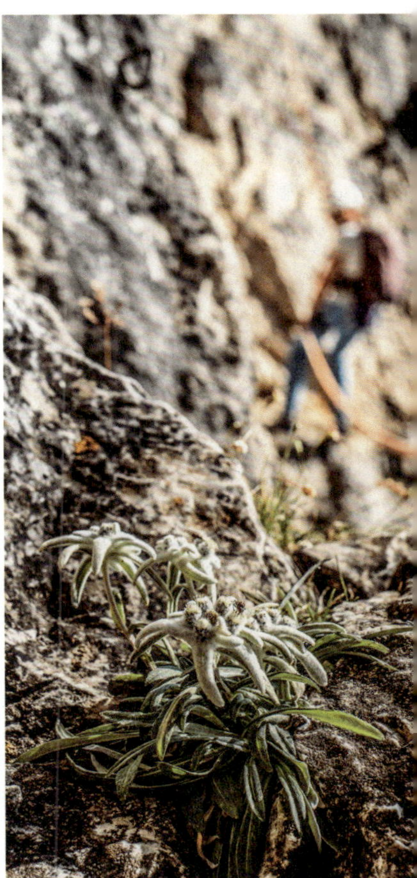

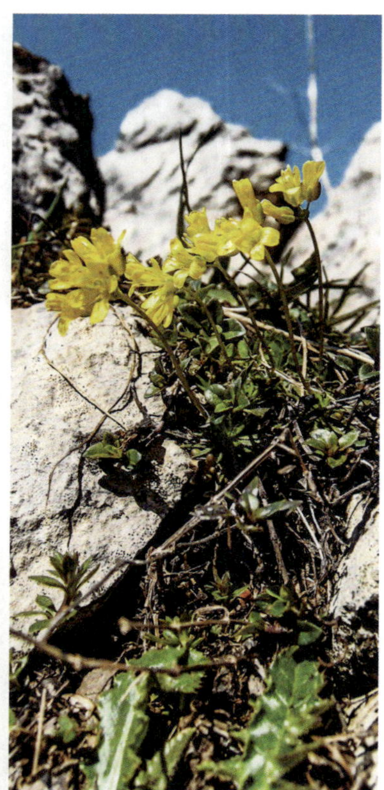

Das Immergrüne Felsenblümchen bildet schon im Herbst Blüten.

Pflanzen am Fels

Das Säubern und Ausputzen von Kletterfelsen – egal ob im Silikat- oder Kalkgestein – kann die spezial-isierte und empfindliche Pflanzenwelt stark bedrohen. Finden sich hier doch Überlebenskünstler, die ohnehin keine angenehmen Bedingungen vorfinden. Ausgesetzt im Fels, müssen sie vor allem mit großen Temperaturschwankungen und extremer Trockenheit zurechtkommen. Im Winter fehlt oft die schützende Schneebedeckung, deshalb ist hier Frosthärte gefragt. Für Flechten kein Problem. Für die Ansiedlung von Blütenpflanzen ist zumindest ein Minimum an Erde Voraussetzung. Da sie sich nur langsam entwickeln, brauchen sie bei Zerstörung lange Zeit, um sich zu erholen. Deshalb sollte man alle bewachsenen Felsbereiche und -spalten sowohl beim Klettern meiden als auch beim Putzenverschonen. In schattigen Bereichen wachsen zum Beispiel verschiedene Farnarten wie etwa der Grünstielige Streifenfarn. Das Immergrüne Felsenblümchen dagegen liebt sonnige Lagen im Kalk. Es bildet schon im Herbst Blüten, die auch ohne eine schützende Schneedecke überleben und im Frühjahr sofort austreiben können. Die Pflanze wird auch Felsen-Hungerblümchen genannt, da sie mit sehr wenigen Nährstoffen auskommt und auch Trockenheit gut verträgt. Zu den besonderen Spezialisten im Fels zählen die verschiedenen Hauswurzarten. An Felswänden, auch in großen Höhen, findet man verschiedene Arten von Steinbrechgewächsen. Auch sie sind ausgesprochene Überlebenskünstler. So vertragen die immergrünen Blätter des Gegenblättrigen Steinbrechs Temperaturen von bis zu minus 40 Grad, seine Blüten immerhin bis zu minus 15 Grad. Die Pflanze bildet flache, polsterförmige Rasen. Ab Seite 162 finden sich viele weitere Pflanzenarten und ihre ausgeklügelten Strategien im Lebensraum Hochgebirge.

Berg-Hauswurz

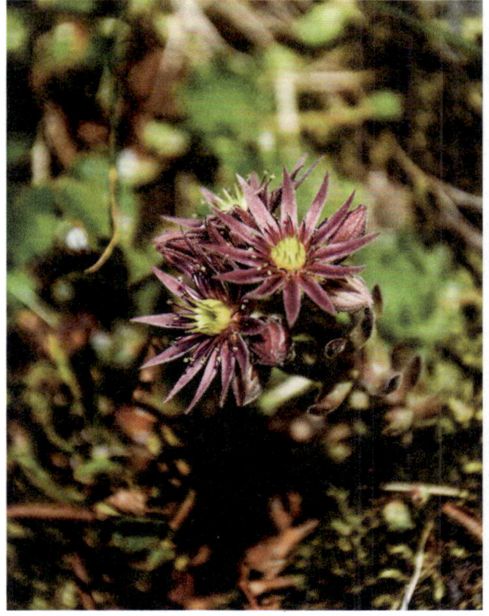

Gegenblättriger Steinbrech

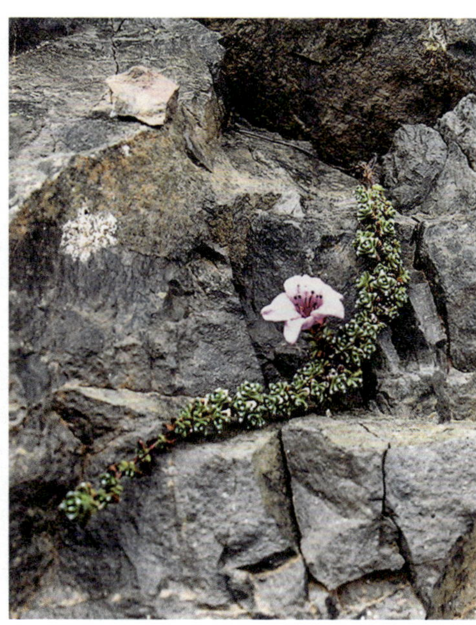

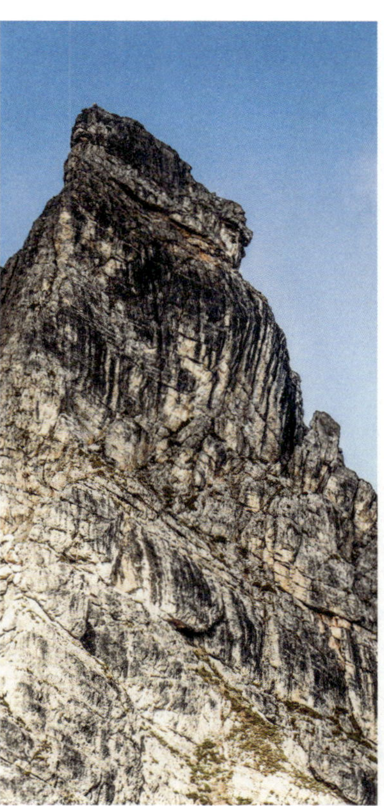

„Tintenstriche" auf Kalkfelsen.

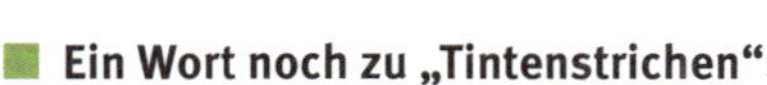

Ein Wort noch zu „Tintenstrichen":

In den steilen, hellen Wänden von Kalkfelsen fallen oft schwarze, vertikal verlaufende „Tintenstriche" auf. Sie sind lebende Überzüge von Mikroorganismen und entstammen allen voran Blaualgen, die sich entlang von Rieselwasserläufen auf den Felswänden angesiedelt haben.

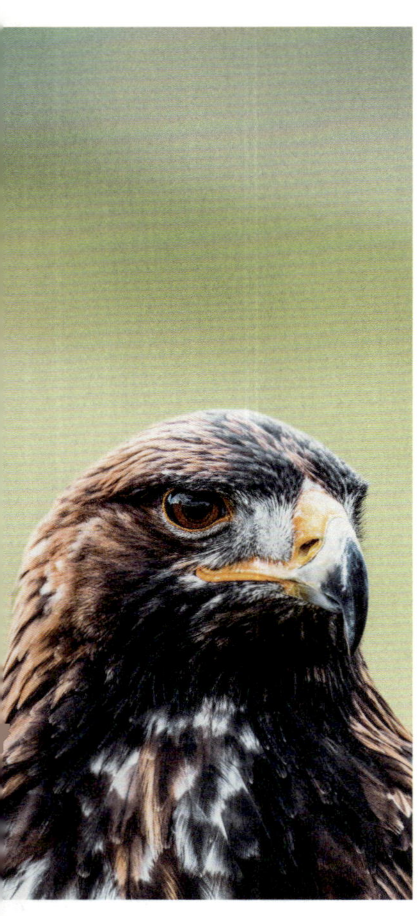

Tiere im Fels

Steinadler – der König der Lüfte

Der Steinadler zählt zu den größten heimischen Greifvögeln. Jahrhundertelang wurde in Europa Jagd auf den „König der Lüfte" gemacht. Als man ihn 1952 unter Schutz stellte, war der Steinadler beinahe ausgerottet. Seither ist sein Abschuss in den Alpen gesetzlich verboten. Er brütet in der Regel in Baumnestern nahe der Waldgrenze, aber in den Alpen wählt er hauptsächlich hohe, glatte Felswände, häufig auch kleine, von Wald umgebene Felsvorsprünge. In der Nähe des Horstes sind die Greifvögel extrem störungsempfindlich. Der meist gut geschützte Standort des Nestes liegt stets tiefer als das Jagdgebiet. Dadurch müssen die Beutetiere nicht mühevoll nach oben transportiert werden, sondern können im Gleitflug zu den Jungen in den Horst gebracht werden. Seine Beute besteht bevorzugt aus Murmeltieren, Gamskitzen, Birk- und Schneehühnern.

Im Revier eines Paares können bis zu zwölf Nester angelegt sein. Diese können nur wenige Meter voneinander entfernt oder aber in benachbarten Tälern liegen. Steinadler sind Frühbrüter. Bereits im März legt das Weibchen zwei bis drei Eier, die bis zu 45 Tage lang ausgebrütet werden. Meist überleben nur ein oder zwei der geschlüpften Jungen, die nach ihrer Geburt noch bis zu 80 Tage im elterlichen Nest verbleiben. Mit acht Wochen beginnen die jungen Adler schon in unmittelbarer Horstnähe herumzuklettern. Da die Eltern von ihrem Nachwuchs sehr in Anspruch genommen werden, sind Störungen in dieser Zeit ein großes Problem. Häufige Störungen während der Brutzeit veranlassen die Altvögel allzu oft, das Nest zu verlassen. So haben manche Brutpaare nur dann Erfolg, wenn sie nicht gestört werden.

Der Steinadler ist mit einer Flügelspannweite von bis zu 2,20 Metern der zweitgrößte Vogel der Alpen.

Mauerläufer – der Signalsetzer

Auf den ersten Blick macht der mit dem Kleiber verwandte Mauerläufer nicht viel her. Mit angelegten Flügeln schimmern seine Seiten zwar leicht rötlich, spreizt er die Schwingen aber ganz, dann kommen leuchtend rote Federn mit hellen weißen Punkten zwischen schwarzem Gefieder zum Vorschein. Der territoriale Vogel benützt die Signalwirkung dieser auffälligen Zeichnung und droht damit allzu kecken Eindringlingen. Der Mauerläufer hält den Höhenrekord der Felsbrüter. Zur Brutzeit findet man ihn ab etwa 1.000 Metern und bis über 3.000 Meter Höhe. Er bewohnt die Regionen der Kletter*innen und Bergsteiger*innen , deshalb macht ihm die enorme Ausweitung des Klettersports vielerorts zu schaffen. So ist der Bestand der Mauerläufer in Mitteleuropa schon recht klein. Vor allem das Ausputzen der Kletterrouten in den Brut- und Überwinterungsgebieten ist fatal für das Überleben des Mauerläufers.

Ab Ende März kommen die Paare zu den Brutplätzen, in höheren Lagen erst Ende Mai bis Anfang Juni. Dann kann man die Männchen beobachten, wie sie die Weibchen durch auffällige Sturz- und Aufwärtsflüge auf potentielle Nistplätze aufmerksam machen. Nachdem das Weibchen einen Nistplatz gewählt hat, beginnt es mit der Eiablage. Die Wahl des Nestes hängt in erster Linie von seiner Sicherheit vor Bruträubern ab und liegt meist in Felsregionen mit Gras- und Pflanzenbändern. Oft brüten Mauerläufer auch in engen Schluchten. Die Nestlingsdauer endet mit dem Selbstständigwerden der Jungen spätestens im August. Auf kurzzeitige Störungen reagieren Mauerläufer weniger empfindlich, gefährlich ist die intensive Dauerstörung durch Kletter*innen und andere Freizeitsportler*innen.

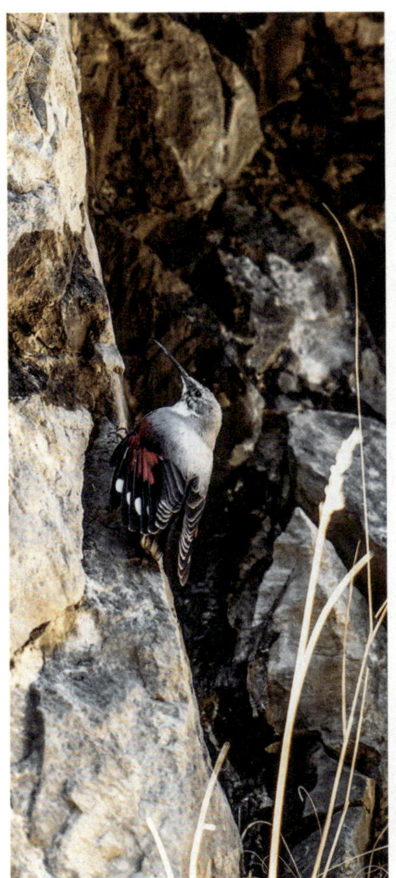

Die enorme Ausweitung des Klettersports macht dem recht kleinen Bestand des Mauerläufers zu schaffen.

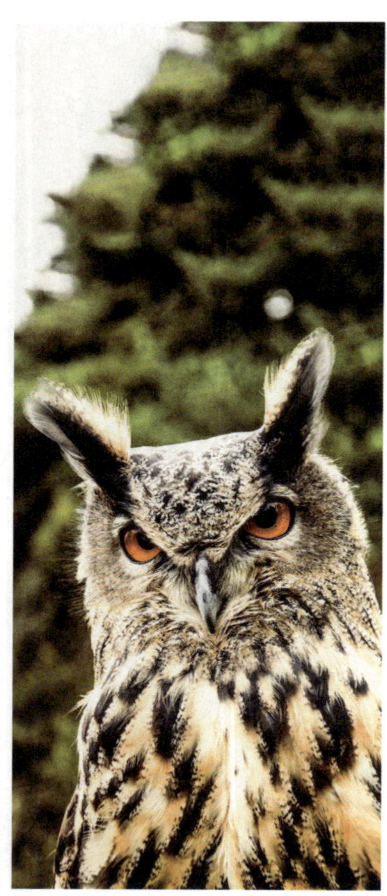

Uhu – unsere größte Eule

Zerklüftete und bewachsene Felswände mit Deckungsmöglichkeiten stellen einen idealen Brutplatz für die schon selten gewordenen Uhus dar. Zudem brauchen die großen Vögel offene Landschaften in der Nähe. Man findet sie deshalb vor allem im Alpenvorland oder in großen Alpentälern. Sie wählen den Nistplatz häufig am Fuß oder an der Oberkante von Felswänden. Mit der Eiablage beginnen sie ungefähr Mitte März. Das Weibchen brütet etwa 36 Tage und wird in dieser Zeit vom Männchen versorgt. Während der Eiablage und der Bebrütung sind die Vögel extrem störungsempfindlich. Die Jungen fliegen nach circa zwei Monaten aus. Sie werden von den Eltern aber noch bis Anfang Oktober versorgt. Die Nistplätze werden, wenn sie nicht gestört werden, meist über Generationen beibehalten. Mit einer Spannweite von bis zu 170 Zentimetern ist der Uhu die größte Eule Europas. Trotz seiner Größe ist er durch seine hauptsächlich braune Gefiederfärbung gut getarnt. Nur seine großen orangefarbenen Augen stechen auffallend hervor. Charakteristisch sind seine langen Ohrbüschel, wobei die eigentlichen Ohren unterhalb liegen. Zur nächtlichen Jagd benützt er fast ausschließlich sein ausgezeichnetes Gehör. Dabei bündelt der Gesichtsschleier den Schall und leitet ihn zu den Ohren. In schnellem, lautlosem Pirschflug stürzt er sich auf Säugetiere wie Rehkitze, Hasen und Mäuse, andere Vögel, Reptilien, Frösche und auch Fische. Uhus können ein Alter von bis zu 20 Jahren erreichen. Die größten Gefahren drohen den Eulen durch Stromkabel, Straßenverkehr und Störung der Nistruhe beziehungsweise Nesträuber.

Der Uhu brütet in Felsnischen oder auf Felssimsen. Er reagiert sensibel auf Störungen.

Wander- und Turmfalke – erfolgreicher Schutz

Der Wanderfalke sucht zum Brüten überhängende Felsregionen in den unteren Lagen der Alpen auf, etwa in Flusstälern, bewaldeten Felszügen, aber auch in Steinbrüchen. Der große Falke ist ein geschickter Jäger, der seine Beute im Flug schlägt. Dabei kann er eine Geschwindigkeit von bis zu 200 Kilometern pro Stunde erreichen. Sein Bestand ist in den 1950er Jahren dramatisch eingebrochen. Vor allem die Aufnahme von chlorierten Kohlenwasserstoffen wie DDT, HCB und PCB aus ihren Beutetieren haben die Bruterfolge der Vögel schwer beeinträchtigt. Auch wurden sie gebietsweise durch illegale Abschüsse und Gelegezerstörung stark dezimiert. Reduktion der giftigen Stoffe in Land- und Forstwirtschaft, Ausweisung von Nestschutzzonen, Rekultivierungen und andere Maßnahmen ließen die Bestände wieder wachsen.

Heute wird vielerorts auf die Einhaltung von befristeten Sperrungen ihrer Brutfelsen geachtet. Wanderfalken beginnen ab Anfang März Eier zu legen. Als Brutplatz dient eine vom Weibchen ausgescharrte Mulde in einer trockenen Nische. Die Nähe zum Uhu, seinem größten Feind, meidet der Falke. Beide Eltern bebrüten das Gelege etwa einen Monat lang. Dann verbleiben die Jungen bis etwa Ende Mai im Nest, weitere drei bis vier Wochen erfolgt eine Bettelflugperiode, bis sich der Familienverband spätestens Anfang August endgültig auflöst. Auch der Turmfalke hatte in den 1970er Jahren mit starken Bestandsrückgängen zu kämpfen. Er wurde vor allem durch die Intensivierung der Landwirtschaft, wodurch seine Lebensräume verloren gingen, zurückgedrängt. Neben dem Mäusebussard ist er heute der am weitesten verbreitete Greifvogel Österreichs. Auch diese Falkenart brütet mitunter in Felsnestern im Gebirge. Mit dem Brutgeschäft beginnt sie erst im April oder Mai. Brutdauer und Nestlingszeit betragen etwa je einen Monat. Nach vier weiteren Wochen sind die Jungen dann selbstständig.

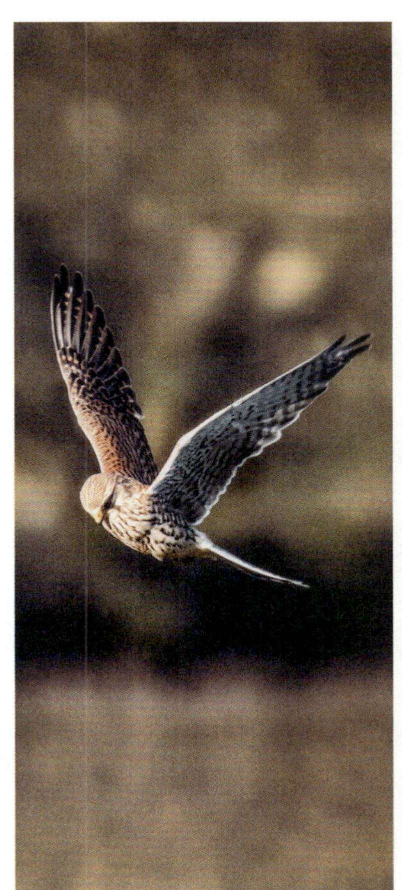

Der Turmfalke ist die in Mitteleuropa am häufigsten vorkommende Falkenart. Er ist sehr anpassungsfähig und häufig auch in Siedlungsnähe sichtbar.

Kolkrabe

Der intelligente Kolkrabe war und ist auch heute noch kein gern gesehener Geselle. So soll er Schäden an Weidetieren, vor allem an deren Nachwuchs anrichten und seine Vorliebe für Niederwild ist manchem Jäger ein Dorn im Auge. Deshalb wurde er auch lange Zeit gezielt verfolgt. Kolkraben leben sehr sozial. Das spiegelt sich unter anderem in ihren spektakulären Gruppen-Flugspielen wider. Dabei können sich die Vögel im Flug gegenseitig an den Füßen packen, einander verfolgen, Sturzflüge vollführen oder dicht übereinander fliegen. Auch während der Balz werden mit dem jeweiligen Partner Flugkünste erprobt. In Mittel- und Hochgebirgslagen brüten Kolkraben in Felsbereichen bis in die subalpine Stufe. Dabei bevorzugt er durch Überhänge geschützte Nischen und Höhlungen. Die Nester können bei oftmaliger Nutzung über die Jahre zu mächtigen Bauten heranwachsen. Felsbrütende Kolkraben-Paare betreiben meist mehrere Nester, die im Wechsel benutzt werden. Nestmaterial wird, je nach Witterung, schon ab Februar gesammelt. Die Hauptschlüpfzeit der Jungen liegt im Mai. Etwa Anfang Juli verlassen sie das Nest, bleiben aber noch mindestens zwei Monate, oft aber fünf bis sechs Monate bei den Eltern.

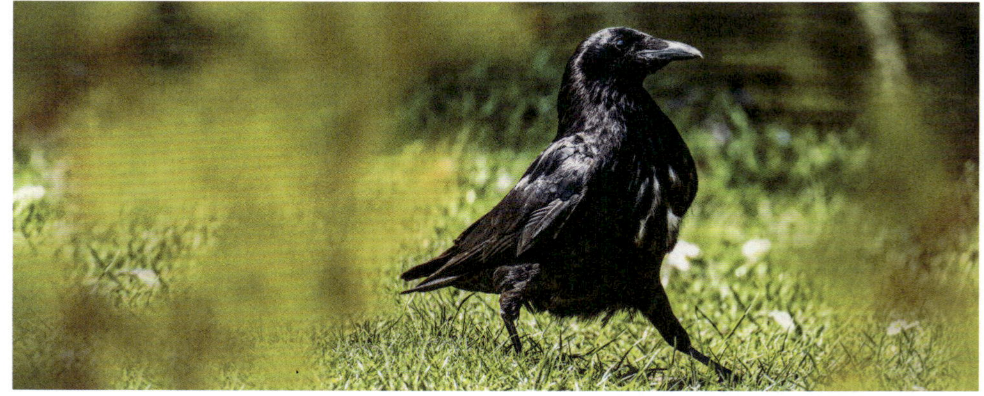

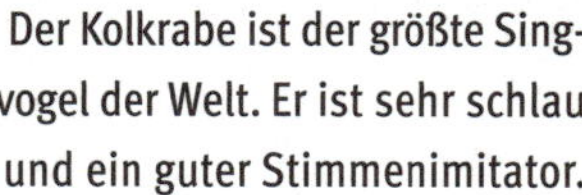

Der Kolkrabe ist der größte Singvogel der Welt. Er ist sehr schlau und ein guter Stimmenimitator.

Alpendohle

Die Alpendohle ist eine der wenigen Arten, die von der touristischen Entwicklung und Infrastruktur profitieren. Denn durch sie sparen sich die kontaktfreudigen Krähenverwandten weite Nahrungsstreifzüge. So finden sie sich auf der Suche nach Jausenresten an belebten Gipfeln und Berggasthöfen ein. Weggeschleuderte Happen wie Apfelbutzen erhaschen sie zielgenau im Flug. Sie sind zudem hervorragende Gleit- und Segelflieger. So können sie die Windströmungen zwischen Steilwänden und Hängen wie kaum ein anderer Vogel nutzen. Ihre geschickte Flugtechnik trägt sie mit dem Aufwind in große Höhen. Die Fluggeschwindigkeit liegt zwischen 70 und 80 Kilometern pro Stunde, im Sturzflug erreichen sie bis über 200 Kilometer pro Stunde. In Sachen Brutplatz führen Alpendohlen ein sehr verstecktes Dasein. Sie errichten ihre Nester in Spalten, Nischen und Höhlen unzugänglicher Felswände, die für eventuelle Nesträuber unerreichbar sind. Der Legebeginn fällt meist auf Mitte Mai bis Mitte Juni. Die Jungen verlassen das Nest nach etwa 36 Tagen, verbleiben aber bis in den Winter hinein im Familienverband. Schwärme von Alpendohlen sind das ganze Jahr über keine Seltenheit. Und wer gesellig ist, ist meistens auch geschwätzig. Mit ihrem beachtlichen Repertoire an Warn- und Kontaktrufen können sie sich sehr gut untereinander verständigen.

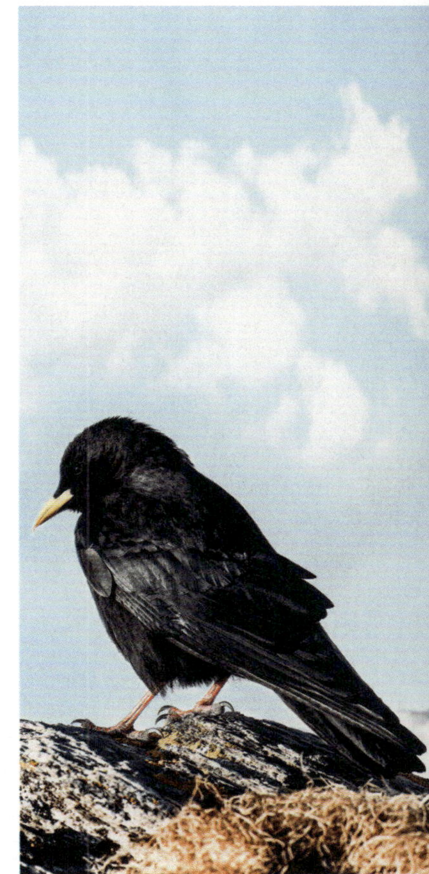

Die Alpendohle hat einen gelben Schnabel, die seltene Alpenkrähe, die ihr ähnlich schaut, einen roten.

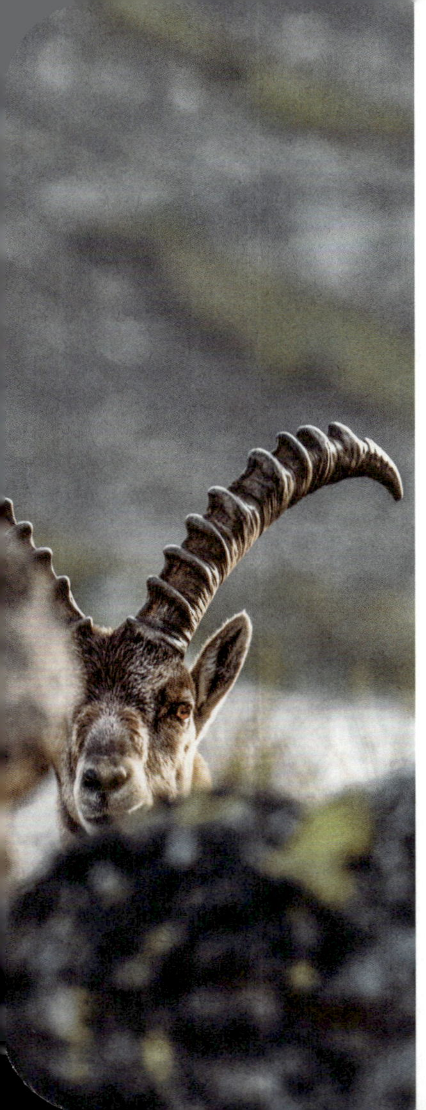

Lebensraum Hochgebirge

Die Lebensbedingungen im Extremlebensraum Hochgebirge sind – schlichtweg – extrem. Pflanzen und Tiere müssen ihnen mit ausgeklügelten Strategien begegnen, um in den obersten Höhenlagen der Alpen zu überleben.

Die Zeit ohne Schnee ist im Hochgebirge sehr kurz. Für Tiere bedeutet das lange Nahrungsknappheit. Für Pflanzen, dass nur eine sehr kurze Entwicklungszeit zur Verfügung steht, relativ wenige Bestäuber unterwegs sind und sie im Endeffekt nur sehr langsam wachsen. Ihre Entwicklung dauert lange, dafür werden sie wesentlich älter als ihre Verwandten im Tal. 100 Lebensjahre sind hier keine Seltenheit. Die Temperaturen kennen keinen Mittelweg. Im Winter sinken sie vor allem bei Sturm und Schnee sehr stark ab. In der übrigen Zeit ist es in der Sonne schnell sehr warm, aber bereits in der Dämmerung wieder kalt. Der Temperaturunterschied kann beträchtlich sein. Die für alle Organismen schädliche UV-Strahlung ist besonders intensiv.

Obwohl es immer wieder zu starken Unwettern und heftigen Regenfällen kommt, kämpfen die pflanzlichen Bewohner mit Wasserverlust durch austrocknenden Wind und die starke Sonneneinstrahlung. So hart die Bedingungen sind, eine Tatsache macht den Lebensraum für sie begehrenswert: Hier oben haben diese Spezialisten wenig bis gar keine Konkurrenz durch andere, die ihnen Licht, Raum oder Nahrung streitig machen würden. Durch den Klimawandel haben sich diese Bedingungen allerdings verändert und werden sich stetig weiterverändern.

Pflanzen im Hochgebirge

Pflanzen können uns sehr viel Aufschluss zum Beispiel über das Gestein geben. Die meisten Arten sind durch ihren Bau und ihre Physiologie an einen bestimmten Untergrund gebunden. So kann kaum eine Pflanze auf Silikat- und Kalkuntergrund gleich gut wachsen. Denn bei den jeweiligen Gesteinsarten sind unterschiedliche Fähigkeiten erforderlich, um gedeihen zu können. Kristalline Böden sind eher sauer, Kalkböden hingegen basisch. Aber nicht nur der pH-Wert, sondern auch die Verfügbarkeit von Wasser und Nährstoffen ist unterschiedlich. Es gibt allerdings sogenannte Schwesterarten in den unterschiedlichen Gesteinen. Ein bekanntes Beispiel dafür ist die Alpenrose: Im Kalk wächst die Bewimperte Alpenrose, im Silikat die Rostblättrige Alpenrose auch Almrausch genannt. Gebiete, in denen sich beide Gesteinsarten auf kleinem Raum abwechseln, bringen deshalb eine enorme Fülle an verschiedenen Pflanzenarten hervor.

Doch auch die klimatische Vielfalt im Kleinen und Kleinsten durch alle Höhenstufen und Himmelsrichtungen bringt eine große Vielfalt an Alpenpflanzen hervor. Hochgebirgspflanzen sind allesamt Spezialisten, die perfekt angepasst sind, die extremen Bedingungen zum Teil auch für ihre Entwicklung brauchen, dadurch aber auch entsprechend unflexibel und sensibel geworden sind. Durch die sich relativ schnell ändernden Klimabedingungen rücken von unten Pflanzenarten nach, die die Spezialisten zusehends verdrängen. Zudem wandern kälteangepasste Arten wie etwa der Gletscherhahnenfuß immer weiter hinauf. Gipfel werden dann zu sogenannten Biodiversitätsfallen: Kann die Pflanze nicht mehr nach oben ausweichen, verschwindet sie ganz. Die allgemeinen Bedingungen im Hochgebirge für Pflanzen und ihre Strategien sind folgende:

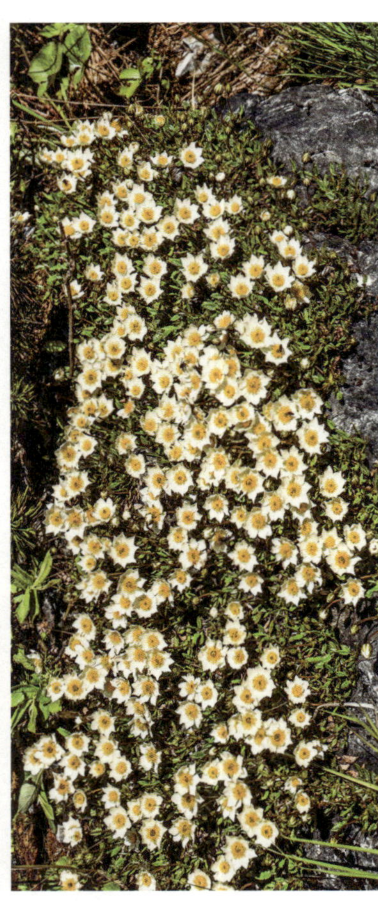

Immer in Bewegung

Der Untergrund im Hochgebirge ist, dort wo Bewegungen im Untergrund durch Lawinen und Muren entstehen, ein sehr unbeständiger Lebensraum. Auch die Wetterereignisse sind meist extrem: Sturzregen, Schnee im Winter oder Hitze und Trockenheit im Sommer. Selbst unwirtliche Gegenden wie Geröllfelder sind belebt. Zwischen den Steinen verbergen sich Hohlräume mit unbewegter Luft, in denen Pflanzen vor Austrocknung geschützt sind.

Strategien → Doch wie umgehen mit ständiger Bewegung? Die sogenannten Felsschuttgesellschaften haben unterschiedliche Methoden hervorgebracht, um damit zurechtzukommen. Da gibt es Schuttdecker wie die Silberwurz. Dieser immergrüne Spalierstrauch überzieht das Geröll mit niederliegenden, langen Trieben. Trotz des widrigen Lebensraumes kann die Silberwurz ein Alter von bis zu 100 Jahren erreichen. Schuttstauer bieten dem rutschenden Fels mit tiefreichenden Pfahl- und Seitenwurzeln sowie horstförmigem Wuchs Widerstand und können ihn bis zu einem gewissen Grad aufstauen. Mit dieser Strategie wartet etwa der Gelbe Alpenmohn auf. Seine faserbeschopften Blattbasen unterstützen ihn zusätzlich. Diese Strategie verfolgt auch der Alpen-Mannsschild.

Sogenannte Schuttwanderer wie der Gletscher-Petersbart bilden lange wurzelnde Ausläufer, mit denen sie durch den Felsschutt kriechen. Schuttüberkriecher benutzen ihre langen, zum Teil wurzelnden Ausläufer, um über das labile Gestein zu kriechen. Beispiel ist hier das Alpen-Leinkraut. Von seinem unterirdischen Stamm gehen bis zu 60 Triebe aus, die größeren Schutt durchdringen und auf feinerem Geröll aufliegen. Schuttstrecker arbeiten sich durch das Strecken ihrer Wurzelstöcke, Stengel und Blattstiele durch die Schuttdecke und festigen sie dadurch. Sie haben oft stärkere Wurzelstöcke, wie etwa der Alpensäuerling.

Die Silberwurz überzieht das Geröll mit ihren niederliegenden, langen Trieben.

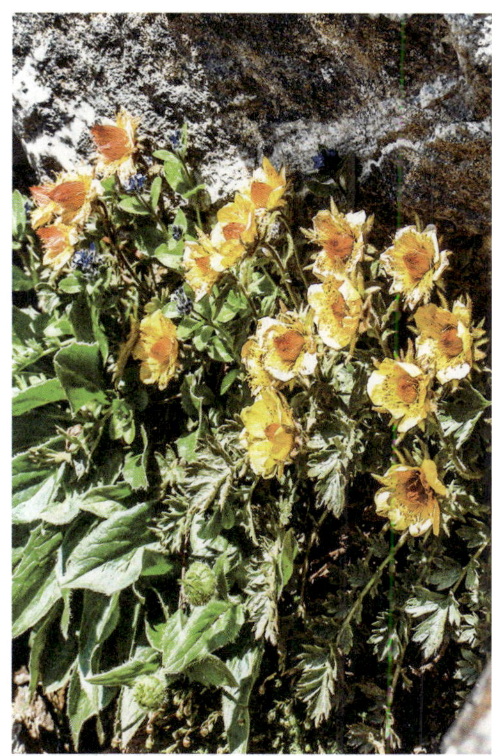

Der Gletscher-Petersbart mit seinen lang wurzelnden Ausläufern kriecht durch den Schutt.

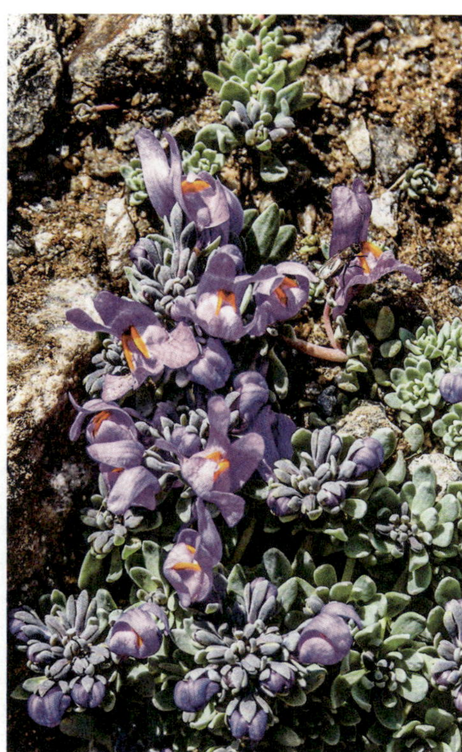

Das Alpenleinkraut gehört zu den Schuttüberkriechern.

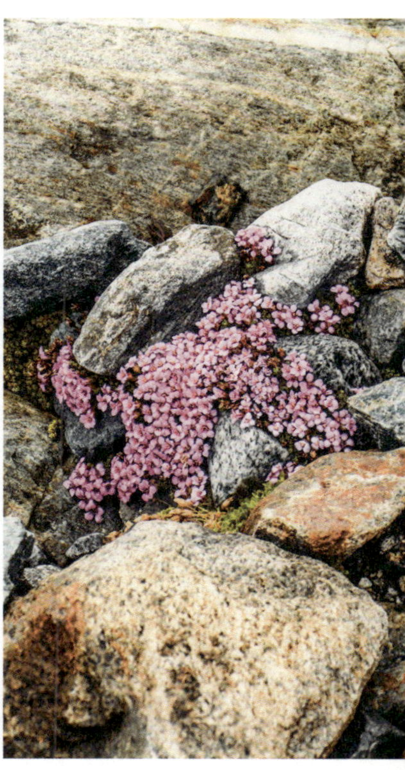

Nomen est omen beim bis in ca. 4.500 Meter Höhe vorkommenden Gegenblättrigen Steinbrech.

Mangelware: Humus und Nährstoffe

Vor allem im Kalk ist die Humusauflage sehr dünn. Deshalb sind auch Abschneider oder der Druck von Fahrradreifen, die den Boden schädigen, so fatal. Nährstoffe sind im Kalk zwar vorhanden, werden aber leicht ausgeschwemmt.

Strategien → Hochgebirgspflanzen sind bescheiden und sparsam. Sie wachsen schon auf einem Minimum an Humus und verwenden jeden abgestorbenen Pflanzenteil sofort wieder als Wachstumssubstrat. Solche Humuskissen halten auch lebensnotwendiges Wasser zurück. Dadurch wird etwa die Besiedlung von extrem trockenen Standorten wie Kalkfelsspalten möglich. Dort siedelt zum Beispiel die Kalk-Polsternelke. Gegen Nährstoffmangel ist das fleischfressende Fettkraut optimal gefeit: Es verfügt über glänzende, klebrige Blätter, an denen Insekten hängen bleiben und verdaut werden.

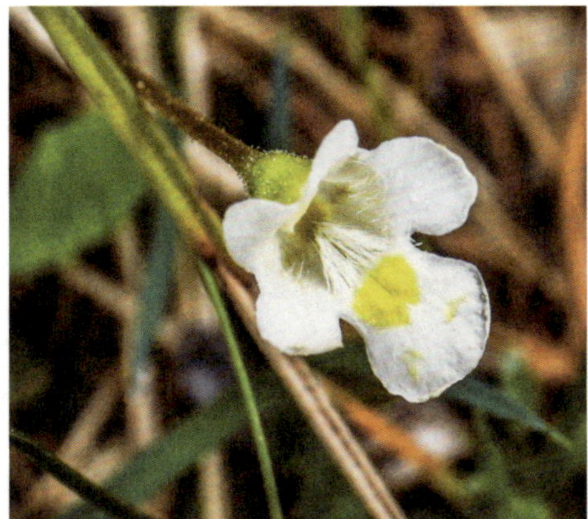

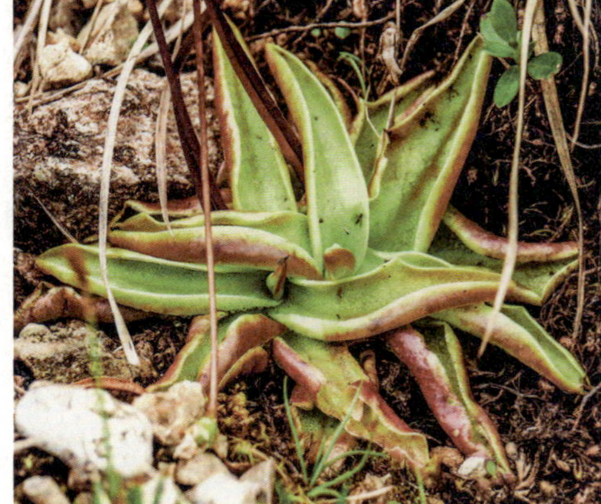

Das Alpen-Fettkraut ist eine fleischfressende Pflanze.
Bild links: Blüte
Bild rechts: Blätter

Intensive Sonneneinstrahlung

Mit zunehmender Höhe nehmen Luftdichte und Trübung durch Staubpartikel ab, so können UV-Strahlen leichter zum Boden vordringen und ihn erwärmen.

Strategien → Die Bedingungen mit starker Sonneneinstrahlung und Hitze haben die Berg-Hauswurz zu einer Strategie greifen lassen, die man sonst von Wüstenpflanzen kennt. So hat diese Spezialistin ihre Spaltöffnungen nachts geöffnet, Kohlendioxid dringt ein und wird gespeichert. Tagsüber bleiben die Spaltöffnungen geschlossen, damit kein Wasser verdunsten kann. Die sauerstoffproduzierende Photosynthese läuft dann mit dem gespeicherten Kohlendioxid und der Sonnenenergie ab. Zudem besitzt die Hauswurz fleischige Blätter, die Wasser speichern können. Eine bei nahezu allen Hochgebirgspflanzen verbreitete Strategie gegen die hohe schädliche UV-Strahlung ist die auffallende Intensität der Blütenfarben.

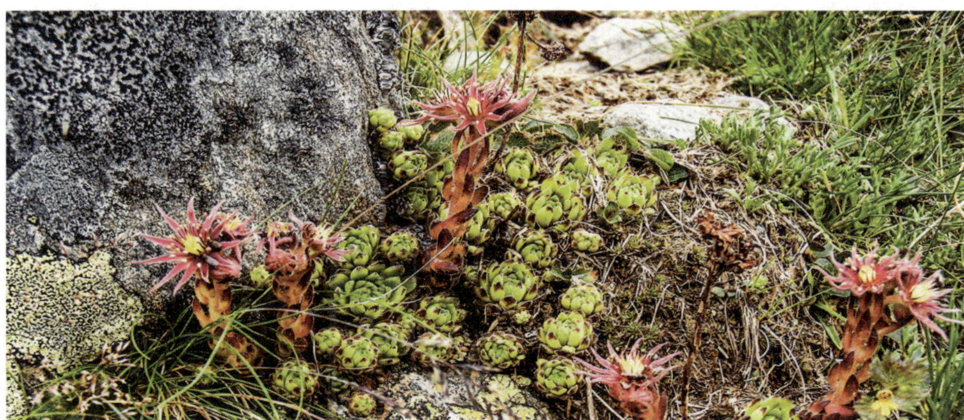

Die Berg-Hauswurz speichert Wasser in ihren Blättern.

Mangelware Bestäuber

Im Tal werden sie immer weniger, im Hochgebirge waren sie immer rar: die bestäubenden Insekten. Denn den meisten sind hier die Bedingungen zu hart. Dennoch finden sich noch in großen Höhen Schmetterlinge, Bienen, Hummeln und Fliegen als Bestäuber.

Strategien → Zum einen haben die intensiven Blütenfarben den Nutzen, Bestäuber anzulocken. Zum anderen haben sich aber viele Pflanzen von Bestäubern unabhängig gemacht: Die Spinnweben-Hauswurz pflanzt sich über Tochterrosetten fort, die sich von der Mutterpflanze ablösen, ein Stück bergab rollen und wieder Wurzeln schlagen. Viele Arten besitzen kleine, leichte Samen und nutzen so den Wind zur Verbreitung. Einige Arten wie der Gelbe Enzian besitzen sogar geflügelte Samen. Durch diese Bauweise fliegen sie gut. Erreichen sie feuchte Oberflächen, dann bleiben sie daran haften.

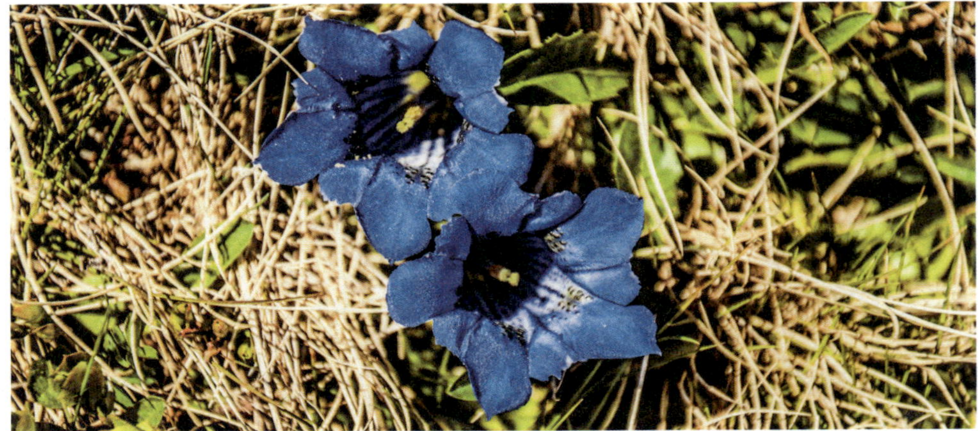

Viele Pflanzen des Hochgebirges, wie z.B. der Clusius-Enzian, versuchen mit intensiven Blütenfarben die seltenen Bestäuber anzulocken.

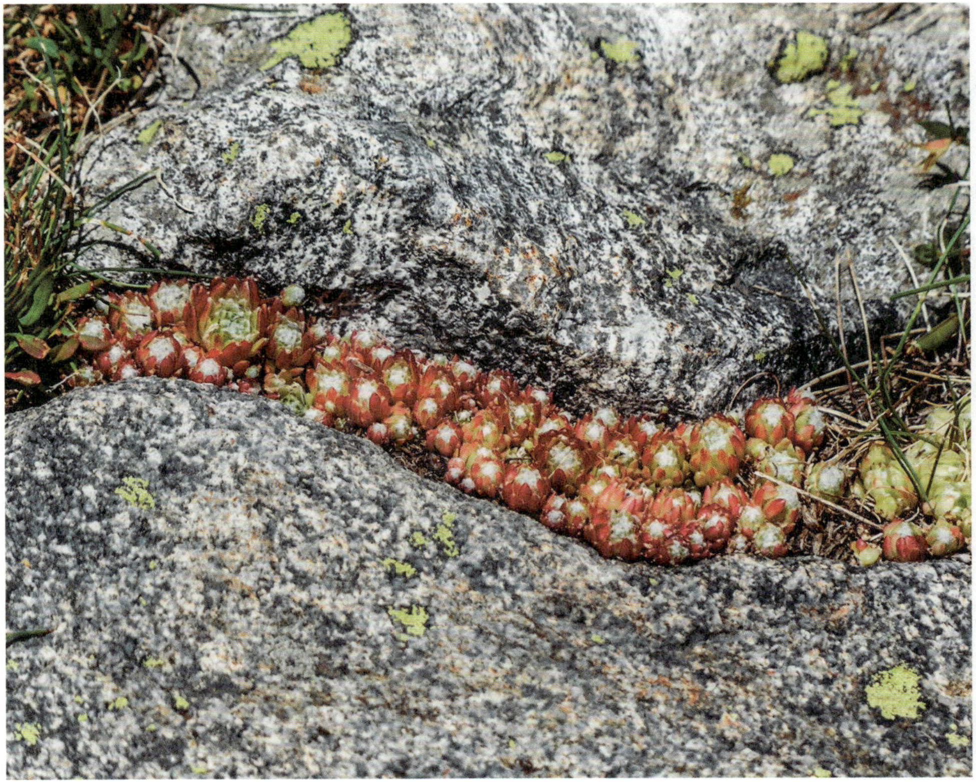

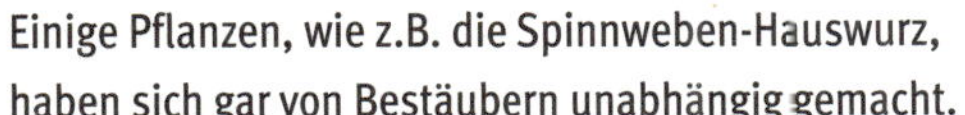

Einige Pflanzen, wie z.B. die Spinnweben-Hauswurz, haben sich gar von Bestäubern unabhängig gemacht.

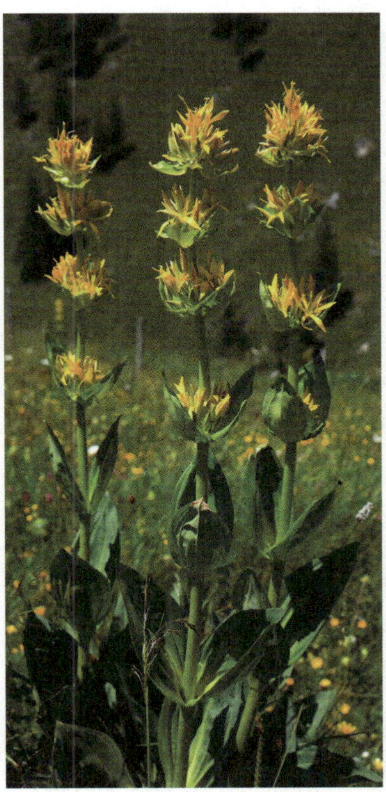

Auch der Gelbe Enzian braucht keine Bestäuber, er besitzt geflügelte Samen.

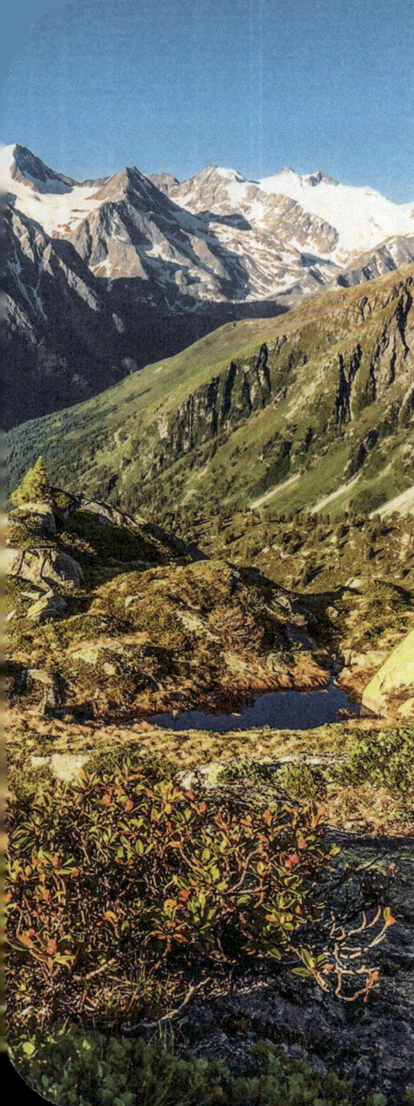

Mal heiß, mal eisgekühlt

Je höher, desto kälter: Pro hundert Höhenmeter sinkt die Jahresdurchschnittstemperatur um 0,5 Grad Celsius. Mit steigender Höhe werden auch die Temperaturunterschiede extremer. Wo frühmorgens noch eine dünne Eisschicht über den Felsen liegt, herrschen mittags schon plus 40 Grad. Das ist im Hochgebirge im Sommer oft an der Tagesordnung. Auch die Bedingungen an den Licht- bzw. Schattenseiten unterscheiden sich eklatant. An den kälteren Schattenseiten, die länger mit Schnee bedeckt sind, sind die Vegetationszeiten dementsprechend kürzer und dort dauert die Entwicklung auch länger.

Strategien → Allgemein enthält der Zellsaft der Pflanzen eine hohe Konzentration gelöster Stoffe, wie etwa Zucker, die als Frostschutzfaktoren wirken. Zucker fördert außerdem die Entwicklung der Wurzeln. Damit festigt sich die Pflanze im Boden und kann sich auch bei oberflächlichem Frost gut mit Wasser versorgen. Weitere Strategien sind die Ausbildung von Blattrosetten, die am Boden aufliegen und die Bodenwärme gut nutzen können. Sie werden bei verschiedenen Enzianarten sichtbar. Die Polsternelken entwickeln in ihren dichten Polstern ein eigenes Mikroklima, mit dem sie gut leben können. Diese Polster können bis zu zwei Meter breit und an die 100 Jahre alt werden. Zur Festigung können ihre Wurzeln über einen Meter tief in den Untergrund eindringen. Auch Samen und Früchte vieler Alpenpflanzen haben mit Kälte kein Problem. Ihnen bereitet auch ein tagelanger Aufenthalt in kaltem Schmelzwasser oder Fließwasser keine Schwierigkeiten. Die Samen vieler Arten benötigen sogar Frost, um keimen zu können.

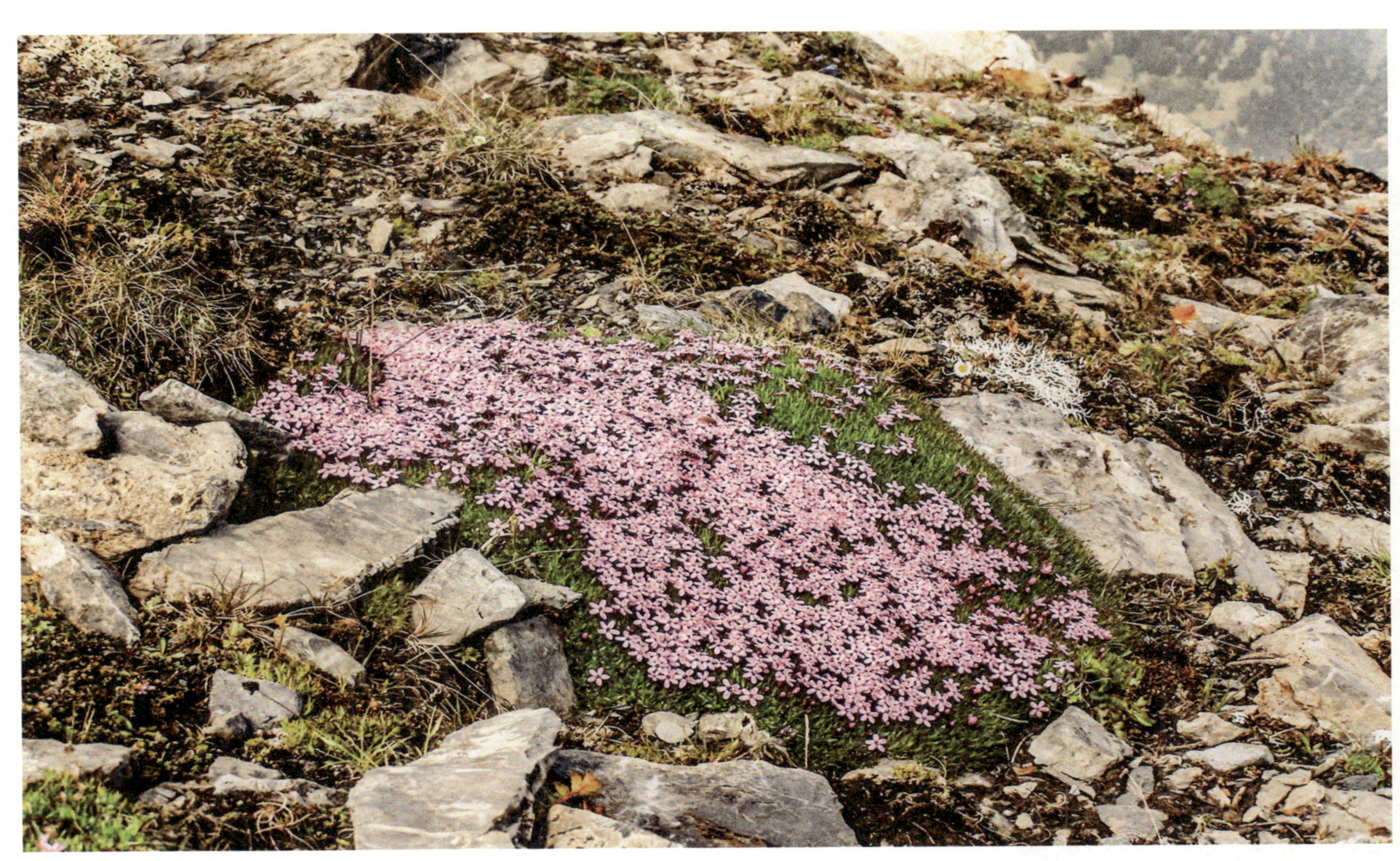

Der Polsterwuchs des Stängellosen Leimk-auts (Polsternelke) sorgt für ein eigenes Mikroklima, das z.B. vor Austrocknung schützt.

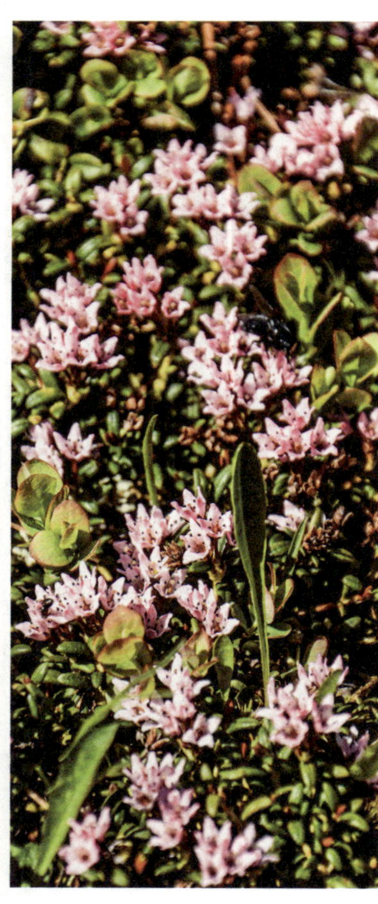

Ewiges Thema Wind

An den oft stürmischen Windkanten der Gebirge geht es wild her. Der Wind schleift die hochstehenden Pflanzenteile durch aufgewirbelten Staub und Schneekristalle förmlich ab. Durch ihn beschleunigt sich die Austrocknung der Pflanzen über die Blattoberflächen um ein Vielfaches. Doch er kühlt auch an heißen Tagen und trägt zur Samenverbreitung bei.

Strategien → Fast alle Pflanzen bleiben sehr klein und investieren mehr Kraft in ihre unterirdischen Organe. Dadurch widerstehen sie den Stürmen besser. Die niedrig wachsende Gämsheide mit ihren schmalen, kleinen ledrigen Blättern wächst sogar an den Windkanten. Die Widerstandsfähige trotzt außerdem Temperaturen von bis zu minus 30 Grad und Hitze bis über 40 Grad. Ebenso niederwüchsig und bodennah präsentiert sich der immergrüne Spalierstrauch, die Silberwurz. Die filzige Behaarung ihrer Blattunterseiten schützt sie gegen den Wind. Auf Schutz durch Behaarung setzt auch die Bärtige Glockenblume, beim Edelweiß ist die Behaarung so konstruiert, dass sie die UV-Strahlen filtert und nur unschädliche Strahlungsanteile zur Pflanze selbst vordringen können. Der bis über 4.000 Meter Höhe vorkommende Gletscherhahnenfuß hat ebenfalls dicht behaarte Kelchblätter und fleischige Blätter, um in diesen Höhen zu bestehen.

Die Gämsheide wächst an sogenannten Windkanten. Ihr Name leitet sich davon ab, dass sie im Winter als energiereiche Nahrung für Gämse, Steinbock oder Schneehuhn dient.

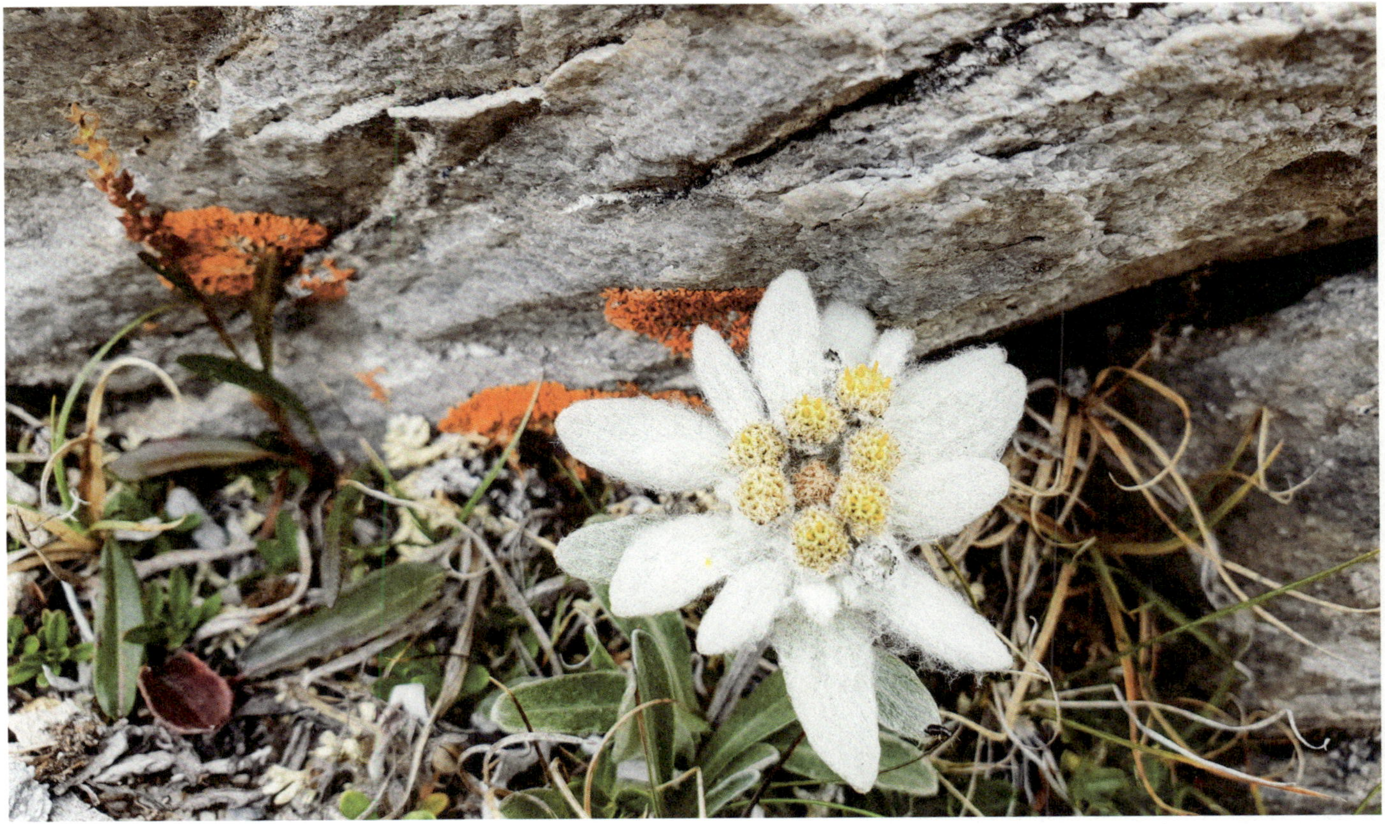

Das Edelweiß setzt als UV- und Kälteschutz auf behaarte Blätter.

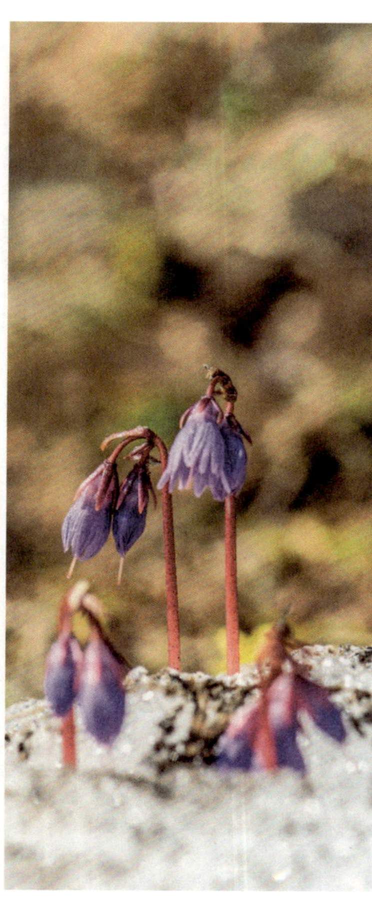

Wettlauf gegen die Zeit

Bei bis zu acht bis neun Monaten Schneebedeckung bleibt nicht viel Zeit zur Vermehrung. Viele Arten können ihren Fortpflanzungszyklus deshalb gar nicht in einem Jahr vollenden und teilen ihn auf. Doch die Schneedecke schützt die Flora auch vor Frost. Und ein bisschen Licht dringt da und dort doch bis zu den Pflanzen vor.

Strategien → Hier stoßen wir wieder auf die kräftigen Farben der Pflanzen. Manche, wie das Kleine Alpenglöckchen, schmelzen sich den Weg an die Oberfläche frei, indem sie über ihre dunklen Knospen und Stiele die Sonnenwärme aufnehmen. Es ist unter den Ersten, die im Frühling erblühen. Etwas weiter unten, erscheint gleich nach der Schneeschmelze auf Wiesen und Weiden der Frühlings-Krokus. Durch Nährstoffreserven in den tiefsitzenden Erdzwiebeln kann er seine Blüten schnell entwickeln. So kommt im Frühling nach und nach ein ganzes Blütenmeer hervor, da viele Pflanzen ihre Knospen bereits im Herbst oder Winter anlegen. So etwa auch der bis in Höhen von 4.500 Metern vorkommende Gegenblättrige Steinbrech, der seine Blütenknospen für das darauffolgende Jahr schon im Herbst anlegt. Um ihren Fortpflanzungszyklus vollenden zu können, wachsen in den Alpen vor allem mehrjährige Pflanzen.

Alpenglöckchen zählen zu den Ersten, die im Frühling erblühen.

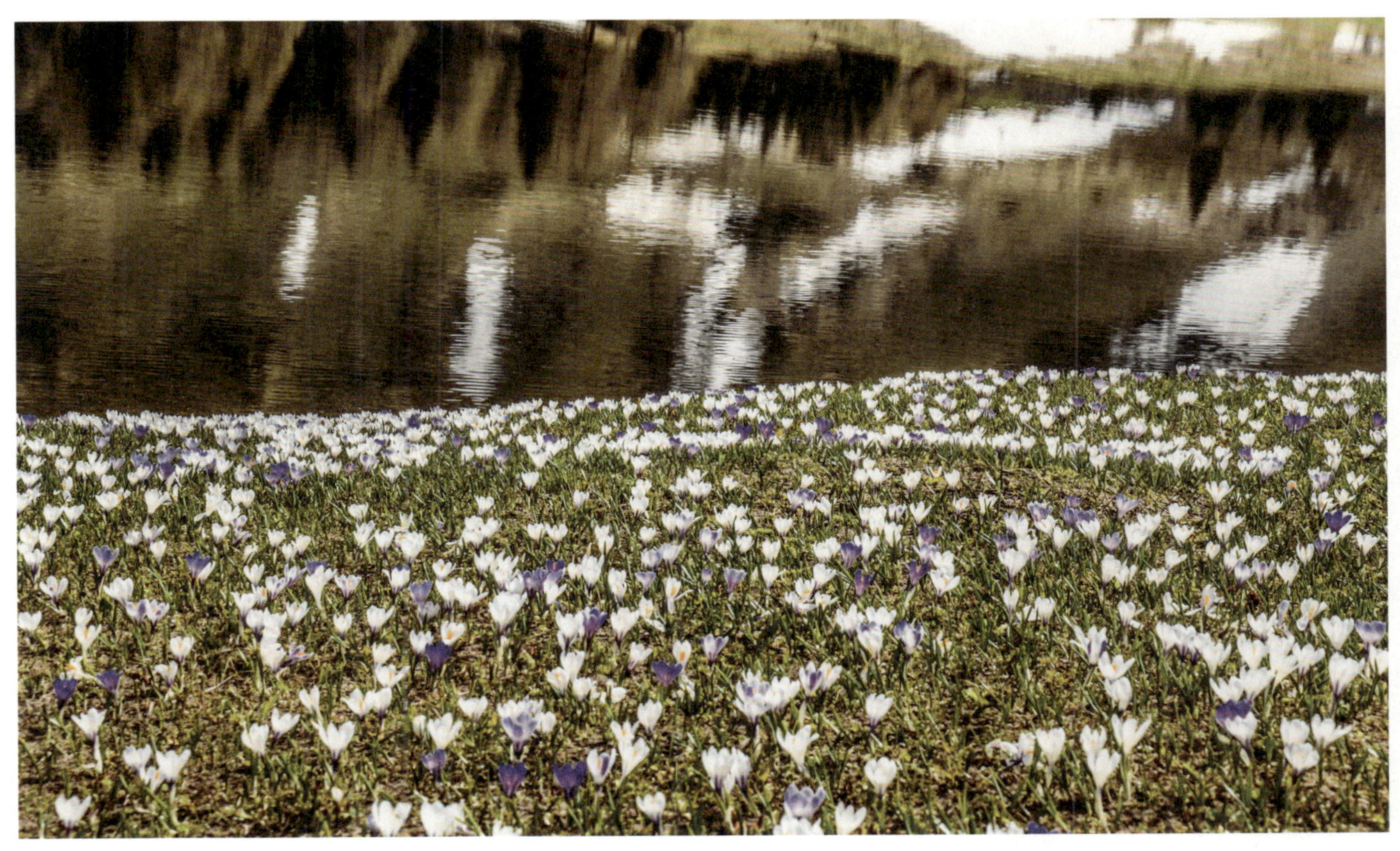

Auch der Frühlings-Krokus zählt zu den Frühblühern. Durch Nährstoffreserven in den Erdzwiebeln kann er seine Blüten schnell entwickeln.

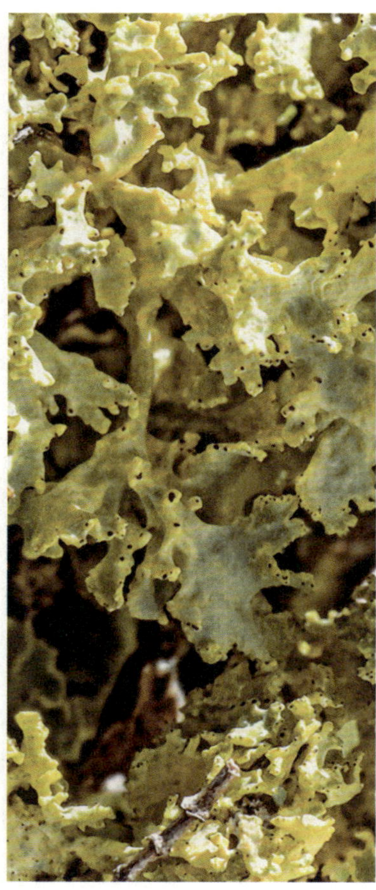

Flechten im Hochgebirge – extreme Mischwesen

Flechten – wir sind schon im Wald auf sie gestoßen – sind im Hochgebirge allgegenwärtig. Sie färben die grauen Oberflächen der Steine mit ihren bunten Farben. Und nackter Fels ist einer der extremsten Lebensräume, die man sich vorstellen kann: Die Temperaturen erreichen in der Sommersonne bis über plus 50 Grad Celsius, die UV-Strahlung ist hoch. Im Winter ist das Gestein eisbedeckt, Schnee dunkelt die Flechte lange Monate ab. Unter solchen Bedingungen stellt sie ihren Stoffwechsel auf ein Minimum und ihr Wachstum auf Null. Weiterwachsen ist erst angesagt, wenn die Bedingungen wieder besser sind. Auf diese genügsame Weise können Flechten ein Alter von bis zu 1.000 Jahren erreichen. Doch die felsbewohnenden Extremisten haben noch ganz andere Talente auf Lager: Die flechtenbildenden Mikroorganismen sind auch an der Zersetzung, an der biologischen Verwitterung, von Gestein beteiligt. Entlang winziger Haarrisse gelangen sie ins Gesteinsinnere. Dort können sie mit Hilfe organischer Säuren Mineralien herauslösen. Dadurch wird die Kristallstruktur des Gesteins geschwächt und die Kräfte der Erosion, wie Hitze, Wind, Frost oder Blitzschläge haben leichteres Spiel.

Die giftige Gelbe Tartschenflechte liegt dicht auf dem Untergrund auf. Sie kommt nur auf Kalk vor und erreicht über 3.000 Meter Seehöhe.

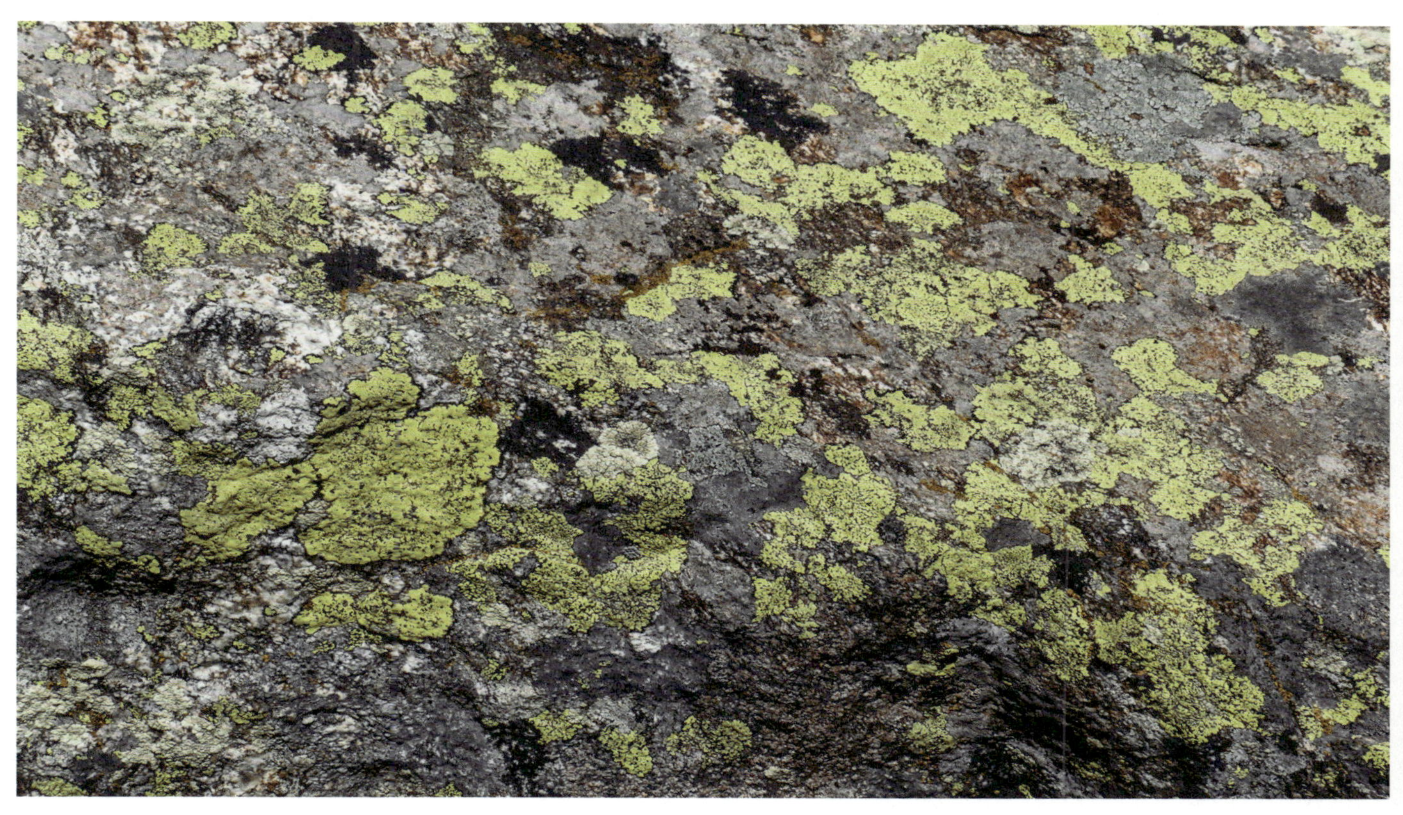

Die Landkartenflechte kann Hinweise auf die Datierung des Gletscherrückzugs geben. Sie wächst sehr langsam. Bis sie einen Durchmesser von 2cm erreicht, vergehen mindestens 40 Jahre.

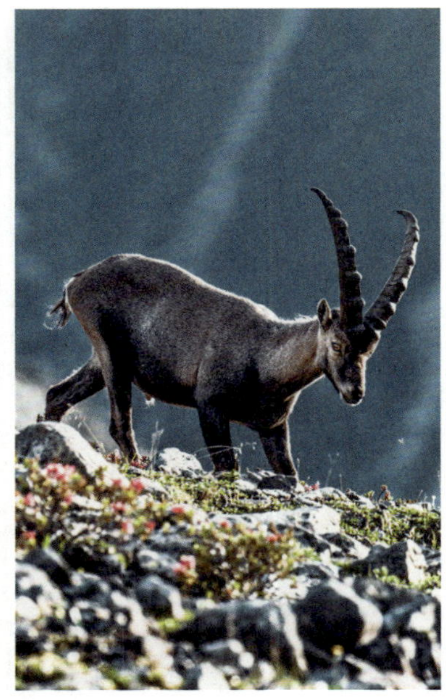

Zu Beginn des 19. Jahrhunderts standen die Steinböcke in den Alpen kurz vor der Ausrottung. Nur eine kleine Population in Italien konnte gerettet werden. Durch Umsiedelungs- und Auswilderungsprojekte haben sich die Bestände inzwischen wieder erholt.

Tiere im Hochgebirge

Die Tiere des Hochgebirges sind, ebenso wie die Pflanzen, mit den extremen Bedingungen großer Höhen konfrontiert. Je größer die Höhe, in der sie vorkommen, desto schwieriger werden die Lebensumstände, desto karger werden die Lebensräume und desto wichtiger wird die Spezialisierung. Artenzahlen und Siedlungsdichte nehmen ab. Doch gerade diese Überlebenskünstler reagieren auf kleinste Änderungen in ihrer Umwelt extrem sensibel. Viele während der Eiszeit eingewanderte Arten waren bereits in ihrer ursprünglichen Heimat an harte und vor allem kalte Bedingungen angepasst und sind es noch immer. Sie sind großteils so adaptiert, dass ihnen in neuerer Zeit eher die höheren Temperaturen des Klimawandels zu schaffen machen. Da der Temperaturanstieg relativ schnell vonstattengeht, kommt die evolutionäre Anpassung, vor allem langlebiger Säugetierarten, nicht nach. Die Folgen sind etwa verstärkte Anfälligkeit gegen Krankheiten, verminderter Fortpflanzungserfolg und verringerte Überlebensraten. Dazu kommt die zunehmende Belastung durch die steigende Anzahl von Freizeitsportler*innen die die Lebens- und Ruhebereiche der Tiere mitbenutzen – oft fast rund um die Uhr. Das ist speziell im Winter ein Problem. Dabei sind es nicht nur bestimmte Bereiche, die man meiden sollte, da sie von den Tieren aufgesucht werden, um sich auszuruhen und Energie zu sparen. Auch zu bestimmten Zeiten – für die meisten Tiere sind das die Morgen- und Abenddämmerung –, die sie zur Nahrungsaufnahme nutzen, sollten sie ungestört sein.

Steinböcke – Sonnenanbeter im Herbst

Der Steinbock – Symbol der Alpen – ist während der letzten Eiszeit aus den Gebirgen Zentralasiens in unsere Alpen eingewandert und ist bestens an die extremen Verhältnisse im Hochgebirge angepasst. Ruhe und Rückzugsräume sind für die Tiere sehr wichtig. Im Sommer und Herbst bilden die Geißen zusammen mit ihren Kitzen größere Gruppen und äsen besonders ausgiebig. Denn sie brauchen für das Führen und Säugen ihrer Jungen ausreichend Energie und auch Ruhe zum Fressen. Gegen den Winter hin wird das Fell der Steinböcke immer dichter und dunkler. Mit dem Aufbau ihrer Fettreserven, die sie für die kalte Jahreszeit benötigen, haben sie bereits im Frühjahr begonnen, denn ihnen stehen nicht nur eisige Temperaturen, sondern auch die kräftezehrende Brunftzeit im Dezember bevor. Die Böcke ziehen dann zu den Geißen und zwischen den männlichen Tieren, die den Sommer über friedlich zusammenleben, beginnen die Rivalenkämpfe. Jeder Bock versucht eine komplette Geißenherde für sich zu gewinnen. Der Sieger bleibt den gesamten Winter über bei der Herde und verlässt sie dann im Frühling. Abgesehen davon bewegen sich die Tiere im Normalfall so wenig wie möglich.

Besondere Rücksicht im Herbst und Winter. Vor allem im Herbst kann man öfters mit Steinbockbegegnungen rechnen. Die Tiere tanken an exponierten Stellen und auf Gipfeln noch einmal ausreichend Sonne. Wenn der Herbst aber zu warm ist, müssen sie mit ihrem dichten Fell sogar Energie aufwenden, um sich wieder abzukühlen. Deshalb sollte man bei einer Begegnung mit den imposanten Ziegen Rücksichtnahme walten lassen und sie keinesfalls zu einer schnellen Flucht zwingen. Denn sie würde zusätzlich Energie kosten und Hitze erzeugen. In Vorbereitung auf den Winter fahren die Tiere ihren Stoffwechsel bereits im September langsam zurück. Die Herzschlagrate wird von durchschnittlich 100 Schlägen pro Minute auf minimal 40 Schläge reduziert. Auch die Körpertemperatur wird, vor allem nachts, besonders in den Extremitäten gesenkt. Nur im Kern, wo sich die lebenswichtigen Organe befinden, bleibt die Körpertemperatur höher. Die Organe verkleinern sich sogar und die Verdauung läuft langsamer. In diesem Stadium ist schnelles Hochfahren der Körperfunktionen, wie etwa bei einer Flucht erforderlich, nur mit einem enormen Energieverbrauch möglich.

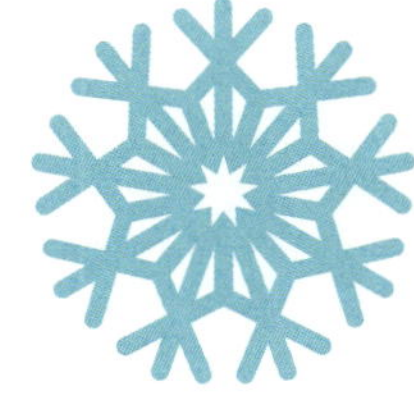

Schneehase – Meister Lampe im Stress

Um sich im Schnee vor seinen Feinden zu schützen, wechselt der Schneehase im Winter zu einem fast ganz weißen Fell. Seine Ohrspitzen bleiben schwarz. Ab Mitte März färbt sich das Haarkleid wieder unauffällig dunkelgrau bzw. braun. Gefahr droht den Hasen vor allem von oben: Beutegreifer wie Adler, Uhu, Habicht und Kolkrabe haben es auf sie abgesehen. Gelegentlich lauern ihnen auch der Fuchs und, wo vorhanden, der Luchs auf. In Höhen zwischen 1.300 Metern und 3.500 Metern fristet er sein verstecktes Dasein gerne zwischen Zwergsträuchern. Als Hochgebirgsbewohner zeigt er einige Anpassungen an die rauen Verhältnisse: Seine weit spreizbaren Hinterläufe sind mit langen, steifen Borstenhaaren bewachsen und funktionieren wie Schneeschuhe.

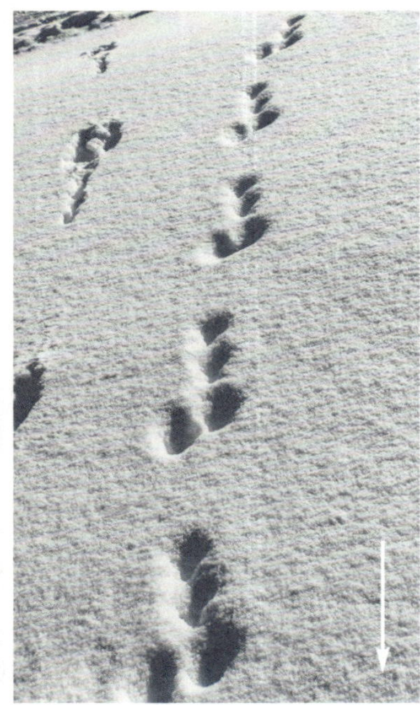

Eine Hasenfährte im Schnee. Der weiße Pfeil kennzeichnet die Laufrichtung. Der Schneehase überspringt mit seinen Hinterläufen, die er parallel aufsetzt, seine nacheinander aufgesetzten Vorderläufe. Er hat sozusagen einen „Heckantrieb".

In den Haaren des Winterfells sind die fehlenden Farbstoffe durch Luft ersetzt und dienen als optimaler Kälteschutz. Seine feinen, dichten Wollhaare bieten zusätzliche Isolation. Die charakteristischen Spuren der Schneehasen kann man auch in der Nähe von Skipisten immer wieder sehen. Den Pistenbetrieb scheinen die Tiere relativ gut zu vertragen, wenn genügend Deckungsmöglichkeiten wie zum Beispiel Latschen in der Nähe sind. Ein Nachteil ist die hohe Anziehungskraft der touristischen Zentren auf ihre Fressfeinde wie Füchse und Kolkraben, die es vor allem auf Junghasen abgesehen haben.

Neuere Studien haben dennoch ergeben, dass Schneehasen durch den steigenden Rummel von Wintersportler*innen und die dadurch bedingte Verkürzung von ungestörten Phasen zunehmend gestresst werden. Außerdem drängen sie die steigenden Temperaturen des Klimawandels zusehends in größere Höhen. Dadurch wird ihr Lebensraum enger. Der Schneehase ist überall in den Alpen verbreitet, kommt aber nirgends besonders häufig vor.

Besondere Rücksicht im Winter. Im Winter wandert der Schneehase in tiefere Lagen bis in den lichten Bergwald hinein. Das nachtaktive Tier verlässt in den Dämmerungsstunden seine Deckung, um zu fressen. Tagsüber ruht es in seinem selbstgegrabenen Versteck unterm Schnee. Bei Gefahr verhält es sich absolut ruhig und kommt erst in letzter Sekunde aus der Deckung. Skitourengeher*innen, Schneeschuhwander*innen und Freerider*innen können seinem Versteck vor allem in der Nähe von aperen Stellen, Zwergsträuchern und felsigem Gebiet zu nahe kommen und es aufscheuchen.

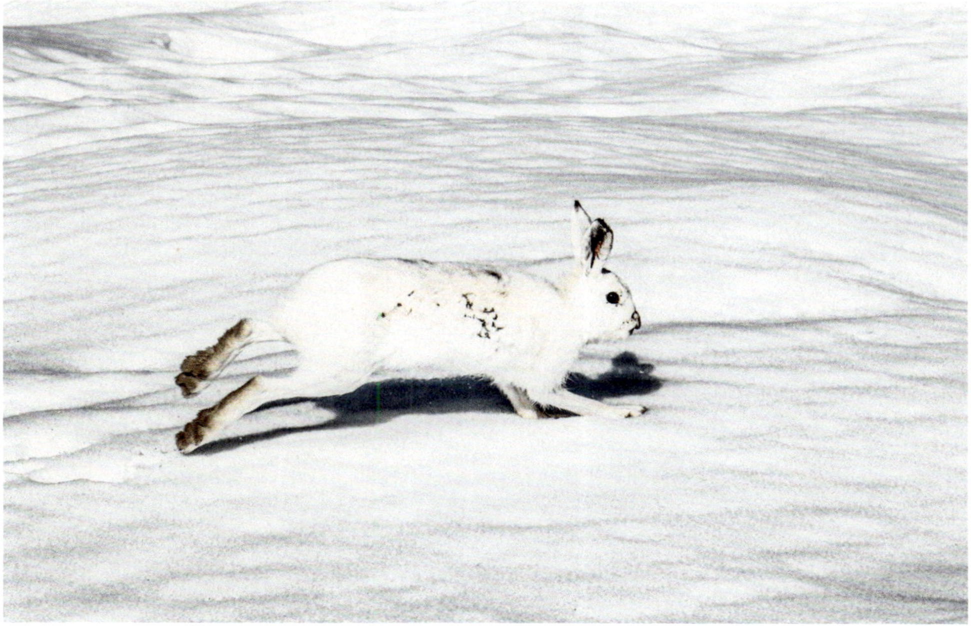

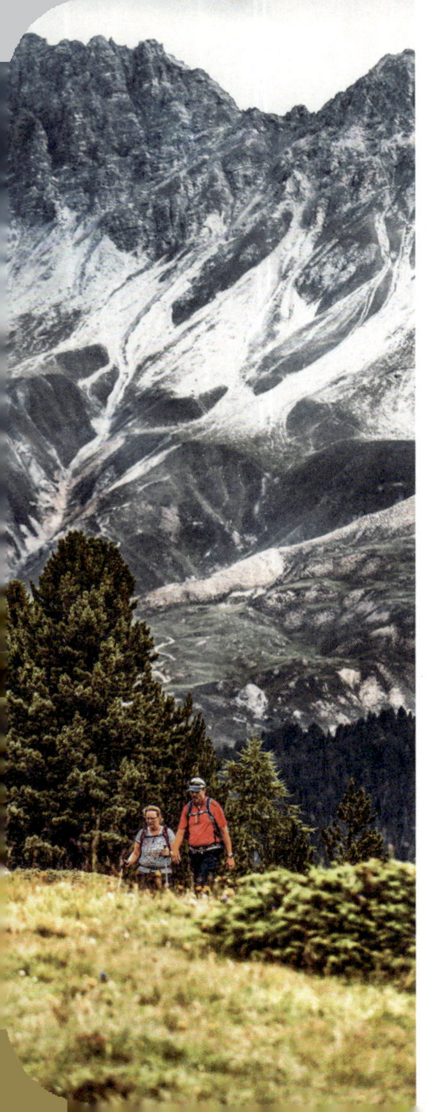

Alpen-Murmeltier – achtet auf Qualität

Bevor Wander*innen es sehen, hören sie meistens seinen scharfen Schrei, der in unseren Ohren wie ein Pfiff klingt. Damit warnt das Murmeltier vor Eindringlingen, oft sind das die Wander*innen selbst. Das scharfsichtige, mit gutem Gehör ausgestattete Murmeltier warnt die zahlreichen Mitglieder seiner Kolonie vor einem potentiellen Feind. Murmeltiere sind streng territorial. Das ranghöchste Männchen verteidigt sein Revier vehement gegen jeden erwachsenen Artgenossen. Das Gebiet wird zudem durch ein stark riechendes Sekret aus den Wangendrüsen markiert. Innerhalb der hoch sozial lebenden Gruppe wird mit den Nasen gestupst, beschnuppert und unter den Jungen ausgiebig gespielt. Fressfeinde sind die Steinadler, die während der Nestlingszeit hauptsächlich Murmeltiere jagen. Der größte Feind aber ist der Winter, der die Tiere während des bis zu sechs Monate dauernden Winterschlafs oft empfindlich dezimiert.

Murmeltiere beginnen schon im Sommer, sich um ihre ausgedehnten, tief in der Erde liegenden Winterbaue zu kümmern. So legen sie im Sommer Gras zum Trocknen aus, um damit die Nest- und Schlafhöhlen auszupolstern. Die Nagetiere müssen sich während des kurzen Sommers genügend Fettreserven anfressen, dass sie den Winter, während dessen sie bis zu 50 Prozent ihres Körpergewichts verlieren, überstehen. In der Auswahl ihres Futters sind sie auf Qualität bedacht. Für ideales Speicherfett im Winter fressen sie vor allem Pflanzen, die reich an ungesättigter Linolsäure sind, wie beispielsweise Alpenklee, Labkraut und Mutterwurz. Hohe Konzentrationen dieser Säure helfen den Tieren, den Winter energiesparender zu verbringen. Bereits Ende September kommt die Zeit, sich von der Erdoberfläche zu verabschieden. Dann verschließen sie die Zugangsröhren mit Heu, Erde und Gestein.

Alpen-Murmeltiere hatten während der letzten Eiszeit ihre größte Verbreitung. Sie zogen mit dem zurückweichenden Eis in die Alpen und kommen hier auf bis über 3.000 Metern Seehöhe vor.

Heiße Sommertage verbringen die Tiere am liebsten in ihren geräumigen Höhlensystemen, deren Temperatur nicht über 13 Grad Celsius steigt. Hier liegt auch ein Problem für die kälteangepassten Nager. Wenn sie nämlich aufgrund höherer sommerlicher Temperaturen mehr Zeit im kühlen Bau verbringen müssen, anstatt die für den Winter lebenswichtigen Fettreserven anlegen zu können.

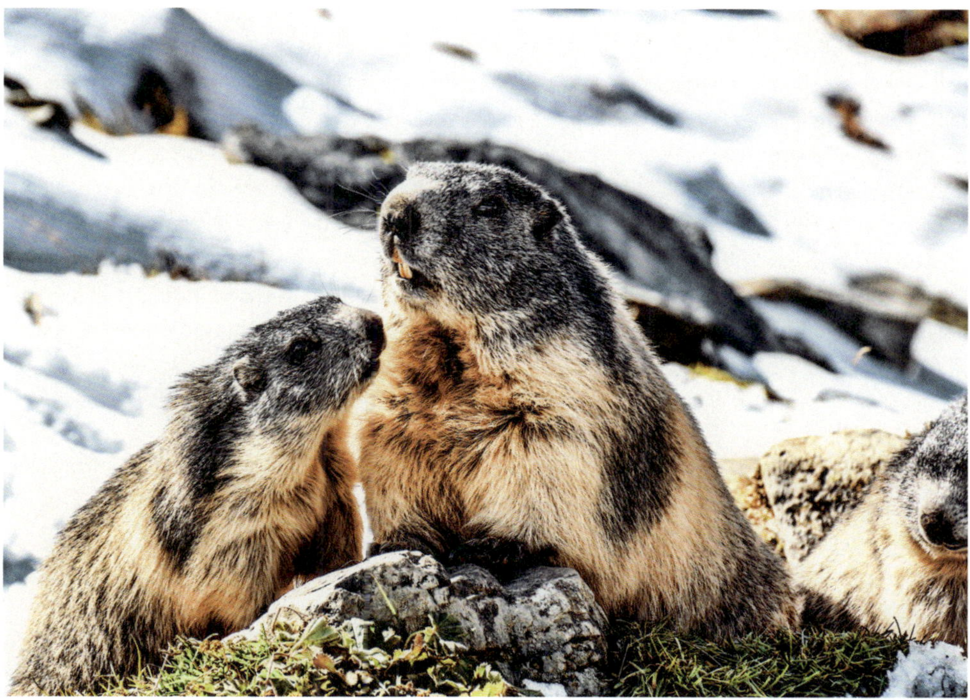

Gämsen – die geborenen Kletterer

In Schotterrinnen oder auch auf Schneefeldern können immer wieder Gämsen beobachtet werden. Einst aus Asien gekommen, sind sie während der letzten Eiszeit in die Alpen eingewandert. Hier sind sie an das Leben in großen Höhen und in den steilen Felsregionen perfekt angepasst. Im Sommer steigen die wendigen Kletterer bis über 2.500 Meter auf. Dort halten sie sich vor allem in Geröll- und Latschenfeldern auf. Die „Kletterausrüstung" der gedrungenen Tiere bilden ihre muskulösen Beine und Hufe: Insbesondere die Hinterläufe federn Sprünge elegant ab. Die Sohlen sind leicht ausgehöhlt und sehr elastisch. Damit passen sie sich wie Kletterschuhe allen Unebenheiten an. Dagegen sind die Außenseiten der Klauen sehr hart und können im Winter wie Steigeisen eingesetzt werden. Zudem können die Hufe weit gespreizt werden. Mit großen Herzen und kräftigen Lungen ausgestattet, können Gämsen auch im unebenen Gelände eine Geschwindigkeit von 50 Kilometern pro Stunde erreichen und überwinden bis zu 10 Meter breite Abgründe im Sprung. Die für die Böcke anstrengende Brunftphase steht am Beginn des Winters. Dabei liefern sich die rivalisierenden Männchen oft abenteuerliche Verfolgungsjagden über eisige Hänge. Damit kräftezehrende Kämpfe möglichst vermieden werden, verfügen die Tiere über ein breites Repertoire an Lauten und Drohgebärden. Entsprechend ihrer eisigen Ursprungsheimat haben sie auch Anpassungen an den strengen Hochgebirgswinter im Gepäck. Ihr dichtes, dunkel gefärbtes Winterfell isoliert optimal und wirkt zudem wie ein Sonnenkollektor.

Besondere Rücksicht im Winter. Im Winter wandern Gämsen zur Nahrungsaufnahme oft in tiefer gelegene Regionen, aber man findet sie auch auf vom Schnee freigewehten Graten und Rücken, wo sie leichter an Vegetation herankommen können. Während sie im Sommer ausgiebig auf den kräuterreichen Bergwiesen äsen, müssen sie sich im Winter mit spärlichen Gräsern, Bäumen und Sträuchern begnügen. Dazu stellt sich ihr Verdauungsapparat um. Ihre Bewegungsaktivitäten reduzieren sie in der Kälte deutlich und ihr Organismus befindet sich während dieser Zeit hauptsächlich im Energiesparmodus. So können sie ihre Kerntemperatur auf bis zu 15 Grad Celsius absenken. Wenn die Tiere in dieser

Zeit zur Flucht gezwungen werden, müssen sie ihre Körperfunktionen innerhalb kürzester Zeit auf Hochleistung bringen und verlieren so sehr viel Energie. Deshalb ist es für Gämsen und auch andere Wildtiere so wichtig, dass Schneeschuhwander*innen und Tourengeher*innen die Wild-Schongebiete, wie sie in vielen Gebieten auf Tafeln für naturverträgliche Wintertouren ausgewiesen sind, unbedingt berücksichtigen. In den Alpen ist die Art noch häufig, wird jedoch durch den Klimawandel und Störungen im Lebensraum zunehmend bedroht.

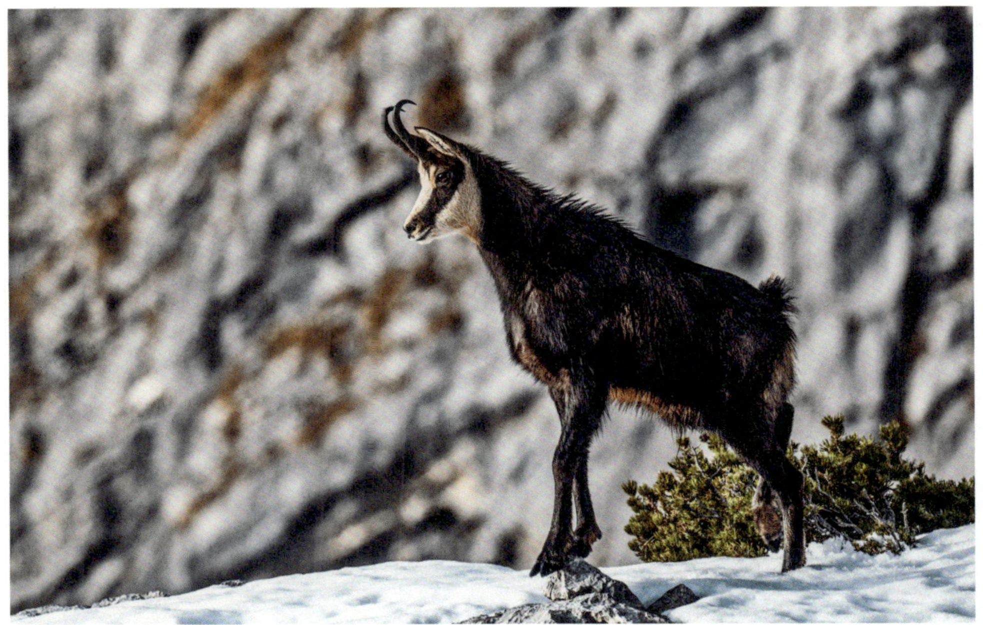

Ein Gamsbock im Winterkleid. Gämsen und Steinböcke werfen ihre Hörner nicht ab – im Unterschied zu den Geweihträgern Hirsch und Rehbock. Auch das Material unterscheidet sich: Hörner bestehen wie Haare oder Klauen aus Keratin, Geweihe hingegen aus Knochen.

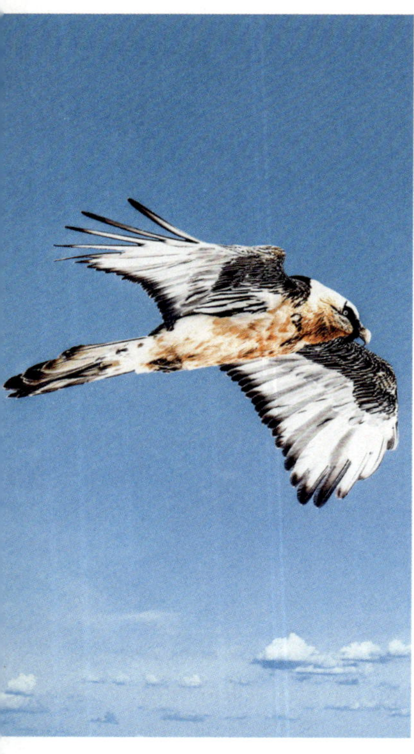

Mit einer Spannweite von bis zu 2,90 Metern ist der Bartgeier der größte Vogel der Alpen.

Bartgeier – Superlativ unter den Greifvögeln

Man sieht ihn nur selten, aber wenn, dann oft Auge in Auge. Der Bartgeier streicht auf seinen Erkundungsflügen gerne nahe an Felswänden vorbei und so können auch Bergwander*innen in den Genuss kommen, den Greifvogel mit seinen bis zu 2,90 Metern Spannweite zu Gesicht zu bekommen. Er ist, neben Gänsegeier, Mönchsgeier und Steinadler der größte unter den Greifvögeln der Alpen. Leicht zu erkennen ist er an seinen langen, keilförmig angeordneten Schwanzfedern. Dass dieser beeindruckende Vogel in unseren Alpen wieder seine Kreise zieht, ist Wiederansiedlungsprojekten zu verdanken, die ihren Anfang im Nationalpark Hohe Tauern, genauer im Rauriser Krumltal, nahmen. Nachdem der Geier im Laufe des 19. Jahrhunderts bis ins 20. Jahrhundert sukzessive ausgerottet worden war, hat sich sein Bestand wieder auf etwa 200 Tiere erholt. Dennoch zählt er nach wie vor zu den seltensten Geiern Europas. Illegale Abschüsse sowie Bleivergiftungen, die er sich über seine Beutetiere, die mit bleihaltiger Munition geschossen werden, zuzieht, machen ihm nach wie vor zu schaffen. Verpönt und gefürchtet war der große Vogel vor allem deshalb, weil er im Ruf stand, Weidevieh und sogar Kleinkinder fortzuschleppen. Ein großer Irrtum, denn seine Nahrung besteht zu 80 Prozent allein aus Knochen. Er holt sich als Aasfresser also das, was Steinadler, Fuchs und Rabe übriglassen. Mit seiner außergewöhnlich großen Mundspalte vermag er Knochen von bis zu 30 Zentimetern Länge unzerkleinert aufzunehmen. Seine Magensäure erledigt mit einem pH-Wert von 0,7 den Rest. Damit ist er ein wichtiger Bestandteil im großen Recyclingsystem des Hochgebirges. Von der Färbung her ist der Geier an Brust, Hals, Kopf und Bürzel eigentlich weiß. Doch durch sein eigentümliches Verhalten, sich in eisenoxidhaltigem, rotem Schlamm zu färben, erscheinen diese Körperpartien rostfarben. Bartgeier führen eine monogame Dauerehe. Ihre aufwändigen Horste legen sie zumeist in unzugänglichen Felswänden an. Von zwei Jungvögeln überlebt immer nur einer.

Wer einen Bartgeier in der Natur beobachtet, kann einen Beitrag zum Wiederansiedlungsprojekt leisten, indem die Sichtung an das Bartgeier-Monitoring des Nationalparks Hohe Tauern gemeldet wird: **bartgeier@hohetauern.at**

Kreuzotter

Die am weitesten verbreitete Giftschlange Europas findet sich auch in den Alpen. Der Biss der Kreuzotter ist giftig, verursacht starke Schmerzen, ist aber kaum tödlich. Betroffene sollten sich ruhig verhalten und auf alle Fälle ärztlichen Rat einholen. Gerade in der Beeren- und Pilzezeit kann man beim Sammeln immer wieder auf die an sich scheuen Reptilien stoßen. In der Regel flüchten sie bei Gefahr, doch in die Enge getrieben schnellen sie meist blitzschnell nach vorne und beißen zu.

Die exakte Beschreibung dieser Art ist schwierig, da es zahlreiche Farb- und Mustervarianten gibt. Charakteristisch ist eine hellere Grundfarbe und ein am Rücken verlaufendes dunkles Zickzackband, sowie eine X- oder V-Zeichnung auf dem Hinterkopf. Im Gebirge, wo sie bis in eine Höhe von 3.000 Metern vorkommt, trifft man jedoch nicht selten einheitlich dunkle bis schwarze Exemplare an. Besonders aktiv ist die Kreuzotter an schwülen Tagen und nach längeren Regenperioden. Sie bewohnt Bergwiesen nahe der Baumgrenze, bewachsene Geröllfelder und Heideflächen. Die gute Schwimmerin kommt auch in Gewässernähe vor. In den Alpen gelten die Kreuzotter-Populationen noch als stabil. Dennoch bedeutet jede Trockenlegung und Erweiterung von Skipisten eine mögliche Einschränkung ihres Lebensraumes.

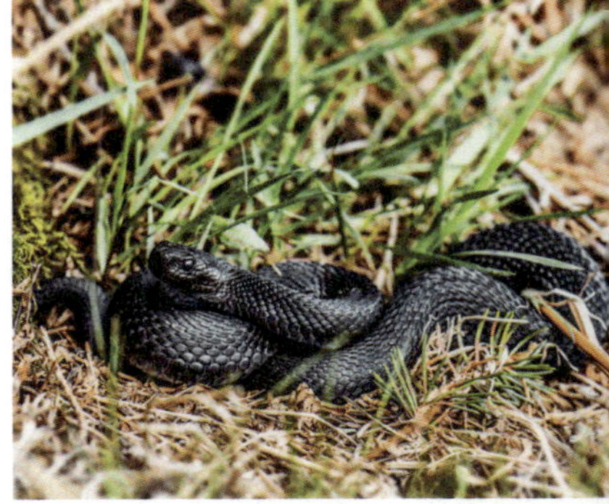

Die sogenannte Höllenotter ist eine schwarze Variante der Kreuzotter.

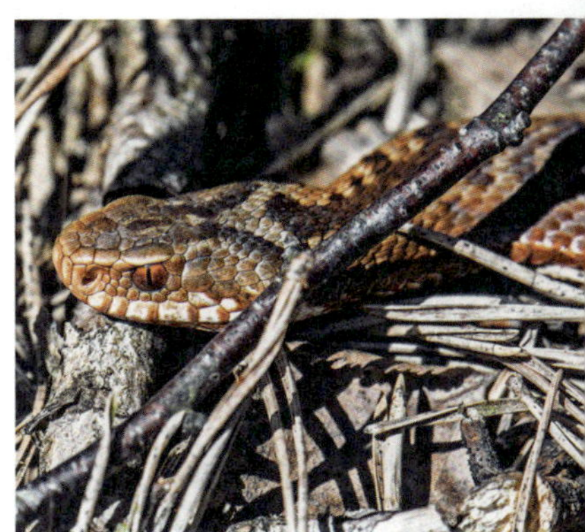

Auch wenn viele Menschen vor Schlangen Angst haben, als Räuber erfüllen sie eine wichtige regulierende Rolle im Ökosystem. Im Bild eine Kreuzotter mit einer charakteristischen X-Zeichnung am Hinterkopf.

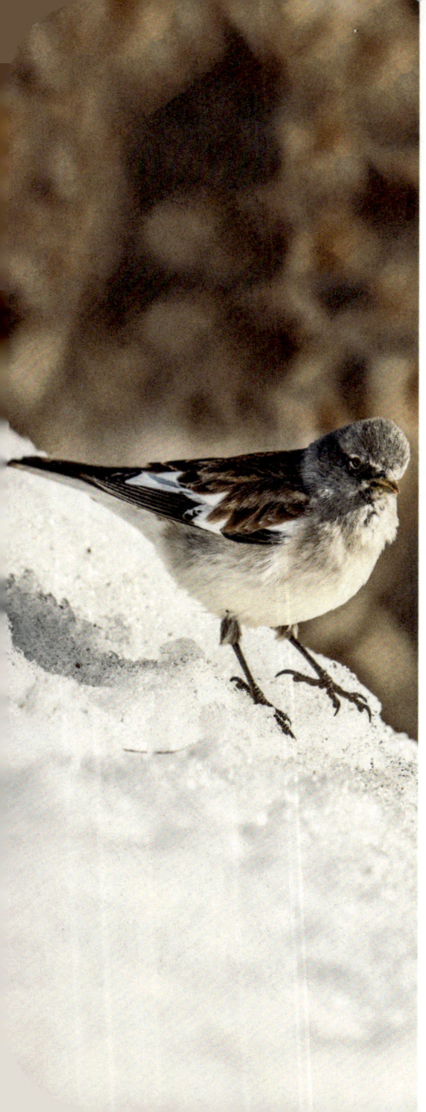

Schneesperling– der Extreme

Schneefink wird er auch genannt. Er ist jedoch mit dem Haussperling verwandt, so ist der Name Schneesperling der korrekte. Der einstige Einwanderer aus der Arktis nistet gemäß seiner Vorliebe für kalte Verhältnisse in den Alpen in bis fast 3.500 Metern Höhe. Damit ist er der extremste unter unseren Singvögeln. Selbst im Winter und unter rauen Bedingungen verlässt er seinen hoch gelegenen Lebensraum kaum. Dabei kommen ihm Bergrestaurants sehr entgegen, da er sich nicht scheut, hier nach Futter Ausschau zu halten. Abgesehen von solchen Zufalls-Leckerbissen, ernährt er sich von Insekten oder Pflanzensamen. Er hält sich vor allem an felsigen Hängen und Schluchten auf.

Nach der Schneeschmelze legt er sein Nest meist in einer Nisthöhle, die sich tief in einer Felswand befindet, an. Durch einen langen, engen Gang erreicht er sein Gelege, das in der Regel aus vier bis fünf Eiern besteht. Auch für die Jungvögel sind die Bedingungen gleich von Anfang an hart. Obwohl das Nest mit Gras, Moos, Federn und Haaren ausgepolstert wird, sind die Temperaturen nicht gerade gemütlich. Vor allem im Flug kann man ihn an den auffallend weißen Flügelbinden erkennen.

Der Schneesperling ist der extremste unter den Singvögeln. Er brütet manchmal oberhalb von 3.000 Metern und ist auch im Winter selten unter 2.000 Metern anzutreffen.

Alpenschneehuhn – ein Schneeschuhwanderer

Das Schneehuhn kommt bis über 3.500 Meter vor und präsentiert sich in dieser deckungsarmen Umgebung als Tarnkünstler. Seine Gefiederfärbung muss zu jeder Jahreszeit der jeweiligen Umgebung angepasst sein und deshalb wechselt es dreimal im Jahr das Federkleid. Nur im Winter ist es fast ganz weiß. Beim Männchen allerdings sind die roten Überaugenstreifen (= Balzrosen) in der Balzzeit gut zu erkennen. Im Winter sind die Männchen auch an der schwarzen Augenbinde, die an die Maske des Zorro erinnert, erkennbar.

Mit seinen dicht befiederten Beinen, Füßen und Zehen zählt der Hühnervogel zu den Raufußhühnern. Die starken Federn an den Zehen lassen ihn wie auf Schneeschuhen über die Schneedecke gehen. Den Winter verbringen die Vögel in tieferen Lagen als den Sommer. In dieser kalten Jahreszeit verbergen sie sich in Höhlen, etwa einen halben Meter tief im Schnee. Bei strengem Frost ruhen sie dort an die 20 Stunden pro Tag und verlegen sich aufs Energiesparen. Morgens und abends verlassen sie nur möglichst kurz ihr Versteck, um Pflanzennahrung zu sich zu nehmen. Flüge vermeiden sie weitgehend. Wenn Gefahr droht, bleiben sie bis zum letzten Augenblick in ihrem Versteck, erst dann setzen sie auf schnelle Flucht, denn diesen Energieverlust können sie durch ihre kärgliche Kost kaum mehr wettmachen. Bei häufigen Störungen kann auch der Fortpflanzungserfolg im kommenden Jahr leiden. Der Höhepunkt der Balz, die im März beginnt, vollzieht sich im Mai. Die Hennen ziehen durch die Territorien der balzenden Männchen und treffen ihre Entscheidungen. Im Sommer zieht die Henne fünf bis neun Küken auf.

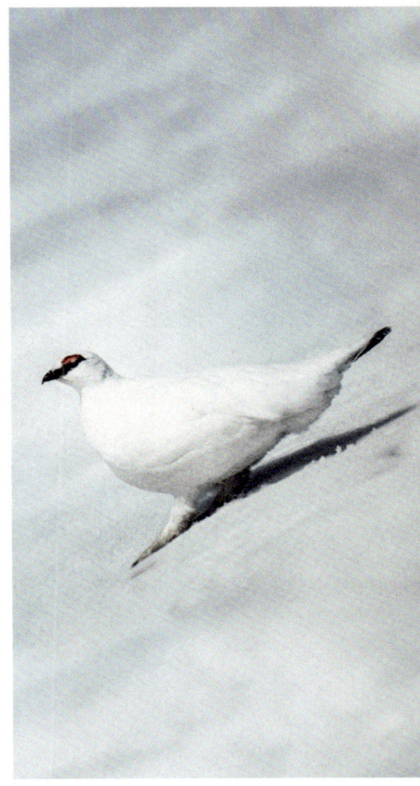

Ein Alpenschneehahn mit markant rot gefärbten Balzrosen.

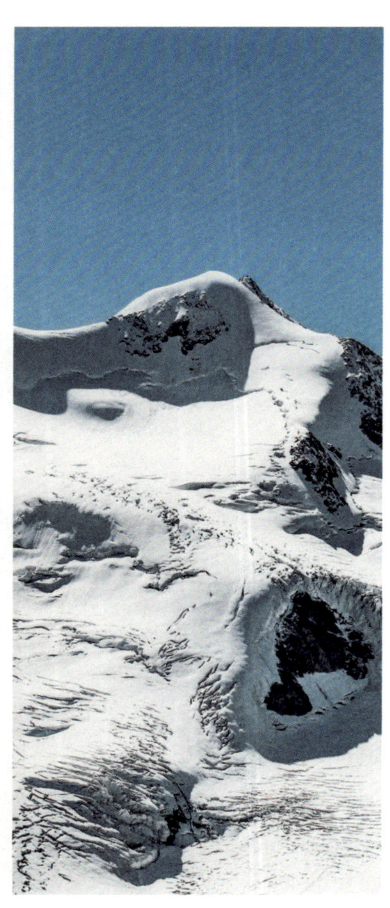

Lebensraum Schnee und Eis

In Mitteleuropa kommen Gletscher erst ab einer Höhe von etwa 2.500 Metern vor. Denn damit ein Gletscher entstehen kann, sind das ganze Jahr über verhältnismäßig tiefe Durchschnittstemperaturen notwendig. Dann fällt im Winter mehr Schnee, als in den wärmeren Monaten abschmelzen kann.

So lagert sich Schneeschicht auf Schneeschicht, der Druck erhöht sich und durch Schmelz- und Gefriervorgänge entsteht schließlich Eis. Wenn durch großen Druck die Luft aus dem Eis entweicht, bildet sich schließlich klares, kompaktes Gletschereis.

Gletscher erfüllen wichtige Aufgaben, die die unter ihnen liegenden Täler entscheidend prägen:

- Ohne die Eismassen wäre das Klima wesentlich wärmer. Das kann im Sommer unangenehm heiß werden.
- Sie bilden gigantische Wasserspeicher. Im Winter speichern sie die Niederschläge, die sie in heißen Monaten, genau dann, wenn wir besonders viel Wasser brauchen, abgeben.
- Der Anteil von Trinkwasser aus dem Schmelzwasser von Gletschern ist ebenfalls von Bedeutung.
- Ihr Schmelzwasser speist die meisten Bäche und erhält damit einer Vielzahl an Tieren wie Fischen, Wasserinsekten, Amphibien und Wasservögeln den Lebensraum.

Eis und Schnee sind keine tote Masse. Im Gegenteil: Sie sind voller Leben.

Gletscher sind dynamische Lebensräume

Das Innere der Eisschichten wird von zahllosen Kanälen durchzogen, in denen sich von Rinnsalen bis hin zu Sturzbächen Wasser ergießt. Die Oberfläche eines Gletschers zeigt viele Poren und Unebenheiten. Sie ist ebenso wenig glatt wie blütenweiß. Wind und Schmelzwasser transportieren laufend Staub und Sand von den Geröllmassen der Moränen her. Berühmt ist auch der rötliche Überzug aus Saharasand und -staub, der sich bei bestimmten Wetterlagen auf die Alpengletscher verteilt. Doch nicht nur Staub, auch Blütenpollen erreichen die eisigen Flächen. All diese abgelagerten Stoffe zusammen bilden den sogenannten Gletscherschlamm (Kryokonit). Unter dieser meist dunklen Schicht schmilzt das Eis vermehrt und bildet kleine Schmelzmulden. Im oberen Bereich eines Gletschers befindet sich das Nährgebiet. Hier lagert sich Schnee an und formiert sich im Laufe von mehreren Jahren unter dem Einfluss von Temperatur, Druck und Schmelzwasser zunächst zu Firn und dann zu Eis. Eine Schneeflocke, die hier fällt, benötigt etwa 400 Jahre bis sie an der Gletscherzunge schmilzt. Das Zehrgebiet liegt unter dem Nährgebiet und markiert jenen Bereich, in dem mehr Masse abschmilzt, als angelagert wird. Unterhalb der Gletscherzunge, am Gletschertor, kann ein Gletschersee entstehen, der vom austretenden Schmelzwasser gebildet wird. Schmelzwasser tritt aber auch an vielen anderen Stellen aus der Gletschermasse hervor. Durch den jüngsten Klima-wandel entstehen unter den abschmelzenden Gletschern oft neue großflächige Seen.

Durch unterschiedliche Bedingungen bei der Eisbildung ist das Eis verschieden dicht, deshalb zeigt es auch so viele Struktur- und Farbnuancen. Eis, das zum Beispiel sehr viele Luftblasen enthält, ist weiß. Eis mit einem sehr geringen Luftanteil zeigt meist eine bläuliche Färbung. Wenn es von der Sonne beschienen wird, kann man im Eis unterschiedliche Blauschattierungen sehen.

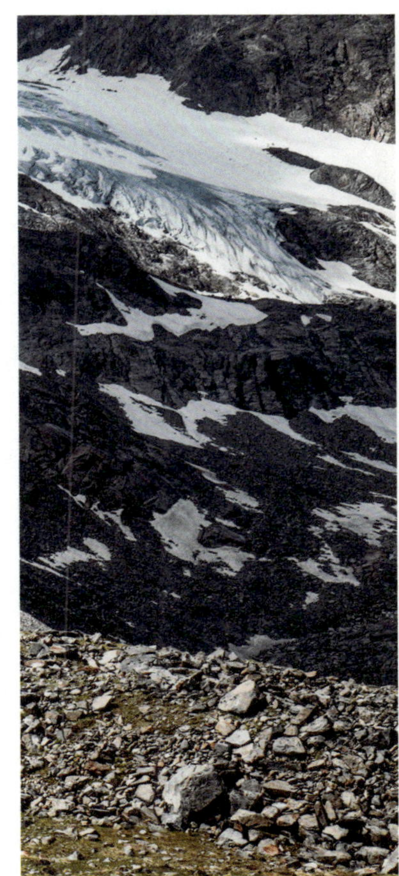

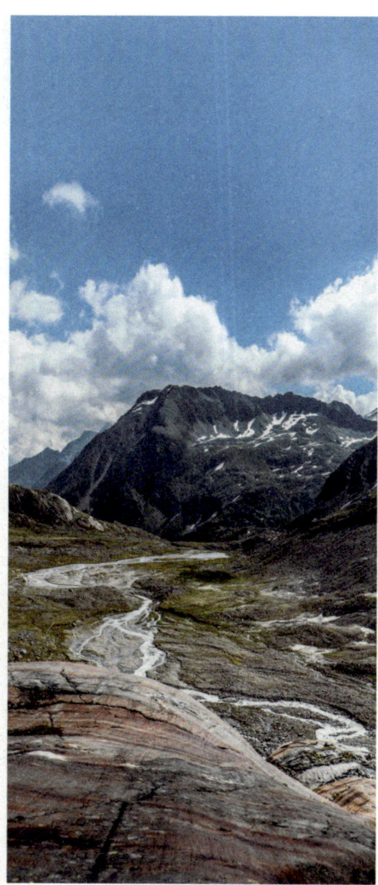

Gletscher liegen keinesfalls unbeweglich in ihren steinigen Mulden. Sie bewegen sich, der Schwerkraft folgend, stetig abwärts. Die Geschwindigkeit, die sie dabei erreichen, hängt von der Beschaffenheit und Steilheit des Geländes ab. Unsere Alpengletscher bewegen sich zum einen kriechend, zum anderen gleitend zu Tal. Beim Kriechen reißt der festgefrorene Eiskörper mitunter große Felsbrocken mit sich, die sich nach dem Transport viel tiefer wieder finden. Da sie ursprünglich nicht dorthin gehören, nennt man sie erratische Gesteine. Befindet sich zwischen Eis und Untergrund eine Schmelzwasserschicht, gleitet das Eis darüber hinweg. Fließt das Eis über einen Felsrücken, dann richten sich die Eisschichten auf und es entstehen Gletscherspalten. Obwohl Gletscher mit so großer Kraft ihre steinige Umgebung nachhaltig zu formen vermögen, sind sie doch gegen relativ kleine Veränderungen, vor allem der Temperatur, sehr empfindlich. Durch ihre große Masse und langsame Bewegung reagieren sie aber sehr zeitverzögert auf solche Änderungen.

In den hochgelegenen Regionen finden sich mancherorts großflächige Gletscherschliffe oft mit langen Kratzern im Gestein, die von der letzten Eiszeit stammen. Sie wurden von den Eiszeitgletschern geformt, die mit etlichem Geröll im Gepäck darüber hinweg schrammten. Fast überall in Gletschernähe gibt es ausgedehnte Moränenwälle, die den letzten großen Gletscherhochstand um 1850 markieren. Seit damals ziehen sich die Alpengletscher, von einigen kleineren Vorstößen abgesehen, zurück und verlieren in letzter Zeit dramatisch an Masse.

Der Gletscherschliff wurde vom Eis und mitgeführten Geröll der Eiszeitgletscher geformt.

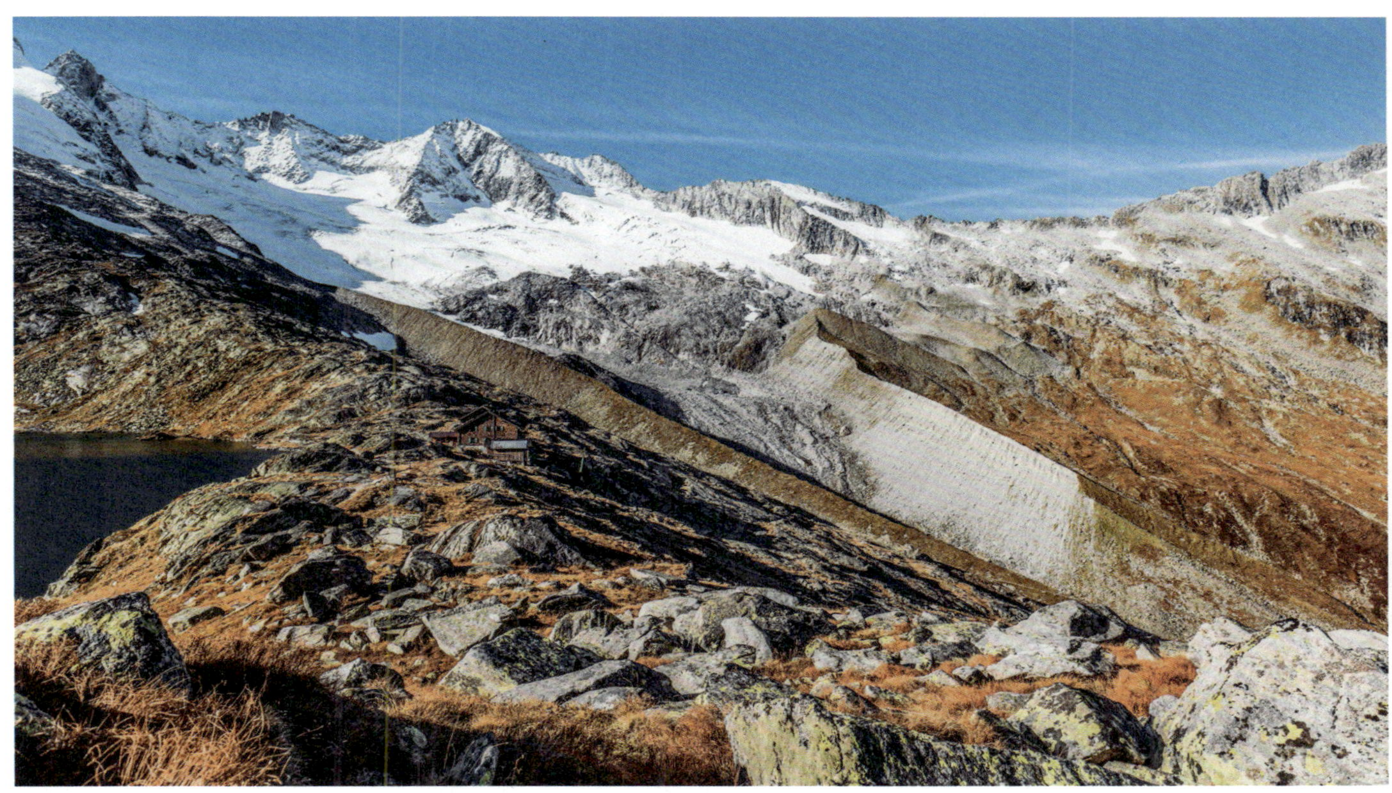

Vorstoßende Gletscher schieben Gesteine und Schutt vor sich her. Werden die Gletscher kleiner, bleibt dieses Material in Form von sogenannten Moränen zurück. Die 1850er-Moräne ist im Gelände gut erkennbar – zu dieser Zeit erreichten die heutigen Gletscher ihren Höchststand.

Im Eis tobt das Leben

Wer im Sommer über einen Gletscher geht oder ihn im Winter mit den Skiern quert, ahnt meist nicht, was sich unter seinen Füßen abspielt. Denn im Gletschereis tobt förmlich das Leben. Und das in einem Extremlebensraum, der von tiefen Temperaturen, extremer Trockenheit, hoher UV-Strahlung und Nährstoffarmut geprägt ist. Dementsprechend läuft hier alles in Zeitlupe ab. Und jene Organismen, die hier leben können, sind hochspezialisiert und ebenso sensibel gegen jegliche Veränderungen. Entscheidend für die Bewohner sind die Temperaturen, die nicht zu hoch sein dürfen, und das Vorhandensein flüssigen Wassers.

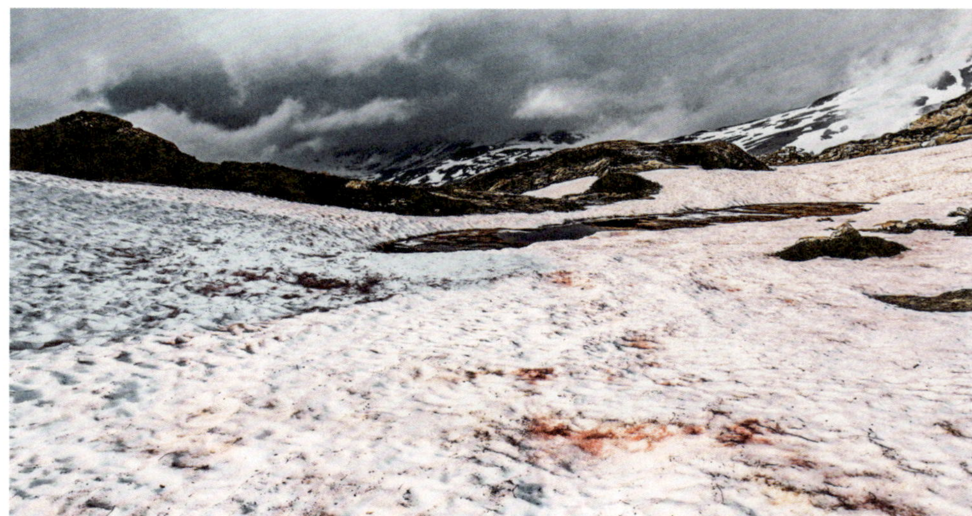

Blutschnee: Einzellige Schneealgen sorgen für die roten Verfärbungen.

Ist alles im grünen Bereich, wird hier fleißig Stoffwechsel betrieben, für Nachwuchs gesorgt und sich weiterentwickelt. Das heißt auch, dass in den obersten Gletscherschichten Photosynthese betrieben und damit Sauerstoff produziert wird. Wir sprechen in erster Linie von Mikroorganismen wie Bakterien, Viren, Wimpertierchen, Algen und Pilzen, aber auch von mehrzelligen Tieren wie Bärtierchen und Springschwänzen. Manches Mal kann man das Leben in dieser scheinbar leblosen Eiswüste erahnen. Etwa wenn man im Frühsommer auf Altschneeoberflächen rote Beläge, den sogenannten Blutschnee, wahrnimmt.

Dabei handelt es sich um einzellige Schneealgen, die in den obersten Schichten des Eises leben und sich mit intensiv roten Farbpigmenten vor der hohen UV-Strahlung schützen. Dass man die Einzeller überhaupt mit bloßem Auge sehen kann, liegt an ihrer massenhaften Anzahl. Das Gleiche gilt für jene, die sich von ihnen ernähren, wie etwa die Gletscherflöhe. Einen einzelnen wird man kaum erkennen. Aber wenn die kleinen Tierchen zu Tausenden auf der Eisoberfläche erscheinen, sieht man sich einer schwarzen, hüpfenden Masse gegenüber. Wenn an schönen Sommertagen die Haarspalten im Eis überflutet werden, retten sie sich auf die Oberfläche. Die nur wenige Millimeter langen Tierchen vollführen dann mit Hilfe ihrer Sprunggabel kolossale Sprünge von mehreren Zentimetern. Diese urtümlichen Insekten werden deshalb zur Gruppe der Springschwänze gezählt. Die springende Fortbewegungsweise ist auch von Vorteil, wenn sie vor ihrem größten Fressfeind, dem Gletscherweberknecht, flüchten müssen. Vor allem seinetwegen bleiben sie nicht länger als unbedingt nötig auf der Oberfläche und verschwinden bald wieder in ihren kalten Behausungen. Ihre Wohlfühltemperatur liegt um die null Grad, auch wenn sie im Eis einfrieren, schadet ihnen das nicht. Denn die Körperflüssigkeit der Überlebenskünstler ist durch Zucker und Alkohol vor dem Einfrieren geschützt. Höhere Temperaturen hingegen stören ihre Körperfunktionen beträchtlich. Bei etwa plus 12 Grad stirbt das kälteangepasste Insekt.

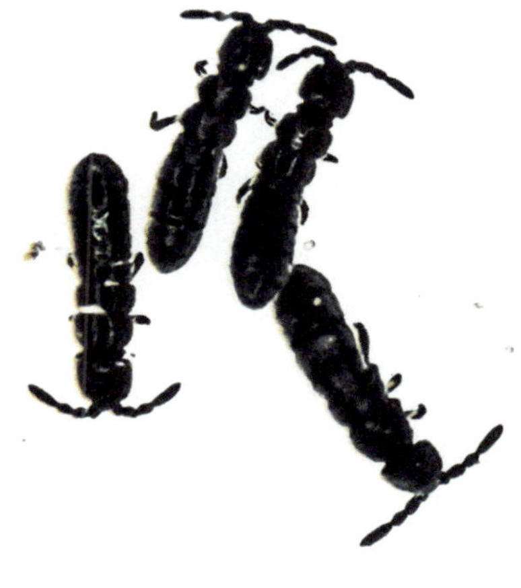

Der Gletscherfloh verfügt in seinem Blut über ein eigenes „Frostschutzmittel“ bestehend aus Alkohol und Zucker.

Extremer noch lieben es die Bärtierchen, die ihrem Namen beim Blick durch ein Mikroskop alle Ehre machen. Die etwa einen Millimeter großen achtbeinigen Tiere können über lange Zeit im Eis eingeschlossen leben, überleben es, gekocht und mit radioaktiver Bestrahlung beschossen zu werden und kommen selbst mit Weltraumbedingungen zurecht. Diese Extremisten und noch unzählige Organismen mehr machen einen Gletscher, den man nur allzu leicht als sterile Eiswüste abtut, zu einem höchst produktiven Lebensraum.

Bärtierchen sind wahre Überlebenskünstler.

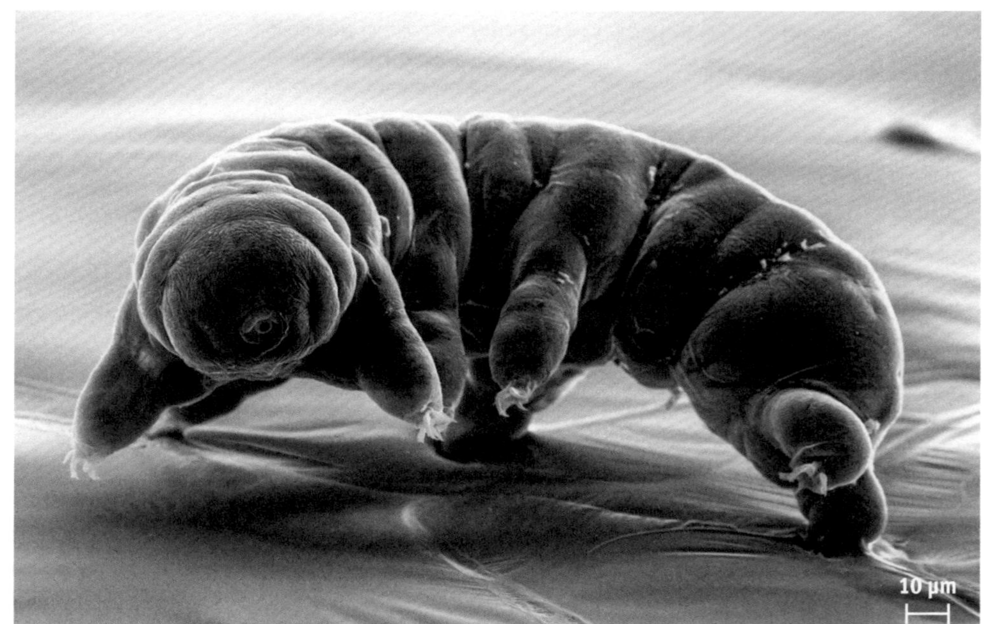

Lebensraum Gewässer

In den Bergen finden wir fließende und stehende Gewässer.

Fließgewässer

Der Gebirgsraum wird, was die Gewässer betrifft, von der sogenannten Forellenregion dominiert. Der Ausdruck bezieht sich auf den Hauptnutzfisch. Für die Bedingungen bedeutet das, dass wir hier hauptsächlich auf schnell fließende, sauerstoffreiche und kalte Bäche stoßen. Das trifft auf die Bäche im Hochgebirge und auch noch in den Gebirgstälern zu. Von der Gletscherregion beginnend bis ins Tal liegen folgende Verhältnisse vor: Der Gletscherbach tritt sehr kalt (0 Grad) und trüb aus dem Gletscher hervor. Das Schmelzwasser enthält feinstes Gesteinsmehl, das durch die Aktivität des Eises entstanden ist. Man spricht auch von der sogenannten Gletschermilch. Hier existiert, bis zum Beispiel auf die Larve der Gletscherzuckmücke, kaum Leben. Auch Algen sind durch den geringen Lichteinfall kaum vorhanden. Das ändert sich im weiteren Verlauf des Baches. Er wird langsam klarer und mit etwa plus 5 Grad etwas wärmer. Wasserfälle sind weitere häufige Strukturen im Gebirge. In ihrer Umgebung bildet sich eine Flora mit Flechten, Moosen und Algen, die die hohe Luftfeuchtigkeit nutzen.

Die Bedingungen im Gebirgsbach sind im Allgemeinen:

- niedrige Wassertemperaturen
- hohe Fließgeschwindigkeit
- ständige Veränderungen im Bachbett durch Geschiebe
- stark schwankendes Abflussregime
- geringer Nährstoffgehalt
- hoher Sauerstoffgehalt

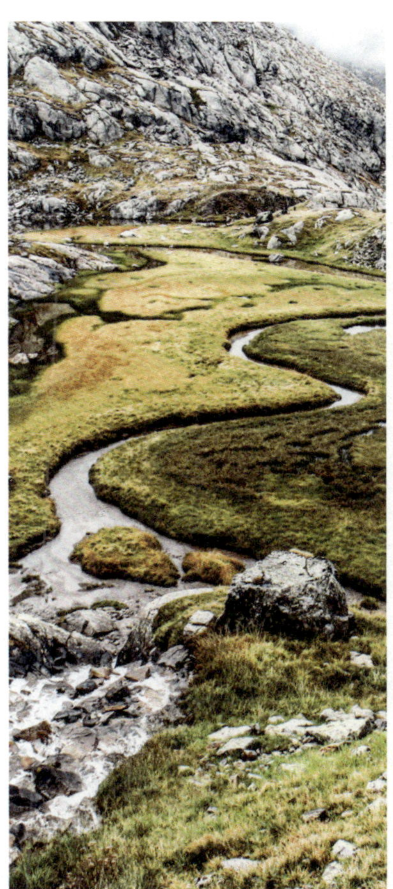

In klarem Wasser kann man bei genauerem Hinsehen auf Larven von Eintagsfliegen, Steinfliegen, Köcherfliegen und auf Strudelwürmer stoßen. Die meisten Tiere leben allerdings versteckt auf Steinunterseiten. Die Larven leben Monate und Jahre in den Gewässern. Dort häuten sie sich viele Male, um wachsen zu können. Die Umwandlung zum flugfähigen Insekt läuft oft in Massen ab. In der Regel leben die erwachsenen Tiere nur kurze Zeit, um sich zu paaren und Eier abzulegen. Hier sollen einige Arten vorgestellt werden, die man in den Bächen am häufigsten findet.

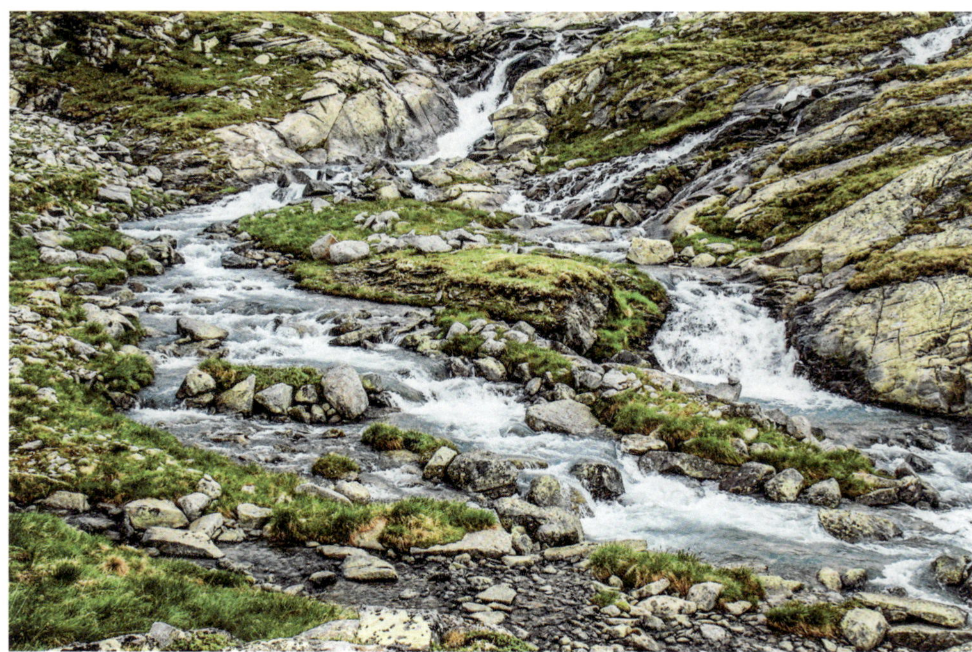

Auch in Gebirgsbächen gibt es Leben – dort tummeln sich u.a. Strudelwürmer und zahlreiche Fliegenlarven.

Steinfliegenlarven

Steinfliegen haben einen hohen Sauerstoffbedarf und leben deshalb in schnell strömenden Bächen. Auf Verschmutzung reagieren sie empfindlich. Da sie lichtscheu sind, findet man sie vor allem unter Steinen. Von den Eintagsfliegenlarven kann man sie gut an ihren zwei Schwanzanhängen unterscheiden. Die großen Arten unter ihnen sind sehr gefräßige Räuber, die Jagd auf andere Kleintiere machen.

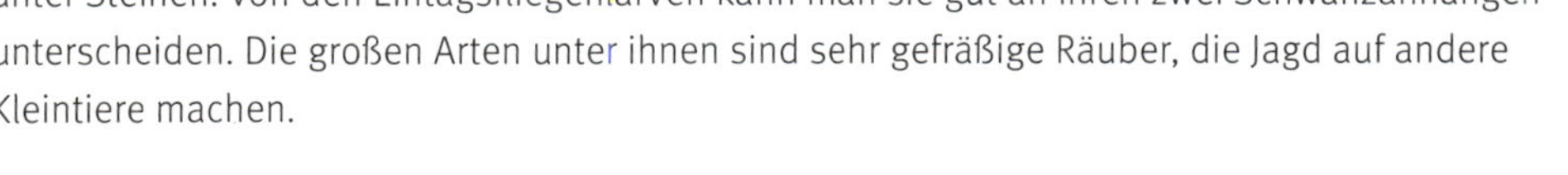

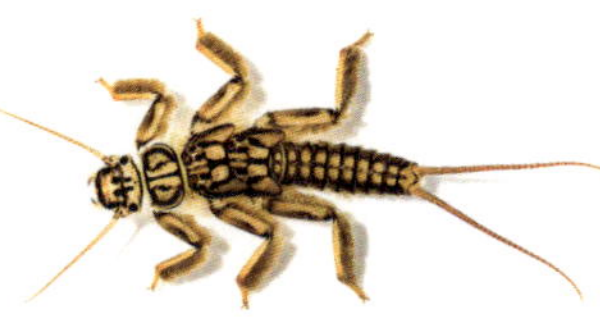

Steinfliegenlarve

Eintagsfliegenlarven

Sie schmiegen sich mit ihrem abgeplatteten Körper eng an Steinunterseiten an. Bei Störung bewegen sie sich krabbenartig seitwärts. Eintagsfliegenlarven haben einen auffallend großen Kopf mit großen Komplexaugen. Im Gegensatz zu den Steinfliegenlarven haben sie drei Schwanzanhänge am Hinterleib. Sie ernähren sich hauptsächlich von pflanzlichem Material.

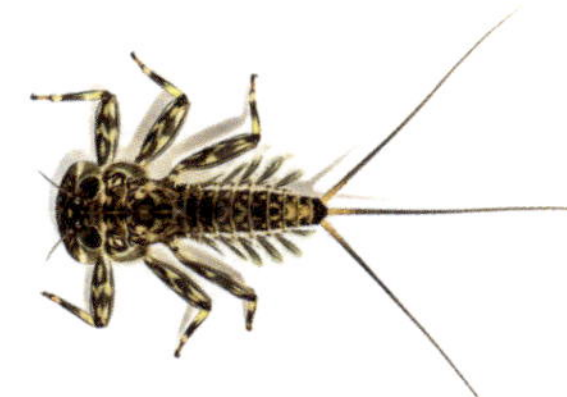

Eintagsfliegenlarve

Köcherfliegenlarven

Köcherfliegen verstecken sich meistens nicht. Wie der Name schon sagt, bauen sich die meisten Arten einen Köcher aus verschiedenen Materialien wie Fichtennadeln, Blättern oder Steinen. Er dient dem Schutz des weichen Hinterleibs. Die meisten fressen Algenrasen ab und filtern vorbeidriftende Nahrung. Keine Regel ohne Ausnahme: Es gibt auch köcherlose Arten, die sich räuberisch ernähren.

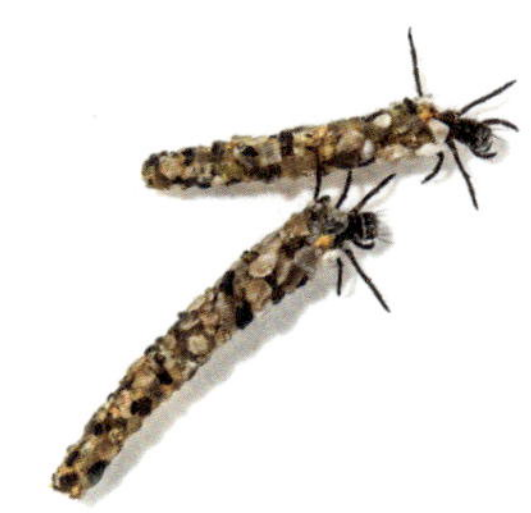

Köcherfliegenlarve

Strudelwürmer

Diese Würmer sind lebenslange Wasserbewohner. Die platten, wurmförmigen Tiere gleiten auf einem selbst produzierten Schleimband mit Hilfe von Wimpern über die Oberfläche. Bei Gefahr ziehen sie sich blitzschnell zusammen. Sie machen Jagd auf größere Beutetiere. Besonders zu erwähnen ist ihre hohe Regenerationsfähigkeit. In etliche Teile zerschnitten, regeneriert sich jedes Teil wieder zu einem vollständigen Tier. Mit dieser Strategie können sie im turbulenten Wasser, in dem sie leicht durch rollende Steine verletzt werden, gut überleben.

Strudelwurm

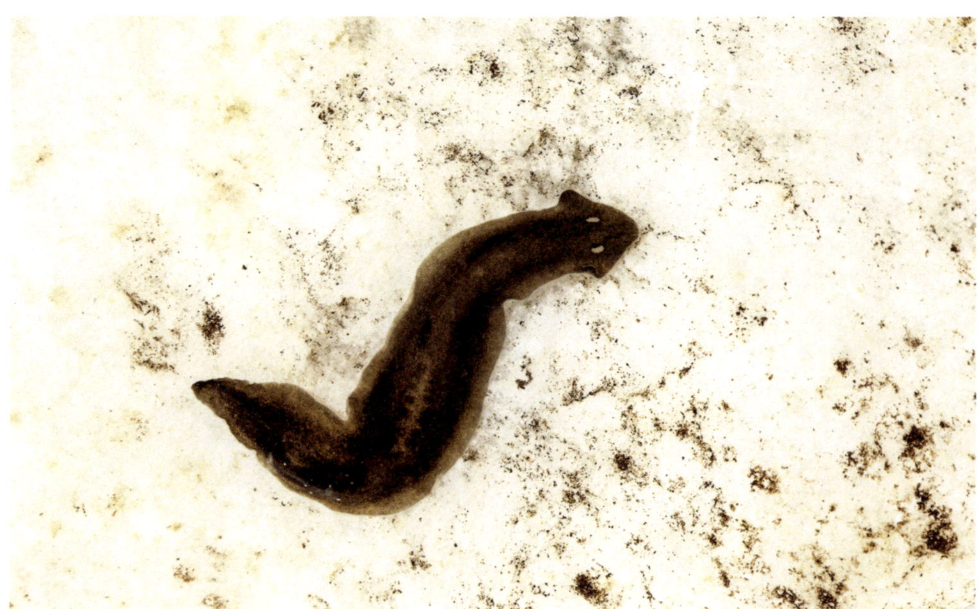

Stehende Gewässer

Neben den Fließgewässern gibt es in allen Höhenlagen stehende Gewässer, die vor allem von Amphibien als Laichgewässer genützt werden. Im Hochgebirge, wo die Zeit zur Fortpflanzung sehr begrenzt ist, wandern Kröten, Frösche und Bergmolche schon zum Ablaichen, selbst wenn noch Schnee liegt. Am Beginn steht die Paarung. Bei Fröschen und Kröten verläuft diese meistens stürmisch. Dabei versuchen oft mehrere Männchen an ein Weibchen heranzukommen. Die Befruchtung geht so vor sich, dass das Männchen den Rücken des Weibchens umklammernd die Eier besamt. Bei der Paarung der Bergmolche geht es wesentlich ruhiger zu. Das Weibchen nimmt ein Samenpaket des Männchens auf und die Befruchtung erfolgt im Innern des Weibchens. Nach der Paarung und Eiablage wandern die Amphibien bald wieder in ihre Winterlebensräume ab. Manche überwintern im Wasser. Während Frosch und Co. stehende Gewässer zur Eiablage und als Lebensraum für ihre Larven benötigen, hat sich der Alpensalamander vom Wasser unabhängig gemacht und bringt lebende Junge zur Welt. Die häufigsten Amphibien werden im Folgenden kurz beschrieben:

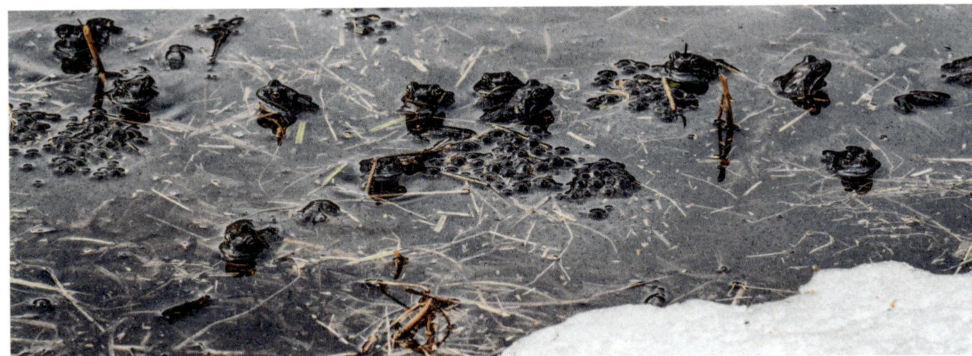

Stehende Gewässer werden von Amphibien als Laichgewässer genutzt.

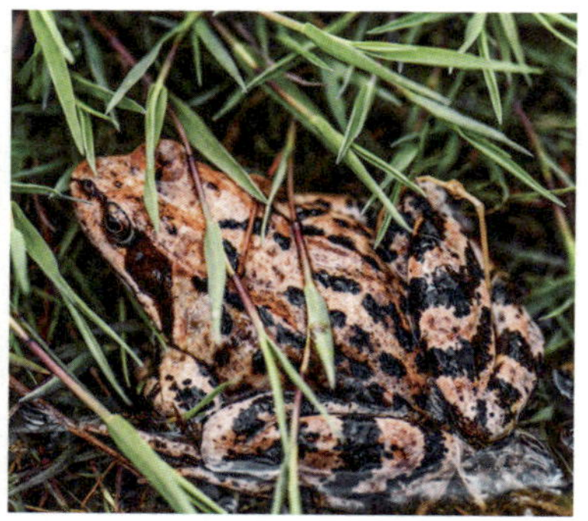

Grasfrosch

Grasfrosch

Der Grasfrosch kommt bis über 2.500 Meter vor. Seine Eier legt er in kleinen, fischfreien stehenden Gewässern, gelegentlich auch in sehr langsam fließenden Bächen ab. Für seine Laichballen, die bis zu 4.000 Eier enthalten, wählt er, der höheren Temperaturen wegen, vor allem Flachwasserbereiche. Außerhalb der Fortpflanzungszeit befindet er sich an Land, wo er sich tagsüber in feuchten Verstecken wie Feucht- und Nasswiesen oder feuchten Wäldern aufhält. Nachts geht er auf die Suche nach Spinnen, Insekten, Asseln und Würmern.

Erdkröte

Auch die Erdkröte kommt bis über 2.000 Meter Höhe vor. Als Laichgewässer bevorzugt sie mittlere bis große Stillgewässer, die über einen Meter tief sind. Dort legt sie ihre Eier in langen Laichschnüren ab. Im Gegensatz zu den Grasfroscheiern, können Fische ihrem Laich nichts anhaben. Erdkröten zeigen eine starke Tendenz, in ihrem eigenen Geburtsgewässer auch ihren Nachwuchs ins Wasser zu entlassen. An Land suchen sie lichte Laub-Nadel-Mischwälder mit möglichst hohem Anteil an Biotopholz auf, wo sie auch auf Nahrungssuche gehen.

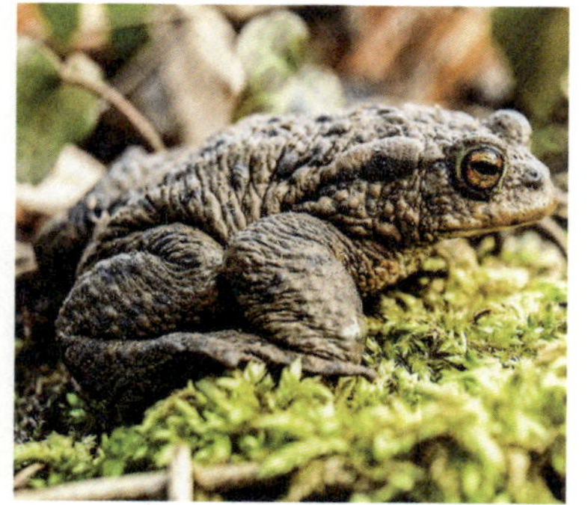

Erdkröte

Bergmolch

Bergmolch-Männchen und -Weibchen unterscheiden sich in ihrem Aussehen deutlich: Das Männchen ist vor allem zur Paarungszeit am Rücken prächtig dunkelblau, am Bauch leuchtend orange gefärbt. Das Weibchen ist größer und eher tarnfarben. Nach der äußeren Befruchtung legt es 100 bis 200 Eier einzeln an Wasserpflanzen ab. Dabei formt es mit den Hinterbeinen eine Tasche, in die es ein Ei hineinlegt. Die Tiere überwintern versteckt unter morschem Holz, Steinen oder Moospolstern an Land. Die Jungtiere wandern ab dem Spätsommer zu den Winterquartieren, manchmal überwintern sie aber auch im Gewässer.

Alpensalamander

Da der Alpensalamander lebende Junge zur Welt bringt, ist er von Gewässern unabhängig. Weil er, je nachdem in welcher Höhe er vorkommt, eine Tragezeit von vier bis sogar fünf Jahren haben kann, zählt er unter den Wirbeltieren als jenes mit der längsten Entwicklungsdauer. Wie alle anderen Amphibien braucht auch er Feuchtigkeit. So kann man ihn am ehesten in der Dämmerung oder bei Regenwetter sehen. In seinem Lebensraum braucht er ausreichend Versteckmöglichkeiten in Felsspalten, unter Moospolstern oder in morschem Holz. Seine pechschwarze Farbe schützt ihn vor der intensiven UV-Strahlung im Hochgebirge.

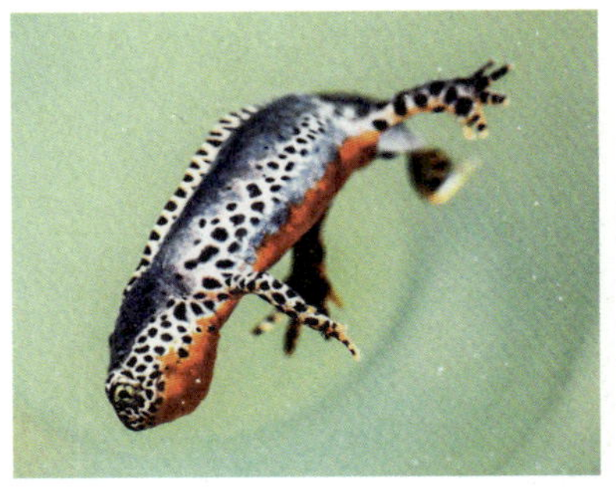

Bergmolch

Schutzstatus. Diese Amphibienarten stehen in Österreich auf der Roten Liste und sind potentiell gefährdet. Hauptursachen der Gefährdung sind vor allem Pilzkrankheiten wie der gefürchtete „Salamanderfresser-Pilz“, intensive Landwirtschaft, Lebensraumverlust und Gefährdung bei Laichwanderungen. Amphibien dürfen den Gewässern nicht entnommen werden.

Tipps zum Kennenlernen von Gewässerlebewesen → Utensilien: Pinsel, kleine offene Box für Wasser, Lupe, evtl. Binokular mit Objektträgern. Wenn man die Steinunterseiten in Bächen untersucht, findet man meistens kleine Insektenlarven und andere Wassertiere. Diese streicht man mit dem feinen Pinsel in die mit Wasser gefüllt Box. Dort können die Tiere dann gut beobachtet werden. Dazu benutzt man entweder eine Lupe oder aber ein umgedrehtes Fernglas. Die Steine sollen dann vorsichtig wieder ins Bachbett zurückgelegt werden. Bei der Berührung von Amphibien muss man sehr vorsichtig sein, da sie einerseits eine verletzliche Haut haben und andererseits manche Menschen allergisch auf die schwachen Gifte der Amphibienhaut reagieren. Das bedeutet, dass man die Tiere, wenn überhaupt, nur mit nassen Händen berühren darf. Danach die Hände waschen und die Berührung von Schleimhäuten an Augen oder im Mund vermeiden.

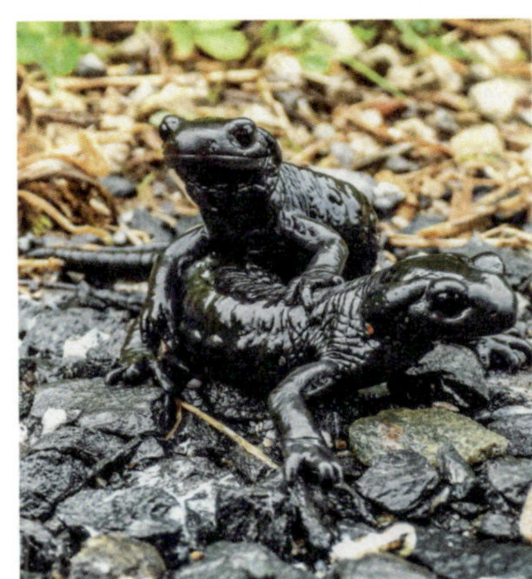

Alpensalamander

Lebensraum Moor

Feuchtgebiete, allen voran Moore, stellen besonders wertvolle und gleichzeitig sehr bedrohte Lebensräume dar. Der Entstehungszeitpunkt vieler Hochmoore liegt am Ende der letzten Eiszeit, rund 11.000 Jahre zurück. Neben Hochmooren, gibt es Niedermoore und Übergangsmoore, die in ihrer Entwicklung zwischen Nieder-und Hochmoor stehen. Bei dieser Unterscheidung spielt die Verfügbarkeit und Herkunft des Wassers eine Rolle.

Im gesamten Alpenraum sind Moore wohl anzutreffen, sie sind aber trotzdem eher selten und kleinflächig, weil hier im Vergleich zur Ebene nur wenig Raum zu ihrer Entfaltung existiert. Niedermoore entwickeln sich zumeist aus verlandenden Seen. Sie werden durch das Grundwasser gespeist und sind nährstoffreich. Hier wachsen je nach Untergrund verschiedene Seggenarten, Moose und Wollgräser. Meist entstehen durch Zersetzungsprozesse der Pflanzen geringe Torfschichten. Diese flachen Moore können sich mit der Zeit zu Hochmooren entwickeln. Dafür benötigen sie allerdings einen sehr langen Zeitraum, denn die beteiligten Torfmoose wachsen nur einen halben Millimeter pro Jahr. Hochmoore mit einem mehrere Meter mächtigen Torfkörper sind dementsprechend alt. In einem Hochmoor dominieren vor allem diese Torfmoose. Sie haben die Eigenschaft, im Zentrum in die Höhe zu wachsen, und können extrem viel Wasser speichern. Der Torfkörper wölbt sich konvex in die Höhe und verliert mit der Zeit die Verbindung zum Grundwasser, wird also nur noch von Regenwasser gespeist. Dadurch sind die Lebensbedingungen extrem nährstoffarm und das Milieu ist stark sauer (pH-Wert unter 3,5). Unter diesen Bedingungen kann nur eine ganz spezielle Flora und Fauna leben. Allen Moortypen ist gemeinsam, dass absterbendes Pflanzenmaterial unter Sauerstoffabschluss nur unvollständig verrottet. Das heißt auch, dass bei der Zersetzung nur wenig bis kein Kohlendioxid entweicht. Es wird als Kohlenstoff gespeichert. Dadurch fungieren Moore auch als sogenannte Kohlendioxid-Senken und sind deshalb in Zeiten des fortschreitenden Klimawandels besonders wertvoll. Die spezifische Pflanzen- und Tierwelt kann sich beim Verschwinden der Biotope nirgendwo anders mehr ansiedeln. Zu den Spezialisten gehören nur wenige Arten, die aber meist mit großen Individuenzahlen vertreten sind. Wird ein Moor zerstört, geht nicht nur die Pflanzen- und Tierwelt verloren, sondern es kommt durch den Kontakt mit Sauerstoff zu mikrobiellen Abbauprozessen und Kohlendioxid wird frei. Ursachen der Zerstörung von Feuchtgebieten und Mooren sind etwa Entwässerungsmaßnahmen für die landwirtschaftliche Nutzung (Äcker, Wiesen und Weiden), Torfabbau zum Beispiel für Blumenerde und der Bau von Tourismuseinrichtungen wie Golfplätzen und Skipisten. In neuerer Zeit werden beeinträchtigte Moore durch Vernässungsmaßnahmen im Rahmen von Moorschutzprogrammen vielerorts wieder aktiv renaturiert.

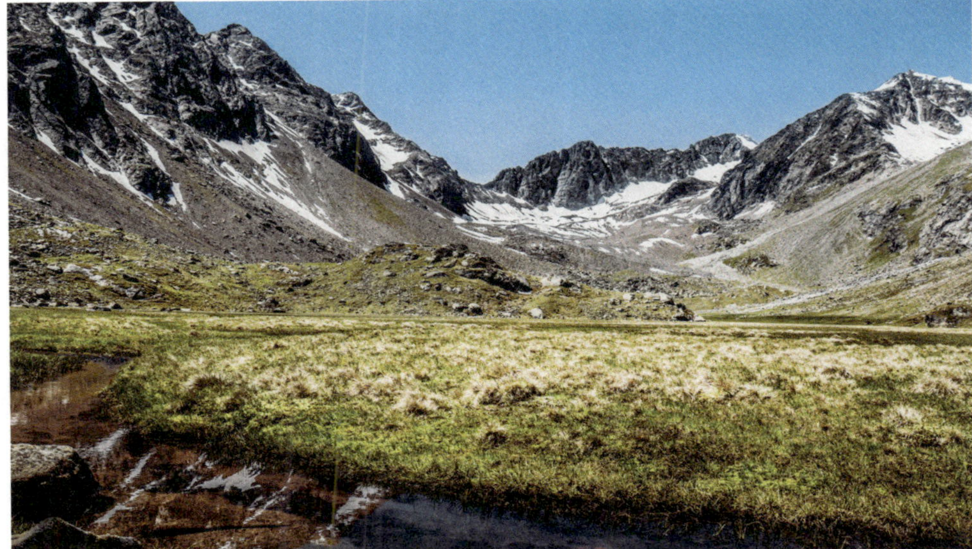

Das „Hohe Moos" hinter der Regensburger Hütte ist ein Niedermoor.

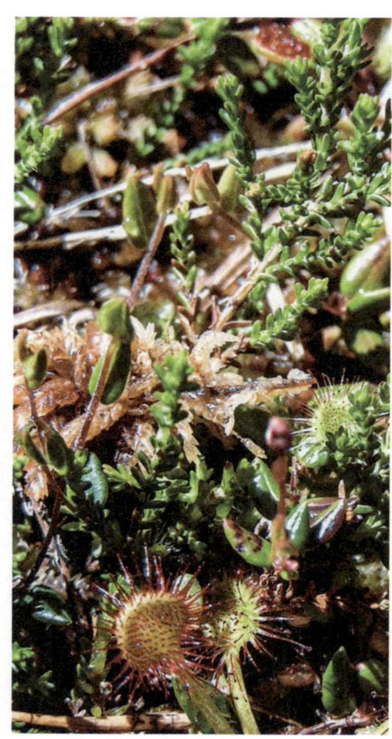

In dem sehr sauren und nährstoffarmen Moor-Milieu wachsen nur spezialisierte Pflanzen, wie z.B. der Rundblättrige Sonnentau.

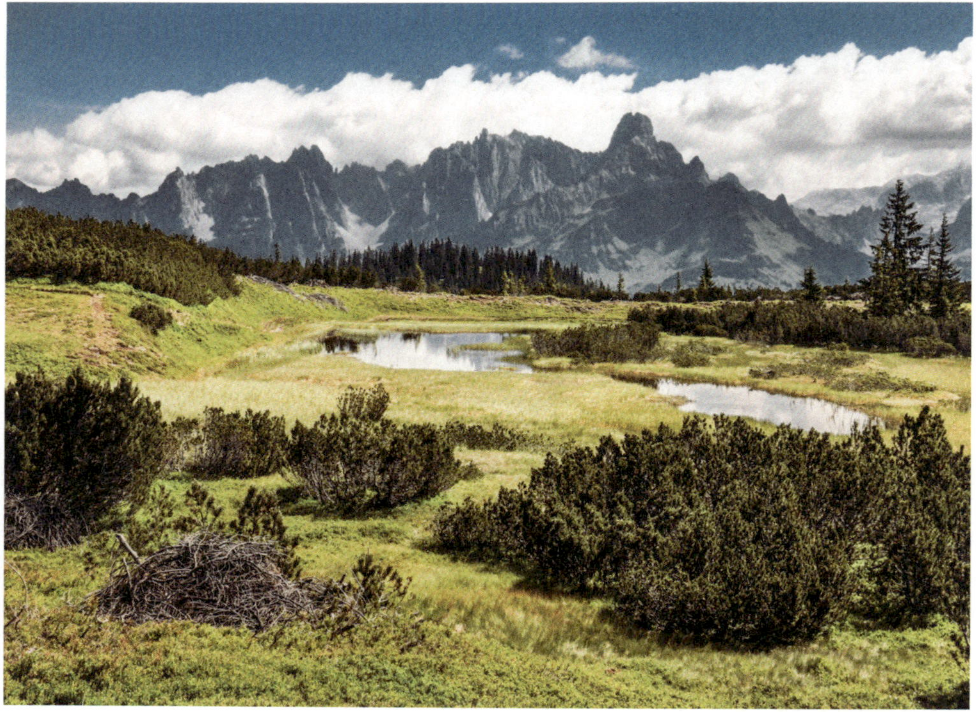

Moore sind wichtige Zeitzeugen. Ihre Entstehungsgeschichte reicht teilweise bis in die Phase nach der letzten Eiszeit zurück.

Besondere Eigenschaften der Moore

Moore sind besondere Lebensräume mit spezifischen Lebensgemeinschaften

Sie stellen unersetzliche Lebensräume für zahlreiche Pflanzen- und Tierarten dar, die nur hier vorkommen, weil sie sich ökologisch stark spezialisiert haben.

Moore sind Kohlenstoffspeicher

Weltweit nehmen Moore nur drei Prozent der Landfläche ein. Und dennoch speichern sie rund ein Drittel des gesamten in den Böden gebundenen Kohlenstoffs. Am konkreten Beispiel Österreichs: Die hier noch vorhandenen Moore speichern zehnmal so viel Kohlenstoff wie heimische Wälder mit derselben Ausdehnung.

Moore sind Wasserspeicher

Torfmoose vermögen Wasser sehr effizient zurückzuhalten: Diese Pflänzchen können rund das zehnfache ihres Gewichts an Wasser speichern. Dadurch kommt es zur Verzögerung der Wasserabgabe zum Beispiel bei Starkregen. Weltweit speichern Moore etwa 10 Prozent des gesamten Süßwassers.

Moore sind Zeitzeugen

Sauerstoffmangel und vorhandene Huminsäuren im Moor sorgen dafür, dass Mikroorganismen, die Zersetzungsarbeit leisten, nicht existieren können. Dadurch werden organische Materialien, wie etwa menschliche Körper, aber auch zum Beispiel Pflanzenpollen gut erhalten. So können die Fundstücke Aufschluss etwa über frühere Kulturen und lang zurückliegende Klimageschehen geben.

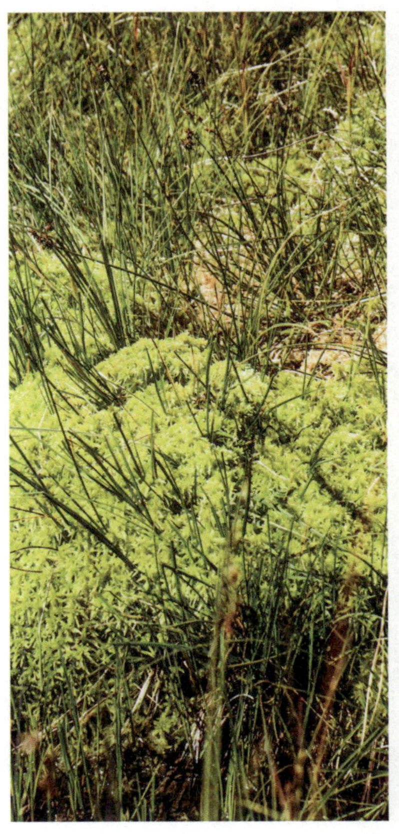

Torfmoose sind effiziente Wasserspeicher.

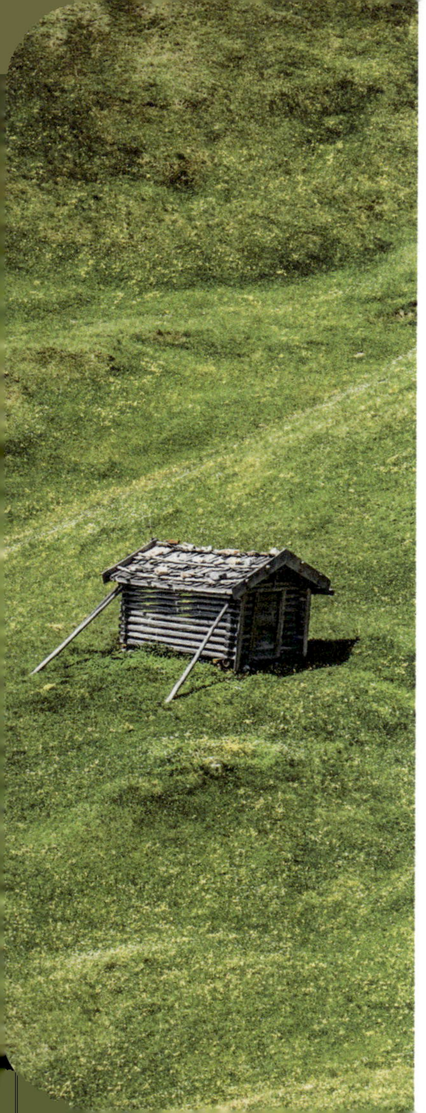

Lebensraum Kulturlandschaft

Menschlicher Einfluss muss sich nicht immer negativ auf die Natur auswirken. Almen, Bergmähder und Lärchenwiesen bilden die bedeutendsten Kulturlandschaften im alpinen Raum. Sie sind Beispiele dafür, dass von Menschenhand geschaffene Strukturen auch erheblich zur Artenvielfalt beitragen und Lebensräume für spezielle Arten bieten können.

Bereits in der frühen Bronzezeit, zwischen 1.800 und 1.300 v. Chr., wurden die kräuterreichen Hochweiden für das Vieh genutzt. Um mehr freie Flächen zu erhalten, wurden die Wälder gerodet, zum Teil auch durch Feuer. Dadurch wurde die Waldgrenze nach unten verschoben. Mit der Ausdehnung des Dauersiedlungsraumes im 12. Jahrhundert änderte sich die Nutzung der Grasflächen oberhalb der Waldgrenze: Im Tal wurden die Flächen für Getreideanbau benötigt, der Großteil des nährstoff- und eiweißreichen Heus für den langen Winter wurde in den Bergen gemäht. Die hoch gelegenen, oft in steilen Hanglagen befindlichen Bergmähder wurden und werden ein- bis dreimal im Jahr mit der Sense oder einem Balkenmäher gemäht. Diese Arbeit ist nach wie vor sehr mühsam und mitunter gefährlich, so waren Abstürze in früheren Zeiten keine Seltenheit. Im Frühjahr muss in extremen Lagen Murenmaterial entfernt werden. Die extensive Bewirtschaftung der kräuterreichen Flächen bringt eine enorme Artenvielfalt an Pflanzen hervor, die wiederum Lebensraum für zahlreiche Insekten wie Schmetterlinge und Wildbienen sowie Vögel bietet.

Bergmähder zu erhalten, ist aufwändig, aber zugleich ein wichtiger Beitrag zum Artenschutz. Zudem verringern gemähte Wiesen die Wahrscheinlichkeit von Gleitschneelawinen. Diese Lawinenart bildet sich häufig dort, wo die Gräser zu lang werden. An diesen Stellen kann der Schnee leichter abgleiten.

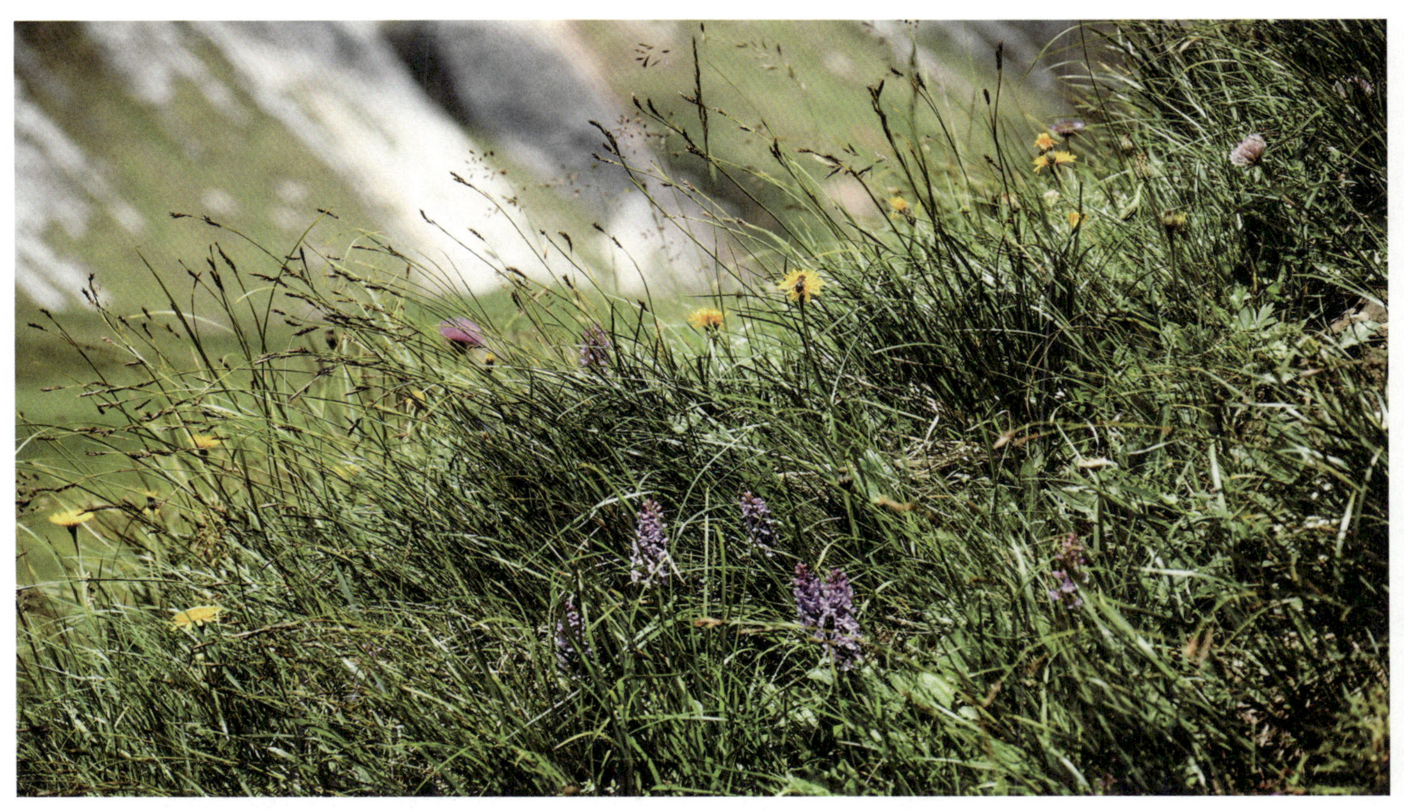

Extensiv bewirtschaftete Bergwiesen bringen eine enorme Vielfalt an Pflanzen hervor.
Diese bietet wiederum den Lebensraum für zahlreiche Insekten wie Schmetterlinge und Wildbienen oder auch Vögel.

So lebt etwa das Steinhuhn gerne auf sonnenseitigen, reich strukturierten Bergmähdern.

Die Mahd von Bergwiesen dient auch dem Schutz vor Lawinen und Bodenerosion. Denn, wenn sich Eisplatten in den langen Gräsern bilden, reißen sie die Vegetation mit ihrem Gewicht heraus und es kommt zu Erosion. Gleitschneelawinen bilden sich, wenn die Gräser zu lang werden und der Schnee im Winter dadurch leichter ins Rutschen kommt.

Das Steinhuhn bevorzugt sonnseitige und reich strukturierte Bergmähder.

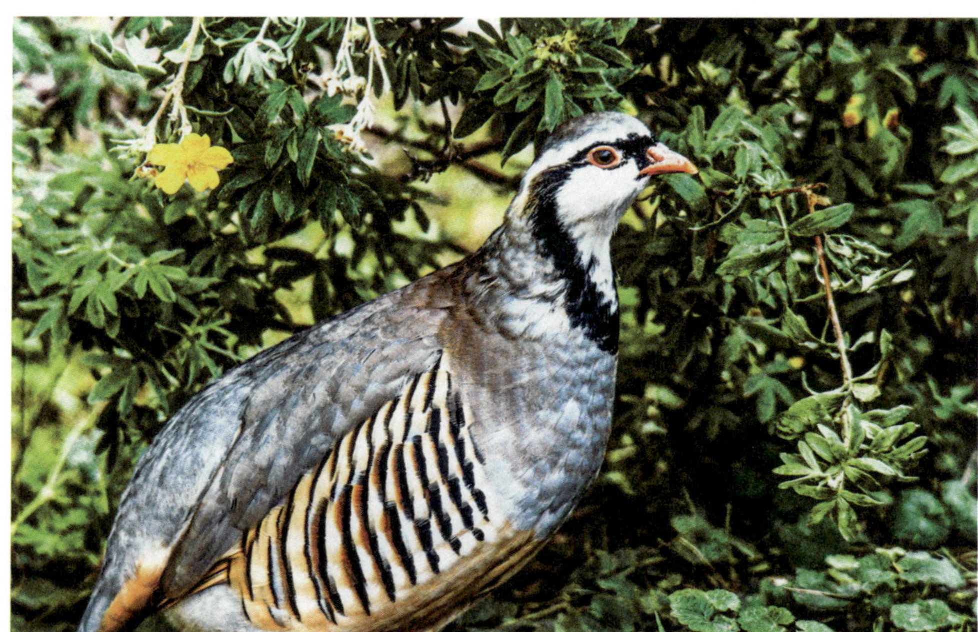

Lärchen kommen natürlicherweise meist an der Baumgrenze vor. Wachsen sie in tieferen Lagen, etwa als großflächige Lärchenwiesen, werden sie von Menschen betreut. Etwa seit dem 15. Jahrhundert werden Lärchenwiesen von den Bauern sowohl als Wald als auch als Wiese genutzt. Doch die Pflege dieser Kulturlandschaft ist sehr aufwändig. Denn die Umgebung der lichthungrigen Lärchen muss immer wieder von einwachsenden Bäumen und Sträuchern befreit werden. Im Frühjahr werden herabgefallene Äste und Zweige gesammelt und auf großen Haufen gelagert. Einmal im Jahr werden die Wiesen gemäht. Für die Stalltiere bildet das kräuterreiche Heu im Winter ein sehr nährstoffreiches Futter. Schlagreife Lärchen, die wertvolles Holz liefern, werden gefällt. Durch den Strukturreichtum und die lichtstarken Verhältnisse unter den feinen Nadeln der Lärchen, die auch als Dünger wirken, ist der Artenreichtum an Pflanzen sehr groß. Damit geht auch eine Vielfalt an Tieren wie Insekten, Vögeln und Kleinsäugern einher.

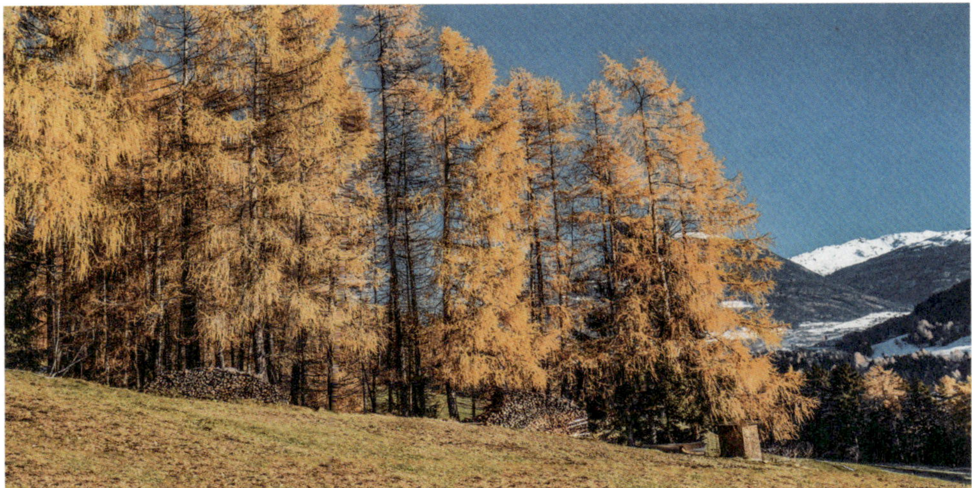

Herbstliche Lärchenwiese im Stubaital.

Auch Almflächen sind ökologisch wertvolle Flächen. Vor allem im Bereich der Waldgrenze fördert die Almwirtschaft eine halboffene Landschaft, die für viele Tiere einen idealen Lebensraum bietet. Typische Nutznießer sind die bereits stark bedrohten Birkhühner.

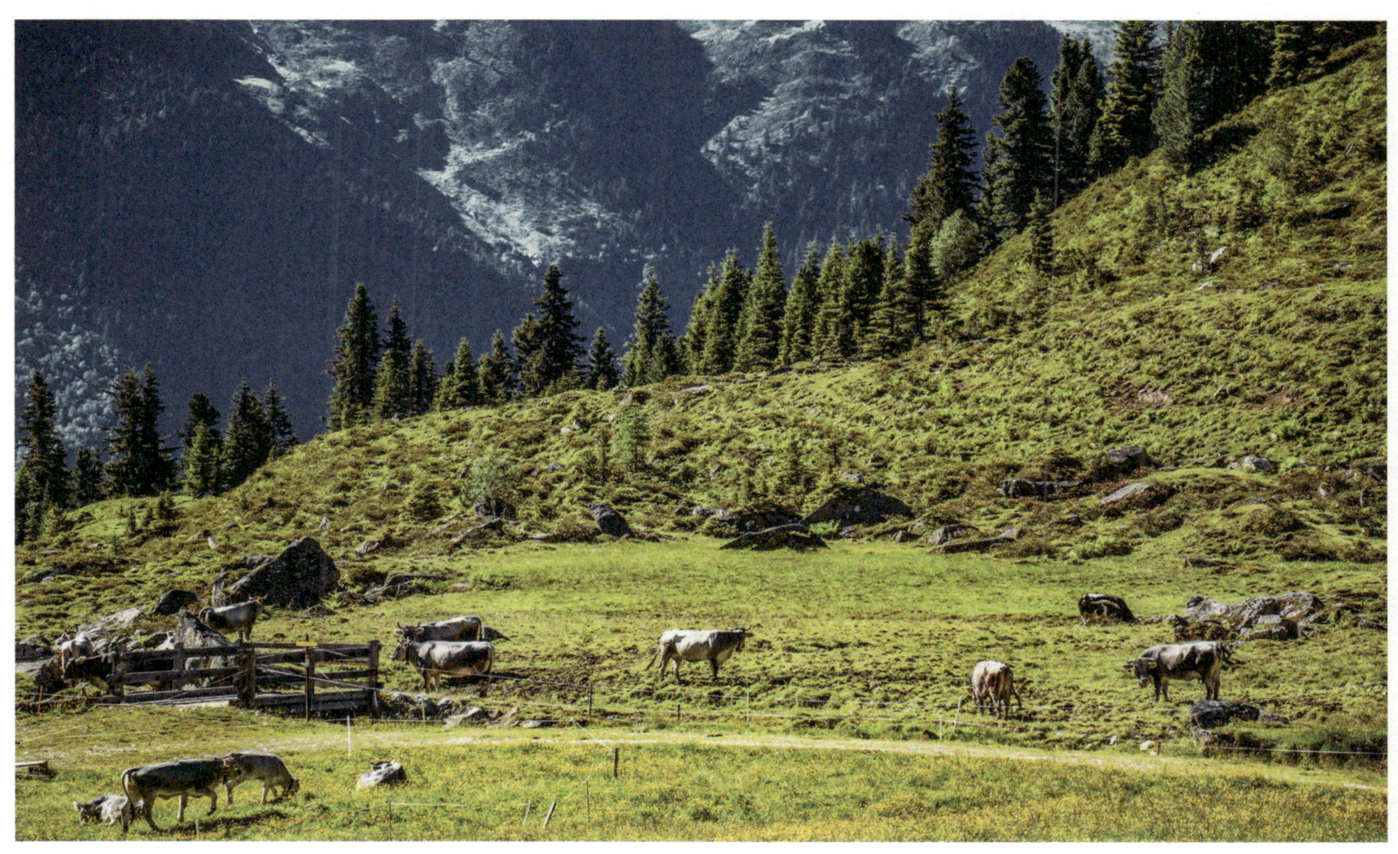

Almflächen sind ökologisch wertvoll.

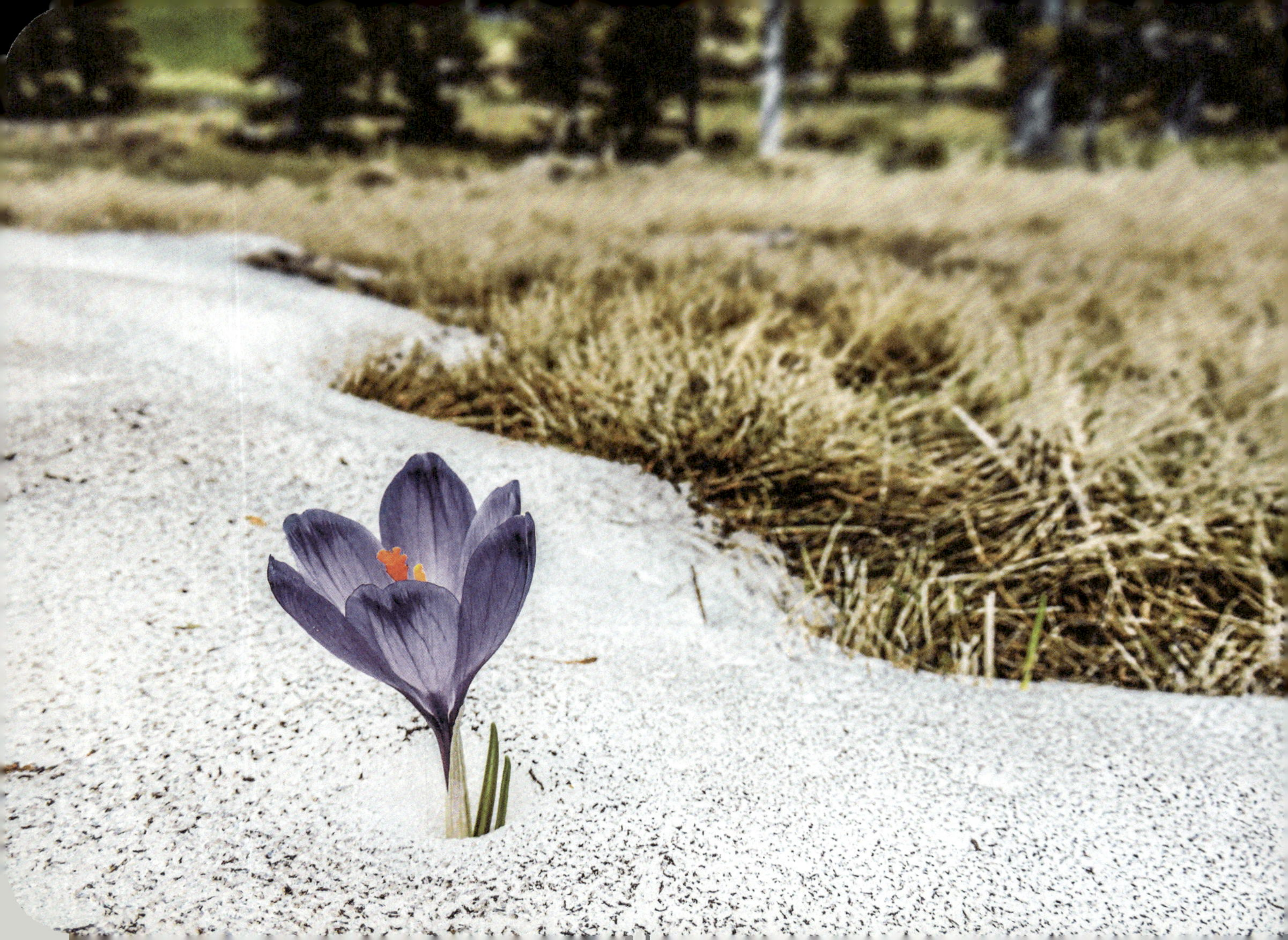

Tipps und Schlussbemerkung

Tipps

Die Anregungen für eine natur-, umwelt- und sozialverträgliche Bergsportausübung auf einen Blick:

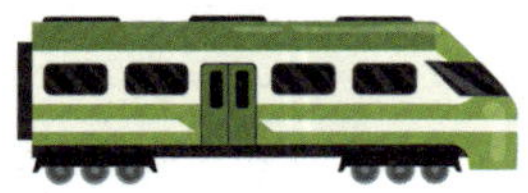

Umweltfreundliche Mobilität

Die Hausberge neu entdecken, öffentlich reisen bzw. Fahrgemeinschaften bilden, Mehrtagesausflüge statt mehrerer Tagesausflüge – das reduziert Staus, Parkplatzprobleme und schützt das Klima.

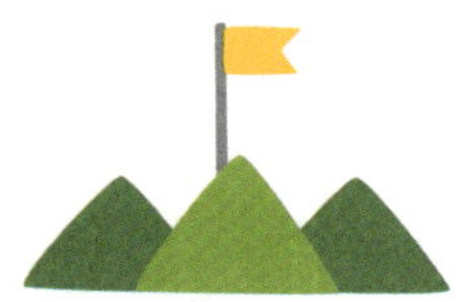

Achten und beachten

Auf markierten Wegen und ausgewiesenen Skitourenrouten bleiben, Hinweistafeln und Sperrgebiete beachten – das schont Flora und Fauna und trägt zum respektvollen Miteinander bei.

Die Berge sauber halten

Müll hat am Berg nichts verloren – auch Taschentücher, Bananenschalen und Zigarettenstummel gehören im Tal entsorgt.

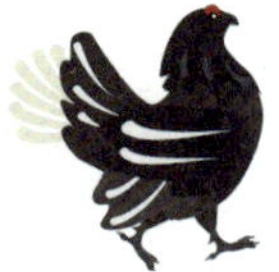

Bitte nicht stören

Wildtiere brauchen Ruhe – Hunde an die Leine nehmen, Aktivitäten in der Nacht und Lärm vermeiden.

Nehmen und geben

Die lokale Bevölkerung unterstützen – die Einkehr im Gasthaus, der Kauf lokaler Produkte oder die Nacht in der Pension leisten wichtige Beiträge zur Wertschöpfung vor Ort.

Hegen und pflegen

Bei Ausrüstung und Kleidung auf Nachhaltigkeit achten – ein sorgsamer Umgang erhöht die Lebensdauer, Reparatur vor Neukauf, umweltfreundliche Firmen unterstützen.

Sich bilden und darüber reden

Naturwissen vertiefen und weitergeben – nur was man kennt, schützt man auch.

Schlussbemerkung

Das Booklet liefert Erklärungen, warum diese Empfehlungen sinnvoll sind. Das ein oder andere mag selbstverständlich sein. Manches ist gesetzlich vorgegeben, vieles liegt aber in unserem eigenen Handlungsspielraum. Vor dem Hintergrund, dass immer mehr Menschen dem Ruf der Berge folgen, wird ein respektvoller Umgang – zwischen Menschen, aber auch mit der Natur – immer wichtiger. Nur so können Konflikte vermieden, die Wegefreiheit langfristig gesichert und die Schönheit und Ursprünglichkeit der Bergwelt erhalten werden.

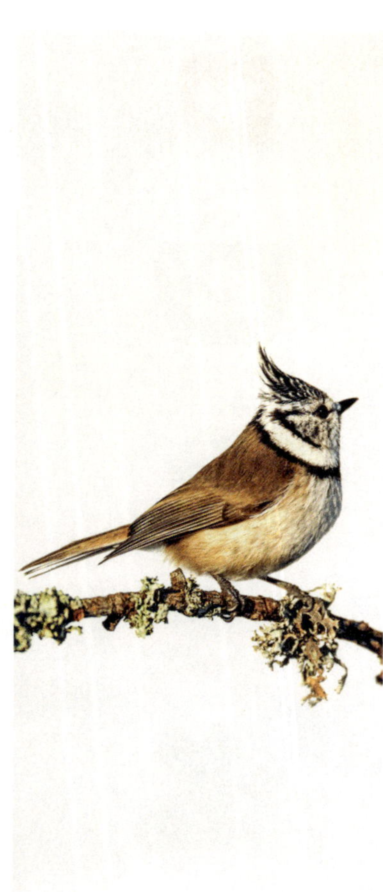

Literaturverzeichnis

- Bauer, H-G. et al. (2012): **Das Kompendium der Vögel Mitteleuropas.** Wiebelsheim.
- Bruns, U., Frey-Roos, F., Ruf, T., Arnold, W. (1999): **Nahrungsökologie des Alpenmurmeltieres (Marmota marmota).** Biologiezentrum Linz/Austria, Wien.
- Chang, R., Neubauer, F., Liu, Y., Yuan, S., Genser, J., Huang, Q., Guan, Q. & Yu, S. (2021): **Hf isotopic constraints and detrital zircon ages for the Austroalpine basement evolution of Eastern Alps: Review and new data.** Earth Science Reviews, 221, Elsevier, Amsterdam.
- Deutsches Klimakonsortium (2021). **Was wir heute übers Klima wissen.**
- Engelhardt, W. (2003): **Was lebt in Tümpel, Bach und Weiher.** Stuttgart.
- Erhart, M. (2015): **Leben auf Sparflamme.** Universum 11.
- Frey, W., Lösch, R. (2014): **Geobotanik.** Berlin, Heidelberg.
- Füreder, L. (2007): **Gewässer.** Wissenschaftliche Schriften, Nationalpark Hohe Tauern, Innsbruck.
- Greßmann, G., et al (2008): **Der Bartgeier.** Monitoring News Nr. 26, Heft II/2008.
- Handy, M. R., Schmid, S. M., Paffrath, M., Friederich, W. & AlpArray Working Group (2021): **Orogenic lithosphere and slabs in the greater Alpine area – interpretations based on teleseismic P-wave tomography.** Solid Earth, 12, 2633-2669, Göttingen.
- Hiebl, J., Reisenhofer, S., Auer, I., Böhm, R. & Schöner, W. (2011): **Multi-methodical realisation of Austrian climate maps for 1971–2000. Advances** in Science and Research 6, 19–26,
- Hofer, R. und E. (2020): **Unser Feldring.** Innsbruck.
- Hofer, R., Moritz, C. (2019): **Leben in der Strömung.** Wien.
- Huss, M. & Hock, R. (2018): **Global-scale hydrological response to future glacier mass loss.** Nature Climate Change 8, 135–140.
- Ingold, P. (2005): **Freizeitaktivitäten im Lebensraum der Alpentiere.** Bern.
- IPCC (2019): **IPCC Special Report on the Ocean and Cryosphere in a Changing Climate.**

- IPCC: **Global Warming of 1.5°C.** An IPCC Special Report on the impacts of global warming of 1.5°C.
- Jäger, A. (2021): **Die Alpen im Fieber.** Salzburg, München.
- Lebensministerium.at (2013): **Indikatoren-Bericht zur Biodiversität in Österreich.**
- Mann, M. E. (2021): **Propagandaschlacht ums Klima: Wie wir die Anstifter klimapolitische Untätigkeit besiegen.** Solare Zukunft, 440, Erlangen.
- Maringer, A. (2019): **Alpensalamander.** Das Nationalpark Gesäuse Magazin. Im Gseis.
- Marzeion, B., Cogley, J. G., Richter, K. & Parkes, D. (2014): **Attribution of global glacier mass loss to anthropogenic and natural causes.** Science 345, 919–921.
- Marzeion, B., Kaser, G., Maussion, F. & Champollion, N. (2018): **Limited influence of climate change mitigation on short-term glacier mass loss.** Nature Climate Change 8, 305–308.
- Maslin, M. (2014): **Climate Change: A Very Short Introduction.** Oxford University Press.
- Mattes, H. (1982): **Die Lebensgemeinschaft von Tannenhäher und Arve.** Eidgenössische Anstalt für das forstliche Versuchswesen CH 8903 Birmensdorf.
- Mertz, P. (2008): **Alpenpflanzen in ihren Lebensräumen.** Bern, Stuttgart, Wien.
- Miller, C. (2015): **Alpenschneehühner, Kein Hasenfuß.** Jagd in Tirol, 2015-02.
- Nachtigall, W. (1986): **Lebensräume-Mitteleuropäische Landschaften und Ökosysteme.** München.
- Natur.Raum.Management (2020). **Mikrohabitate.** Nr. 46 04/2020. Das Fachjournal der Naturraummanagerinnen /ÖBF.
- Prantl, D. (2012): **Gipfelbuch.** München.
- Pühringer, A. Ch.: **Gamslebensräume.** Abschlussarbeit Universitätslehrgang Jagdwirt/in VI
- Rytz, W. (1984): **Unsere Bäume.** Bern.
- Sattler, B. (2018): **Leben im Eis.** bergundsteigen Nr. 105.
- Schönlaub, H. P. & Schuster, R. (2015): **Die zweigeteilten Karawanken und ihre Erdgeschichte.** Naturwissenschaftlicher Verein für Kärnten, 88, Klagenfurt.
- Schönlaub, H. P. (2019): **Die Entstehung der Alpen. Werden und Vergehen eines Gebirges.**

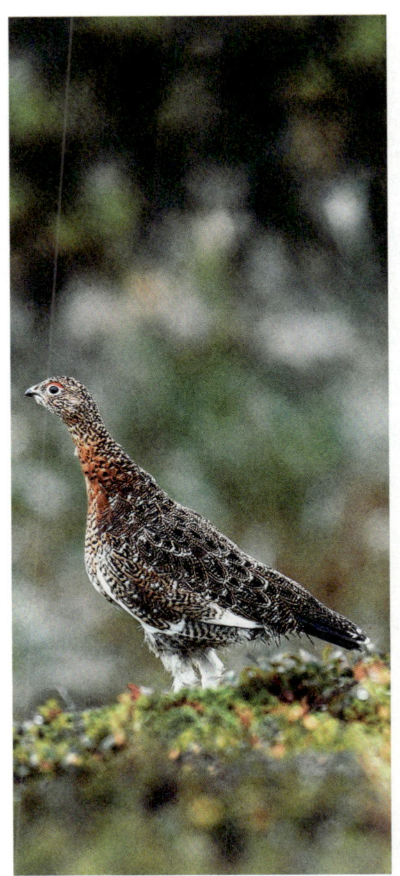

Alpine Raumordnung Nr. 42, Fachbeiträge des Österreichischen Alpenvereins, 74, Innsbruck.

- Schönlaub, H. P., Salcher, J., van Husen, D. & Gietl, R. (2017): **Der Wilde Westen der Karnischen Alpen.** Naturwissenschaftlicher Verein für Kärnten, 130, Klagenfurt.
- Schuster, R. (2015): **Zur Geologie der Ostalpen.** Abhandlungen der Geologischen Bundesanstalt, Band 64, 143-165, Wien.
- Schuster, R., Stüwe, K. (2010): D**ie Geologie der Alpen im Zeitraffer.** Mitteilungen des naturwissenschaftlichen Vereins für Steiermark, Band 140, 5-21, Graz.
- Schwann, C. (2017): **Vier Klimazonen an einem Tag.** bergundsteigen Nr. 99.
- Schwoerbel, J. (1999): **Einführung in die Limnologie.** Stuttgart.
- Siegesmund, S., Oriolo, S., Schulz, B., Heinrichs, T., Basei, M.A.S. & Lammerer, B. (2021): **The birth of the Alps: Ediacaran to Paleozoic accretionary processes and crustal growth along the northern Gondwana margin.** International Journal of Earth Sciences, 110, 1321-1348, Berlin.
- Slotta-Bachmayr, L., Werner, S. (1992): **Bestandssituation und Ökologie felsenbrütender Vogelarten im Bundesland Salzburg.** Salzburger Vogelkundliche Berichte 4(2), 30-43, Salzburg.
- Spohn, M., et al (2008): **Was blüht denn da.** Stuttgart.
- Spötl. C., Koltai, G., Jarosch, A. H. & Cheng, H. (2021): **Increased autumn and winter precipitation during the Last Glacial Maximum in the European Alps.** Nature Communications 2021, 12:1838, Springer.
- Steinbach, G. (Hrsg.) (2002): **Alpenblumen.** Steinbachs Naturführer. München.
- Tasser, E., et al (2008): **Klima- oder Landnutzungswandel: wer bringt die großen Veränderungen?** Klimaerwärmung im Alpenraum.
- Tasser, E., et al (2012): **Wir Landschaftsmacher. Bozen.**
- Van Husen, D. (2017): **Das Deckgebirge der Karnischen Alpen als Folge der eiszeitlichen Prägung.** In: Schönlaub, H. P., Salcher, J., van Husen, D. & Gietl, R. (2017): Der Wilde Westen der Karnischen Alpen. Naturwissenschaftlicher Verein für Kärnten, 96-101, Klagenfurt.

- Wendelberger, E. (1986): **Pflanzen der Feuchtgebiete.** München.
- Westheide, W., Rieger, R. (2004): **Spezielle Zoologie.** München.
- WWF Österreich (2008): **Aktiv für Moore.** Wien.
- Zekollari, H., Huss, M. & Farinotti, D. (2019): **Modelling the future evolution of glaciers in the European Alps under the EURO-CORDEX RCM ensemble.** Cryosphere 13, 1125–1146

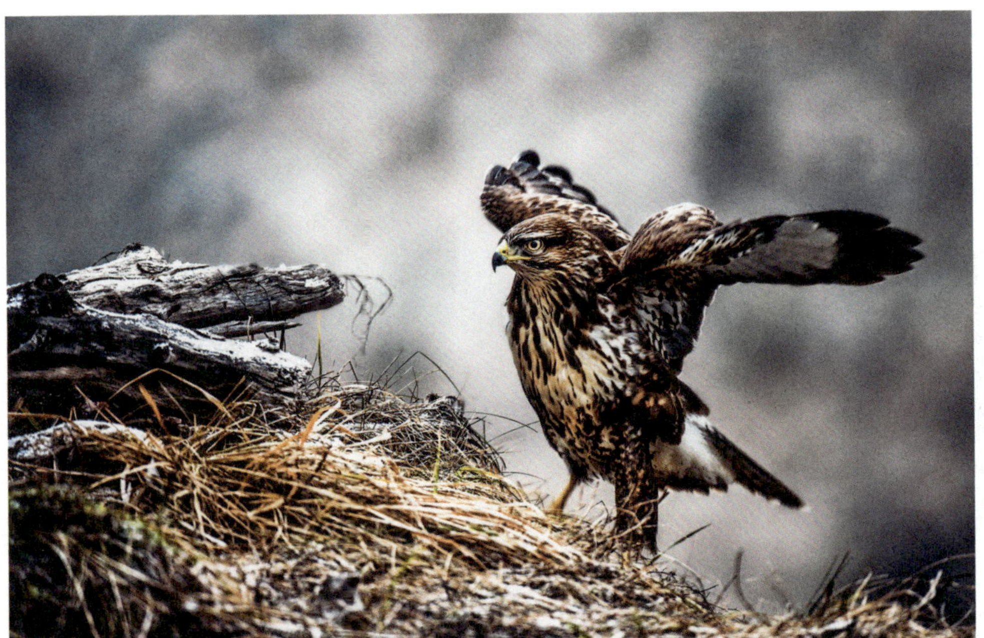

Die SicherAmBerg-Booklet-Serie

Sportklettern

Inhalt. Unfallursachen, Ausrüstung, Sicher an den Start, Sicher Sichern, Sicher Klettern, Sicher Umbauen und Abseilen.

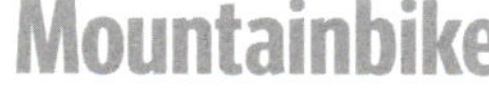

Mountainbike

Inhalt. Einführende Gedanken, Gesetzliche Grundlagen, Ausrüstung, Bike-/Mensch-Einstellung, Tourenplanung, Gemeinsam unterwegs, Fahrtechnik, Pannenhilfe.

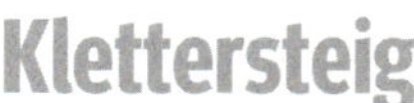

Klettersteig

Inhalt. Schwierigkeitsbewertung, Ausrüstung, Sicherungstheorie, Risikofaktoren, Planung, Klettertechnik.

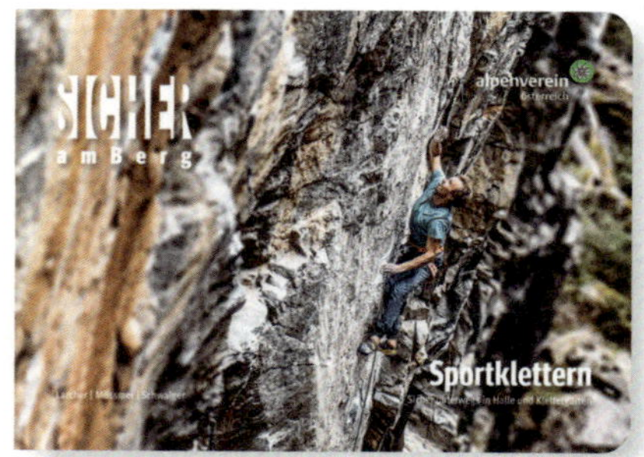

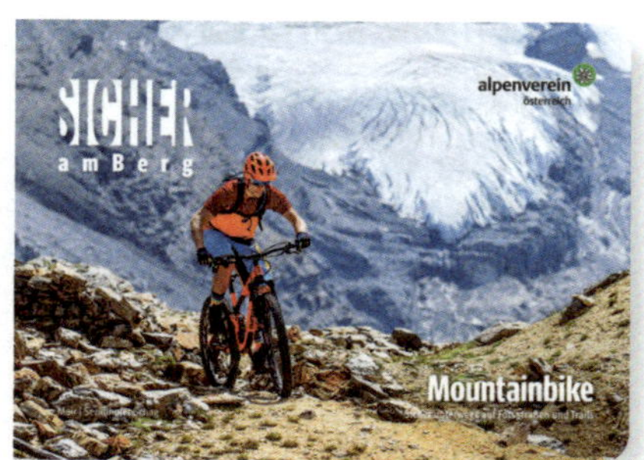

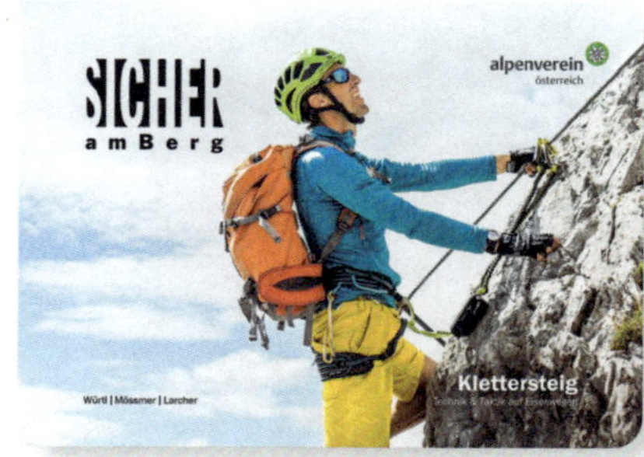

Bestellungen und Infos unter www.alpenverein.shop

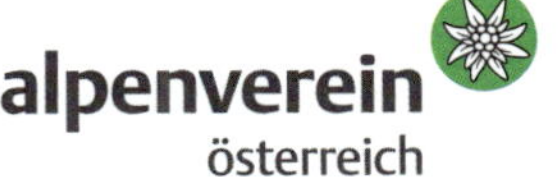

Skitouren

Inhalt. Planung, Standardmaßnahmen im Gelände, Entscheidungsstrategie Stop or Go, Geländefaktoren, Unfallmuster, Notfall Lawine.

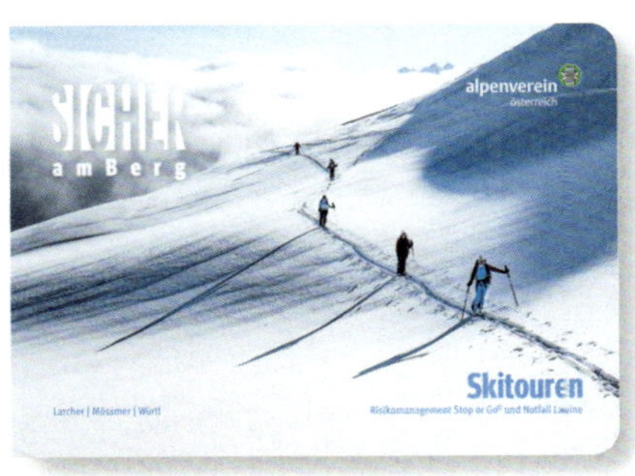

Bergwandern

Inhalt. Gesundheit & Risiko, Orientierung, Wetter, Vollständige Ausrüstung, Tourenplanung, Auf Tour, Bergwandern mit Kindern, Notfall, Natur.

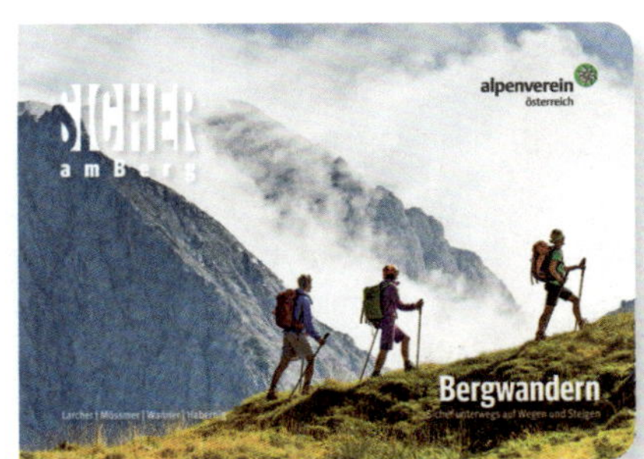

Alpinklettern

Inhalt. Einstieg, Ausrüstung, Bewegungstechnik, Tourenplanung, Seiltechnik, Notfall

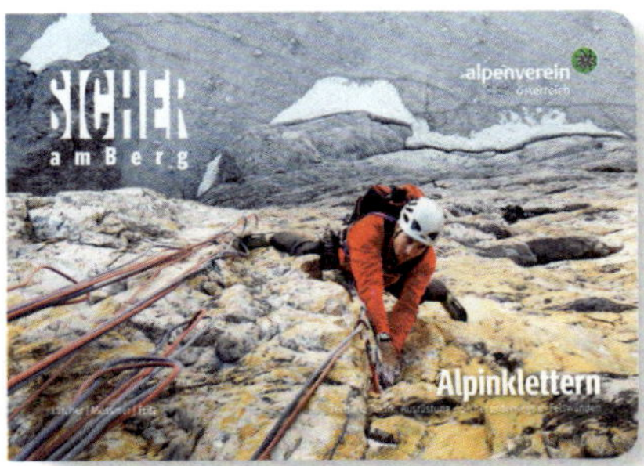

Impressum

1. Auflage 2022: 1–5.000 Stück

Herausgeber/Medieninhaber Österreichischer Alpenverein, Olympiastr. 37, 6020 Innsbruck

Autor*innen Kathrin Herzer, Hans Peter Schönlaub, Benjamin Stern, Rainer Prinz, Irene Welebil, Martin Achrainer, Gerhard Lieb, Andreas Kellerer-Pirklbauer-Eulenstein, Liliana Dagostin, Birgit Kantner

Gesamtkonzept/Leitung Benjamin Stern

Beratung Liliana Dagostin, Birgit Kantner

Layout Christine Brandmaier, Grafische Auseinandersetzung, 6410 Telfs

Korrekturen Stefan Heis

Illustrationen Georg Sojer, Roman Hösel, Monika Brüggemann-Ledolter

Titelbild Schlatenkees, Venedigergruppe, Nationalpark Hohe Tauern; Norbert Freudenthaler

Fotos Archiv ÖAV, AV-Sektion Großarl-Hüttschlag, Beer, Bergwelt Tirol, Brüggemann-Ledolter, Dagostin, Daystch, Ecker, Erhart, Freudenthaler, Geologische Bundesanstalt, Groder, Hammer, Heinrich, Herzer, Hofer (focusnatura.at), Hofmann, Kals, Knaus, Kranebitter, Lieb, Mützel, Naturhistorisches Museum Wien, Neudorfer, Pfuhl, Pixabay.com, Pöstinger, Programm „Bergwelt Tirol – Miteinander Erleben", Raffalt, Rappold, Schlosser, Schönlaub, Schöpfer, Schuster, Schwaiger, Seifert, Steirer, Stern, Unspalsh, Trenkwalder, Voest-Alpine, Wikimedia (CC BY-SAV, CC-BY-SA-3.0, CC0, CC BY-SA 2.5, CC BY-SA 4.0), Walter, Weinfurter, Welebil, Wolfsfellner, WWF Austria, Zamg.at

Vertrieb im Buchhandel Tyrolia-Verlag, Exlgasse 20, A-6020 Innsbruck
buchverlag@tyrolia.at
www.tyrolia-verlag.at

ISBN 978-3-7022-4096-7

Druck Alpina, 6022 Innsbruck

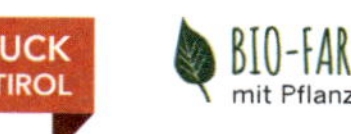

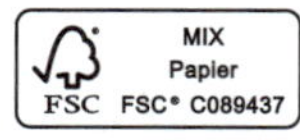

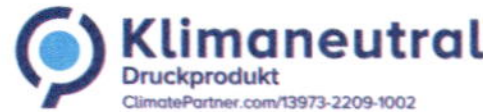